하나님의 사람들

성경에서 읽는 숨은 이야기들

David
Rahab
Jacob
Nehemiah
Deborah
Caleb
Phinehas
Lot
Enoch
Isaac
Joseph
Elijah
Samson
Ruth
Habakkuk
Elisha
Saul
Ehud
Mephibosheth
Nathan
Joshua

People of God

구교환 지음

사랑마루
SARANGMARU

하나님의 사람들

발행일 _ 1판 1쇄 2023년 4월 5일
발행인 _ 문창국
지은이 _ 구교환
편집인 _ 전영욱
기획/편집 _ 강영아 김요한 조형희
디자인/일러스트 _ 권미경 하수진
홍보/마케팅 _ 안용환 육준수
경영지원 _ 지선화

펴낸곳 _ 도서출판 사랑마루
서울시 강남구 테헤란로64길 17(대치동)

대표전화 TEL (02) 3459-1051~2/ FAX (02) 3459-1070
홈페이지 http://www.eholynet.org
등록 2011년 1월 17일 등록번호/ 제2011-000013호
ISBN 979-11-90459-29-7 03230
가격 15,000원

하나님의 사람들

성경에서 읽는 숨은 이야기들

「하나님의 사람들」 첫 번째 책이 세상에 나온 것이 2014년 4월이었습니다. 책이 나오고 일주일도 되지 않아 「세월호」가 침몰했고 이로 인해 나라 전체가 슬픔에 빠졌습니다. 그로부터 8년이 지난 2022년 10월 29일, 우리는 또 다시 「이태원 참사」라는 구렁텅이에 빠져 허우적거리고 있습니다. 2022년 달력을 한 장 남겨놓고 두 번째 책의 원고가 출판사에 넘겨졌습니다.

별 것도 아닌 내용을 글로 옮기고 그것을 모아 책으로 낸다는 것이 면구스럽게 느껴집니다. 누구나 다 아는 내용이고 특별할 것도 없는 이야기들이기 때문입니다. 하지만 '누군가에게는 아주 작게라도 도움이 되지 않을까?'하는 기대감이 있어 책을 내기로 했습니다. 첫 번째 책 서문에서 말씀드렸듯이 이 책을 읽는 분들이 "성경에 이런 내용도 있었나?" 혹은 '이렇게도 볼 수 있구나'라고 해주신다면 그것만으로도 충분히 행복할 것 같습니다.

1990년대 후반, 미국 시카고에 위치한 게렛신학대학원과 시카고신학대학원에서 5년 동안 유학 생활을 하였습니다. 이 두 학교는 제 모교인 서울신학대학과는 성경에 접근하는 방법에 있어서 많은 차이가 있었습니다. 서울신학대학이 전통적이고 복음적이었다면 게렛과 시카고신대원은 진보적이고 자유로웠습니다. 모교의 경우 성경 본문에 집중했다면 유학 생활에서 접한 학교들은 성경 시대의 문화와 사회에 많은 관심을 기울였습니다. '그 사람이 누구야? 무슨 말을 했느냐?'라는 식의 성경공부에 익숙했던 저에게 '그 사람이 그렇게 말하게 된 배경은 무엇이냐? 또 어떤 생각으로 그렇게 말한 것이야?'라는 질문은 당혹스러울 수밖에 없었습니다.

미국 유학은 성서의 숨은 이야기를 찾는 여행의 첫 시작이었습니다. Everett Ferguson의 「Background of Early Christianity」, 그리고 Norman K. Gottwald의 「Hebrew Bible: A Socio-Literary Introduction」과 「Social and Economic Development of Israel」을 읽으면서 많은 충격을 받았습니다. 또한 Robert Wilson의 「Sociological Approaches of Ancient Israel」 역시 성경을 보는 시야를 넓게

해주는데 좋은 친구가 되어주었습니다.

이스라엘의 사회와 문화, 정치와 경제, 그리고 성서지리에 관심을 갖게 되면서 많은 생각이 많아졌습니다. '야곱이 브엘세바를 떠나 밧단아람으로 도망쳤다는데 도대체 얼마나 먼 길이었을까?'라는 질문을 던졌습니다. 또 '채색 옷을 입고 있는 요셉을 바라보는 형들의 마음은 어떠했을까?'라는 의문이 생겼고, '사사에훗이 왼손잡이였다는데 당시 사회는 왼손잡이에 대해 어떤 편견을 가지고 있었을까?'하는 것이 흥미를 끌었습니다.

따지고 보면 대수롭지 않은 이야기들입니다. 그냥 넘어가도 그만이고 뭘 찾아낸다 할지라도 대세에 영향을 주는 문제가 아닙니다. 하지만 궁금했고 알고 싶었습니다. 그래서 틈틈이 자료를 살펴보고 그 내용을 글로 옮겨 놓았는데, 그 중에 몇 개를 추려 책으로 내게 된 것입니다.

신학적인 내용을 피력하지 않았습니다. 히브리어 성경조차 인용하지 않았습니다. 이해를 돕기 위해 가끔씩 영어성경이나 한국어 다른 번역본을 참고했을 뿐입니다. 자료의 출처를 제시하지 않은 이유는 그런 것들이 볼모가 되어 자칫 신학논쟁에 빠지는 것이 싫었기 때문입니다. 따라서 어느 신학도가 이 책의 내용을 참고해서 논문을 쓰는 것은 정중히 사양하고 싶습니다.

다시 한 번 말하지만, 목회자이든 성도이든 이 책을 읽으면서 '이런 내용이 있었나?' 혹은 '이렇게도 볼 수 있겠구나' 한다면 대

성공입니다. 그렇게 해서 성경말씀에 좀 더 가까워질 수 있다면 충분합니다.

모두 서른 개의 작은 이야기들을 모았습니다. 모두 구약성경에 등장하는 사람들 이야기입니다. 책을 읽을 때 굳이 순서를 따라잡기 위해 신경 쓰지 않아도 괜찮습니다. 내키는 대로, 제목을 보고 끌리는 대로 읽으시면 됩니다. 다만 한 가지, '이 사람은 내가 잘 알아'라는 식으로 처음부터 제쳐놓지 않기를 바랍니다. 세상에 아브라함을 모르는 이가 어디 있겠습니까? 야곱이 절뚝발이라는 사실은 교회학교 아이들도 알고 있을 것입니다. 익숙한 이름이 나오면 먼저 읽을 것을 권장합니다. 잘 아는 인물이기 때문에 혹 뭐라도 덤으로 챙길 수 있을지 누가 알겠습니까?

여기까지 인도하신 하나님께 감사와 영광을 올려드립니다. 늘 사랑으로 함께 해주시는 은천교회 당회와 성도들, 특별히 조용히 옆에 있어 주는 아내와 잘 자라준 두 아들들에게 감사의 인사를 전하고 싶습니다. 그리고 결코 빼놓을 수 없는 두 며느리와 세 손자들, 제현, 제하, 제이에게도 사랑을 전합니다. 또한 어머니를 어찌 잊을 수 있겠습니까?

며칠 전, 엘버트 벨(Albert Bell)의 「신약시대의 사회와 문화」를 읽기 시작했습니다. 1998년에 출판된 것으로 참고자료도 풍성하고 저자의 해맑은 지식이 제대로 녹아 있는 꽤 괜찮은

책입니다. 처음 이 책을 처음 접하면서 500페이지가 넘는 그 무게감에 주눅이 들었던 기억이 있습니다. 그런데 저자가 서문에 적어 놓은 짧은 글 하나가 제 마음을 헤집어 놓았습니다.

"이 책은 주로 평신도 독자를 겨냥해 썼다."

평신도가 읽으라고 쓴 책이라는 것입니다. 그런데 안수 받은 지 34년이 지난 목사가 토끼눈을 뜨고 읽고 있습니다. 속이 울렁거렸습니다. 이런 것도 모르고 설교를 해왔다고 생각하니 쥐구멍이라도 들어가고 싶은 심정입니다.

이제는 모임에 나가면 선배들보다는 후배들이 많습니다. 어느덧 '고참'이 되었고 은퇴할 날이 많이 남아 있지 않습니다. 하지만 이제부터라도 잘 해야겠다는 다짐을 해봅니다. '평생학습자', 그렇습니다. 우리는 모두 평생학습자가 되어야 합니다. 목회자든 평신도든, 계속해서 배우지 않으면 퇴보할 수밖에 없습니다.

2010년 소천하신 아버님 생각이 납니다. 중학교에서 수학을 가르치시다가 교장으로 은퇴하신 어른입니다. 아버님께서 아침저녁으로 하셨던 말씀입니다. "목사가 되려면 공부를 해야지." 목사 안수를 받고 식사하는 자리에서 한 마디 던지셨습니다. "이제 목사가 되었으니 더 열심히 공부해야 한다." 지금 살아계시면 똑같은 말씀을 하실 것입니다. "아들아! 공부 좀 해라!"

아버님 말씀하신 대로 더 열심히 공부하기로 다짐하며 이 책이 평생학습자들에게 작은 도움이 될 수 있기를 소망합니다.

2022년 대강절 모퉁이에서

저자 구교환

1

2

3

People of God

에녹, 하나님을 기쁘시게 하는 자

에녹은 육십오 세에 므두셀라를 낳았고 므두셀라를 낳은 후 삼백 년을 하나님과
동행하며 자녀들을 낳았으며 그는 삼백육십오 세를 살았더라 에녹이
하나님과 동행하더니 하나님이 그를 데려가시므로
세상에 있지 아니하였더라 (창5:21-24)

에녹의 아버지는 야렛이라는 사람이었습니다. 야렛은 백육십
이 세에 에녹을 낳고 에녹을 낳은 후 팔백 년을 지내며 자녀들을
낳다가 구백육십이 세에 죽었습니다(창5:18-20). 야렛이 팔백
년 동안 낳은 자녀들 가운데 첫째가 바로 에녹입니다.[1]

에녹은 육십오 세에 첫 아들 므두셀라를 낳았습니다. 할아버지

---

1) 아담의 큰아들 가인이 에덴에서 쫓겨나 놋 땅을 유리하다가 낳은 아들의 이름
역시 에녹이다. 야렛의 아들 에녹과는 다른 사람이다. 혼동해서는 안 된다.

들에 비하면 비교적 이른 나이에 아들을 얻은 것입니다. 대신 에녹은 삼백육십오 세를 살았습니다. 당시로서는 그 수(壽)가 길지 않았는데 당시 다른 조상들 평균수명의 절반에도 미치지 못했습니다.

창세기에서 말하는 1년, 즉 한 살(year)이라는 날수를 우리가 말하는 365일로 보는 것은 다소 무리가 있습니다. 어떤 성경학자들은 1년을 365일로 보지 말고 언제부터 언제까지 특정한 기간으로 보아야 한다고 주장합니다. 그 기간이 어느 정도였는지는 가늠할 수는 없지만 365일보다는 짧았을 것이라고 설명합니다. 한편 있는 그대로 성경을 받아들이자고 주장하는 학자들도 있습니다. 당시 사람들은 채식을 주로 했고 주변 환경도 깨끗했기 때문에 오래 살 수 있었다는 것입니다. 개인적으로 성경에 있는 그대로 받아들이고 싶습니다. 창조 초기에 사람들은 그렇게 오래 살았을 것입니다.

중요한 것은 에녹이 므두셀라를 낳은 후 하나님과 동행했다는 기록입니다. 이 말은 에녹이 므두셀라를 낳기 전까지는 하나님과 동행하지 않았다는 말이기도 합니다.

에녹은 노아의 증조할아버지였습니다. 따라서 에녹이 살던 시대는 홍수 이전입니다. 홍수 이전의 세상에 대해서 예수님께서 "사람들이 먹고 마시고 장가들고 시집가고 있으면서"(마24:38)

라고 언급하신 적이 있습니다. 먹고 마시고 장가들고 시집가는 것이 죄는 아닙니다. 단지 세상사는 재미에 빠져 있었을 뿐입니다. 그 때는 사람들이 세상사는 재미에 흠뻑 취해 있어 하나님은 안중에도 없었습니다.

에녹 역시 세상사는 재미에 푹 빠져 살아가고 있었을 것입니다. 그러다가 아내를 맞이하여 첫 아들을 낳고 므두셀라라 불렀습니다. 그런데 첫 아들 므두셀라를 낳고 키우는 과정에서 무슨 일이 있었던 모양입니다. 정확히 어떤 일이 있었는지는 모르지만 에녹은 므두셀라를 낳은 후부터 하나님을 찾기 시작했고 하나님과 동행하는 삶을 살았습니다. 하나님과 동행하며 300년을 살았는데 하나님께서는 비교적 빨리 에녹을 데려 가셨습니다.

므두셀라의 출생과 관련하여 무슨 일이 있었는지 궁금합니다. 그런데 아쉽게도 단서가 될 만한 자료는 그 어디에도 기록되어 있지 않습니다. 아내가 누구인지, 어디서 어떻게 살았는지 전혀 알 길이 없습니다. 결국 상상력을 동원하는 수밖에 없는데 아련하지만 그 단초가 되는 것이 에녹과 므두셀라의 이름입니다.

에녹(Enoch)이라는 이름은 '전파하다, 교수하다, 가르치다'라는 뜻입니다. 에녹의 아버지, 아니면 에녹의 할아버지가 그렇게 지어주셨을 것입니다. 사람들을 가르치는 자가 되라, 사람들을 지도하는 자가 되라는 기대를 가지고 갓 태어난 아이를 에녹이라고 불렀습니다. 에녹은 큰 문제없이 잘 자랐을 것입니다. 그리고 어떤 여인과 결혼을 했고 65세가 되어 첫아들을 낳았습니다.

에녹은 아들의 이름을 므두셀라로 정했습니다. 므두셀라 (Methuselah)라는 말은 문자적으로 '창을 던지는 사람'이라는 뜻입니다. 싸움꾼이라는 의미가 강합니다. 아들의 이름으로는 썩좋은 뜻은 아닙니다. 그런데 므두셀라라는 말에는 속뜻이 있습니다. '그가 죽을 때 심판이 온다'는 뜻입니다. 이 아들이 죽으면 심판이 온다는 것입니다. 에녹이 아무리 사람들과 어울리고 세상에 빠져 살았다 해도 아들의 이름을 므두셀라라 부른 것은 납득이 가지 않습니다. 아들의 이름을 그렇게 무섭게 지을 아버지가 어디 있겠습니까?

므두셀라라는 이름이 만들어지는 과정에서 뭔가 사건이 있었던 것이 분명합니다. 사랑하는 아들에게 "심판이 온다"는 섬쩍지근한 이름을 지어준 것을 보면 에녹으로서는 분명 거역할 수 없는 어떤 외부의 위협이나 영향이 있었을 것입니다. 어쩌면 하나님께서 직접 그 이름을 주셨을 지도 모릅니다. "네 아들의 이름을 므두셀라라 하거라." 에녹으로서는 달리 방법이 없었습니다. 그렇게 아들의 이름을 '므두셀라'라고 했습니다.

므두셀라 이야기를 좀 더 할 필요가 있습니다. 므두셀라는 성경에 기록된 사람 가운데 가장 오래 살았습니다. 969세를 살았으니 아버지 에녹보다 3배 가까이 살았습니다. 하지만 그에게 주어진 이름은 '내가 죽으면 이 땅에 심판이 온다'는 뜻이었습니다. '내가 죽으면 세상이 끝장나는 거야.' 이렇게 민망한 이름으로 살았던 므두셀라는 187세가 되어 라멕을 낳았습니다. 라멕은 182세에 아들을 낳고 노아라 하였습니다. 그런데 노아는 선조들과는 달리 꽤 늦은 나이인 500세가 되어 비로소 셈과 함과 야벳을 낳습니다(창5:25-32).

성경에 기록된 나이들을 더해 보면 므두셀라가 증손자 셈을 본 것이 그의 나이 869세가 되었을 때입니다. 그리고 다시 100년이 지납니다. 드디어 노아의 나이 600세가 되던 해에 하늘이 열리고 비가 내렸습니다.

홍수가 땅에 있을 때에 노아가 육백 세라 (창7:6)

노아가 600세가 되었을 때, 므두셀라는 969세가 됩니다. 이 때 드디어 비가 내리기 시작했고 홍수가 났습니다. 므두셀라는 바로 이 나이 969세에 죽음을 맞이합니다. 살아 있을 때 비가 오기 시작했는지, 죽은 다음에 비가 오기 시작했는지는 알 길이 없습니다. 어쩌면 정확하게 므두셀라가 죽자마자 곧바로 비가 내리기 시작했을 수도 있습니다. '이 아이가 죽으면 이 땅에 심판이 온다'고 해서 므두셀라라 불렀는데 므두셀라가 죽자 비가 오기 시작했습니다.[2] 므두셀라라는 이름이 주어지고 꼭 969년이 지났을 때입니다. 무서운 이야기입니다.

에녹은 이 무서운 이야기의 한 가운데를 살았습니다. 아들을 낳았는데 므두셀라라는 이름을 받았고 아들 므두셀라를 키우면서 에녹은 하나님의 심판을 생각하기 시작했습니다. 지금까지는 먹고 마시고 장가들고 시집가며 재미있게 살았지만 므두셀라를 낳아 키우면서 에녹은 세상을 움직이는 무언가 강력한 힘이 있음을 깨닫게 된 것입니다.

아들을 향해 '심판이 온다'라고 부르면서 에녹은 하나님의 통치하심에 대해 눈을 뜨기 시작하였습니다. 그래서 에녹은 먹고 마시며 즐기던 세상에서 눈을 돌려 하나님을 찾기 시작합니다. 어디를 가든 하나님의 임재하심을 잊지 않았고 하나님의 인도하심에 순종하였습니다. 성경은 에녹이 "므두셀라를 낳은 후 삼백 년을 하나님과 동행하며 자녀들을 낳았으며"(창5:22)라고 설명합니다. 에녹의 변화된 삶을 성경은 "하나님과 동행했다"라고 기록하고 있습니다. 영어성경은 '하나님과 함께 걸었다'(walking with God)라고 표현합니다.

에녹이 무엇을 했고 어떻게 살았기에 하나님과 동행했다고 하

---

2) 므두셀라는 187세에 라멕을 낳았다. 라멕은 182세에 아들을 낳고 노아라 불렀다. 노아는 비교적 늦은 나이 500세가 되어 셈과 함과 야벳을 낳았다. 그리고 100년 후, 노아가 600세가 되었을 때 홍수가 임했다(창7:6). 이 연수를 모두 합하면 므두셀라가 살았던 연수와 일치한다. 므두셀라의 나이 969세 때, 정확히 그의 죽음과 함께 홍수 심판이 임했다.

는 것일까요? 하나님과 동행했다는 에녹의 삶에 대해 아쉽게도 성경은 구체적으로 어떤 모습인지 침묵합니다. 매일 아침 제사를 드렸을 수도 있고, 저녁마다 무릎을 꿇고 하나님께 기도했을 수도 있습니다. 어떻게든 에녹은 하나님 앞에서 겸손하게 살아보려 노력했을 것이 분명합니다. 그런데 뜻밖에 유다서에 에녹이 등장합니다.

> 아담의 칠대 손 에녹이 이 사람들에 대하여도 예언하여 이르되 보라 주께서 그 수만의 거룩한 자와 함께 임하셨나니 이는 뭇 사람을 심판하사 모든 경건하지 않은 자가 경건하지 않게 행한 모든 경건하지 않은 일과 또 경건하지 않은 죄인들이 주를 거슬러 한 모든 완악한 말로 말미암아 그들을 정죄하려 하심이라 하였느니라 (유1:14-15)

유다서는 야고보의 형제 유다의 편지입니다. 유다는 영지주의자[3]들을 비롯한 이단의 가르침에 대하여 경고하는 편지를 썼습

---

3) 영지주의(Gnosticism)는 초대기독교에 심각한 해악을 끼친 사상 가운데 하나이다. 영지주의는 세상을 이원론(二元論)으로 설명하는데 눈에 보이는 것과 눈에 보이지 않는 것으로 구분한다. 이들에 따르면 눈에 보이는 것은 모두 악하고 눈에 보이지 않는 것만 선하다. 따라서 하나님은 눈에 보이지 않기 때문에 선하시다. 그런데 예수님은 육신을 입고 오셨고 눈에 보이기 때문에 선할 수가 없다. 따라서 예수님은 하나님의 아들이 될 수 없다. 영지주의자들은 예수님의 신성(神性)을 부인한다. 영지주의자들의 주장은 틀렸다.

니다. 유다는 하나님을 부인하고 경건하지 않게 살아가는 이들을 향해 엄한 말로 경고하면서 에녹이 살던 시대에도 똑같았는데 그 때 에녹이 하나님의 예언의 말씀을 사람들에게 가르쳤다고 말합니다.

당시의 상황을 정리해 보겠습니다. 에녹은 아들 므두셀라를 통해 하나님의 심판이 다가오고 있음을 알게 되었습니다. 세상 향락에 빠져 살다가는 다가오는 심판을 피할 수 없다는 사실을 깨닫고 에녹은 하나님 앞에 무릎을 꿇었습니다. 그리고 에녹은 입을 열어 경건하지 않은 사람들을 향해 하나님의 심판을 증거하기 시작했습니다. 하나님을 향한 경건을 잃어버리고 먹고 마시고 장가가고 시집가며 제 멋대로 살아가고 있는 사람들에게 에녹은 하나님의 말씀을 가르쳤습니다. 에녹이라는 이름의 뜻대로 '선포자, 가르치는 자'로서의 삶을 산 것입니다. 에녹답게 이름 그대로, 에녹은 하나님의 말씀을 선포하며 남은 인생을 하나님과 동행하며 살았습니다.

에녹이라는 이름이 히브리서에 한 번 더 언급됩니다. 히브리 기자는 믿음에 대해 "믿음은 바라는 것들의 실상이요 보이지 않는 것들의 증거니 선진들이 이로써 증거를 얻었느니라"(히11:1-2)고 설명합니다. 계속해서 믿음으로 살았던 위인들을 열거하는데 먼저 믿음으로 제사했던 아벨을 소개합니다. 믿음으로 아벨은 가인보다 더 나은 제사를 하나님께 드렸다고 소개합니다. 그리고 곧

바로 에녹을 등장시킵니다.

> 믿음으로 에녹은 죽음을 보지 않고 옮겨졌으니 하나님이 그를 옮기심으
> 로 다시 보이지 아니 하였느니라 그는 옮겨지기 전에 하나님을 기쁘시
> 게 하는 자라 하는 증거를 받았느니라 (히11:5)

　하나님 앞으로 옮겨지기 전, 창세기의 표현을 빌리면 하나님이
데려가시기 전, 에녹은 하나님을 기쁘시게 하는 자라 하는 증거를
얻었다는 것입니다. 에녹이 어떻게 살았기에 하나님을 기쁘시게
할 수 있었을까요? 에녹의 어떤 모습이 하나님을 기쁘게 할 수 있
었을까요? 궁금해 하는 독자들을 위해 히브리 기자는 "믿음이 없
이는 하나님을 기쁘시게 하지 못하나니 하나님께 나아가는 자는
반드시 그가 계신 것과 또한 그가 자기를 찾는 자들에게 상주시는
이심을 믿어야 할지니라"(히11:6)라고 강조합니다.

　에녹은 하나님이 계시다는 것을 굳게 믿었습니다. 에녹은 하나
님께서 상 주신다는 사실에 대해서 조금도 의심하지 않았습니다.
믿음으로 살았던 에녹은 하나님을 기쁘시게 하는 자라 하는 증거
를 받았습니다. 이런 것을 두고 하나님과 동행하는 삶(walking
with God)이라고 성경은 교훈합니다.

　오늘도 우리는 먹고 마시고 장가들고 시집가는 세상을 살아가

고 있습니다. 세상 안에 있다 보니 경건하지 않은 자들과 어울릴 수밖에 없고 경건하지 않은 이들이 경건하지 않게 행하는 일들과 마주칠 수밖에 없습니다. 하지만 세상 안에 있다고 할지라도 세상에 속하지 않아야 합니다. 에녹처럼 하나님을 거슬러 살아가는 경건하지 않은 죄인들을 향해 하나님의 나라를 가르치고 이 땅에 머지않아 하나님의 심판이 올 것을 선포해야 합니다.

믿음이 부족해서 그런지 아무리 생각해 보아도 하나님께서 죽음을 보지 않고 하나님 나라로 옮겨주실 것 같지는 않습니다. 대신 천국 문 앞에 서게 될 때 야단이나 맞지 않았으면 좋겠습니다. 하나님 나라 그 끄트머리라도 앉아 영생에 이르기만 해도 행복하겠기에 말입니다. 하나님께서 부르실 때 하나님을 기쁘시게 하는 삶을 살았다는 말만 들을 수 있어도 감개무량할 것 같습니다.

드보라, 야곱을 울리다

야곱이 그와 함께 한 모든 사람이 가나안 땅 루스 곧 벧엘에 이르고 그가 거기서 제단을 쌓고
그 곳을 엘벧엘이라 불렀으니 이는 그의 형의 낯을 피할 때에 하나님이
거기서 그에게 나타나셨음이더라 리브가의 유모 드보라가 죽으매
그를 벧엘 아래에 있는 상수리나무 밑에 장사하고
그 나무 이름을 알론바굿이라 불렀더라 (창35:6-8)

드보라 이야기를 해보려 합니다. 사사기에 등장하는 여사사 드
보라가 아니라 이삭의 아내 리브가의 유모 드보라입니다. 처음 이
여인이 등장할 때 성경은 이름을 밝히지 않고 그냥 '리브가의 유
모'라고만 했습니다(창24:59). 유모로서 주인의 딸 리브가를 어
려서부터 돌보았고 힘들고 어려울 때마다 리브가 옆에 머물며 큰
힘이 되어주었던 여인이 드보라였습니다.

드보라를 이해하기 위해서는 세월을 거슬러 아브라함과 이삭이
살던 시절로 돌아가야 합니다. 아브라함은 아들 이삭의 아내를 찾

기 위해 '늙은 종'을 멀리 밧단아람으로 보냈습니다. 밧단아람은 '아람의 평야'라는 뜻으로 유브라데 강 상류에 위치한 지역입니다. 성경에서는 메소포타미아로 지칭되기도 했는데(창24:10) 특별히 메소포타미아의 북부 지방을 밧단아람이라고 불렀습니다. 참고로 브엘세바에서 밧단아람까지는 대략 800Km가 넘는 먼 길입니다. '늙은 종'이라는 말은 나이가 많다는 뜻이 아니라 집안에서의 그의 위치를 설명하는 말입니다. 종들 가운데 '선임'(the chief servant)으로 이 사람은 아브라함의 집 모든 소유를 맡아 관리하던 신임이 두터운 종이었습니다.

늙은 종은 낙타 열 마리를 끌고 밧단아람, 즉 메소포타미아로 가서 나홀의 성에 도착하였습니다. 잠시 후 늙은 종은 성 밖 우물가에서 한 여인을 만나게 됩니다. 바로 리브가입니다. 리브가는 늙은 종을 자기 집으로 인도했고 종은 리브가의 부모와 오빠에게 자초지종을 설명하였습니다. 종으로부터 설명을 들은 집안 어른들은 리브가에게 종을 따라 시집을 갈 것인지 말 것인지 그 선택권을 주었습니다. 그런데 뜻밖에도 리브가는 늙은 종을 따라 가겠다고 말합니다.

아버지 브두엘은 딸을 생면부지의 땅으로 떠나보내는 것이 아무래도 불안했을 것입니다. 그래서 그는 어렸을 적부터 딸을 돌보아주었던 유모 드보라를 딸려 보냅니다(창24:59).

리브가를 불러 그에게 이르되 네가 이 사람과 함께 가려느냐 그가 대답
하되 가겠나이다 그들이 그 누이 리브가와 그의 유모와 아브라함의 종
과 그 동행자들을 보내며 (창24:58-59)

이렇게 리브가는 유모와 함께 늙은 종을 따라 먼 길을 여행하여
이삭에게 시집을 옵니다. 당시 리브가가 몇 살이었는지는 모릅니
다. 이삭의 나이가 40이었다는 기록은 있습니다(창25:20). 남자
나이 40이면 꽤 늦게 결혼하는 것입니다. 그런데 이삭과 리브가
에게 자식이 생기지 않았습니다. 무려 20년이 지나 이삭이 60세
가 되었을 때 비로소 리브가는 쌍둥이 형제 에서와 야곱을 낳았습
니다(창25:26). 요즘 말로 하면 이란성 쌍둥이로 에서와 야곱은
생긴 것도 달랐고 하는 짓도 딴판이었습니다. 에서가 밖으로 돌아
다니며 사냥하기를 좋아하는 동(動)이었다면 동생 야곱은 집안에
머물며 조용히 생각에 잠기는 정(靜)이었습니다.

에서는 나이 40이 되었을 때 장가를 갔습니다(창26:34). 그런
데 야곱은 결혼을 하지 못하고 있었습니다. 아가씨들의 눈에도 집
안에 머물며 가만가만 움직이고 조용히 생각만 하고 있는 야곱이
그다지 매력적으로 보이지 않았던 모양입니다.

그러다가 어느 날, 이삭의 일가는 묘한 사건에 휘말립니다. 나
이가 많은 이삭이 에서를 불러 죽기 전에 축복하겠다고 말했는데
이 이야기를 엿들은 리브가가 에서 대신 야곱을 내세웠습니다. 멍

청하게도 이삭은 그가 누구인지도 모른 채 둘째 야곱에게 장자의 축복을 해주었습니다. 이 일로 인해 에서는 분노했고 결국 아버지와 형을 속인 야곱은 어머니가 시키는 대로 밧단아람 외삼촌의 집으로 도망을 치게 됩니다. 정황으로 볼 때 이 때 야곱의 나이가 70세 안팎이었을 것입니다.[4]

인생 70이면 꽤 많은 나이입니다. 그런데 그 때까지도 야곱은 결혼을 하지 못하고 있었습니다. 아버지 이삭은 나이가 들어 잘

---

4) 야곱이 레아와 그 야릇한 첫날밤을 치른 것이 언제인지 성경은 아무런 언급을 하지 않는다. 하지만 여러 가지 정황으로 볼 때 야곱이 장가를 간 것은 생각보다는 꽤 늦은 나이였던 것 같다. 요셉의 인생을 따져보면 어느 정도 계산이 가능하다. 요셉이 우여곡절 끝에 애굽의 총리대신이 된 것이 30세였다(창41:46). 7년 풍년이 지나고 흉년이 들어 2년이 지날 무렵이었으니 나이 39살이 되었을 때 요셉은 형들을 만나게 된다(창45:6). 요셉이 살아있다는 소식을 들은 야곱은 서둘러 애굽으로 내려오는데 야곱은 애굽 황제 바로를 만난 자리에서 "내 나그네 길의 세월이 백삼십 년"(창47:9)이라고 고백한다. 그렇다면 야곱이 요셉을 낳은 것은 130에서 39를 뺀 91세, 그냥 계산하기 좋게 90세 어간이었을 것이다.

야곱은 아버지를 속이고 형 에서를 피해 외삼촌 라반의 집으로 도망을 쳤다. 그곳에서 야곱은 레아를 위해서 7년, 라헬을 위해서 7년을 봉사했고, 다시 장인어른이 된 외삼촌 라반의 양 떼를 위하여 6년을 일을 했다. 모두 20년, 레아와 라헬을 포함하여 4명의 여인들을 넘나들며 야곱은 여러 아들들을 얻었다. 그 가운데 요셉은 열한 번째 아들이었으니 요셉이 태어난 시기는 밧단아람에서의 20년 세월 가운데 그 끝자락이었을 것이 분명하다. 이 때 야곱은 90세, 그렇다면 야곱이 아버지 이삭을 속이고 도망쳐 나온 때는 20년을 빼면 70세 어간이었다는 계산이 나온다.

보지도 못하는데 아들 녀석은 방구석에 틀어박혀 나오지도 않고 멍하니 하늘만 쳐다보고 있으니 어머니 리브가로서는 가슴에 못을 박는 고통이었습니다. 그러다가 어느 날, 리브가는 이삭이 맏아들 에서와 하는 이야기를 엿 듣게 된 것입니다.

별미를 먹고 아들을 위해 복을 빌겠다고…, 어머니로서 가만히 있을 수 없었습니다. 그래도 첫째 아들 에서는 결혼도 했고 자식도 낳았습니다. 그런데 나이 70이 되도록 장가도 못가고 있는 둘째 아들 야곱은 어떻게 해야 합니까? 이 상황에서 자식을 위해 무슨 일을 못하겠습니까? 그래서 리브가는 자식을 향한 애절함으로 전대미문의 사기극을 연출하게 된 것입니다. 서둘러 별미를 만들고, 염소 새끼의 가죽으로 야곱의 손과 목을 위장하고, 아버지에게는 이렇게 저렇게 말하라고 사주를 했습니다. 어머니의 사주를 받은 야곱은 목소리까지 변조하면서 거짓을 말하고 하나님을 사칭합니다. 정말 대단한 모자(母子) 사기단이었습니다.

리브가의 유모 이야기를 하겠다고 해놓고 곁길로 빠진 것 같습니다. 드보라 이야기로 돌아가겠습니다. 창세기는 놀랍게도 드보라가 죽었다는 내용을 전하고 있습니다. 그의 이름과 직책이 정확히 기록되었고 심지어는 그가 죽었을 때 누가 어떻게 장례를 치렀는지, 그리고 그곳이 어디였는지 비교적 자세하게 적고 있습니다.

리브가의 유모 드보라가 죽으매 그를 벧엘 아래에 있는 상수리나무 밑
에 장사하고 그 나무 이름을 알론바굿이라 불렀더라 (창35:8)

　놀랍지 않습니까? 유모 드보라의 장례를 치른 사람이 바로 야
곱입니다. 야곱이 아내들과 자식들을 데리고 밧단아람에서 돌아
올 때의 일입니다. 그 동안 20년이 넘는 시간이 흘러갔습니다. 밧
단아람에서 돌아온 야곱은 형 에서를 만난 다음, 가나안 땅 루스
곧 벧엘로 올라가 하나님께 제단을 쌓았습니다. 바로 이 무렵입니
다. 야곱이 벧엘에서 하나님께 제사를 드리고 난 직후에 리브가의
유모 드보라가 죽습니다. 아버지 이삭을 만나기 전의 일입니다.
아버지를 만나기 전이니 어머니를 역시 만나기 전이었습니다.
　어머니의 유모 드보라가 죽었을 때 어떻게 해서 야곱이 그 장례
를 치르게 되었는지 궁금합니다. 드보라는 아주 먼 옛날 리브가가
늙은 종을 따라 이삭에게 시집을 올 때 그 먼 길을 떠나는 딸의 인
생이 걱정이 되어 친정아버지가 딸려 보낸 유모였습니다. 그런데
지금 리브가의 유모가 리브가의 아들 야곱과 함께 있습니다. 이
여인이 왜 그 자리에 있는 것일까요? 나이도 많았을 텐데 드보라
는 도대체 언제부터 야곱과 함께 하고 있었을까요?
　앞뒤 상황을 추측하는 것은 어렵지 않습니다. 이삭을 속여 야
곱에게 축복기도를 받게 한 후 리브가는 큰아들 에서의 눈빛이 변
하고 있음을 직감했습니다. 그래서 리브가는 야곱을 자기 오빠 라

반이 살고 있는 밧단아람으로 보내 아내를 얻게 하자고 이삭을 설득합니다. 그리고 리브가는 야곱을 그 먼 길 밧단아람으로 보내면서 자신의 유모인 드보라를 딸려 보냈던 것입니다.

사실 드보라는 최적의 인물이었습니다. 야곱이 태어날 때부터 함께 살았기에 야곱의 성격에 대해 익히 알고 있었습니다. 게다가 드보라는 밧단아람 출신이었습니다. 따라서 그 누구보다 그 곳 지형과 풍습에 대해서도 속속들이 알고 있었습니다. 결정적으로 드보라는 라반과 한 집에 살던 여인이었습니다. 경험도 많고 신실했던 리브가의 유모 드보라, 이런 여러 가지 이유로 리브가는 야곱과 함께 드보라를 딸려 보낸 것입니다.

드보라는 리브가의 유모로서 리브가의 옆에 머물면서 든든한 버팀목이 되었을 것입니다. 아이를 낳지 못하던 20년 동안, 그리고 리브가가 쌍둥이를 낳았을 때, 드보라는 언제나 리브가의 옆에 있었습니다. 크고 작은 일이 있을 때마다 드보라는 리브가를 지켰습니다. 어쩌면 이삭이 먹을 별미를 만들 때도 드보라는 리브가 옆에서 이것저것 챙겨주었을 것입니다.

드보라의 나이를 가늠할 수는 없습니다. 에서를 축복한다고 난리를 칠 때 이삭의 나이가 130살이었으니 아무리 적게 잡아도 그보다는 더 먹었을 것입니다. 그런데 어느 날, 드보라는 리브가로부터 뜻밖의 부탁을 받습니다. 야곱을 데리고 밧단아람으로 가라는 것입니다. 밧단아람이 고향이기는 했지만 그 동안 너무 늙어버렸습니다. 90년 전 밧단아람에서 주인의 딸 리브가를 모시고 가나안으로 왔습니다. 이제 꼬부랑 할머니가 되었는데 그의 아들 야곱을 데리고 다시 밧단아람으로 가라는 것입니다.

하지만 드보라는 주인마님의 청을 거절하지 않았습니다. 노령임에도 불구하고 신실한 여인 드보라는 주인마님의 아들 야곱을 수행하여 밧단아람으로 향합니다. 밧단아람에서 20년, 이 기간 동안 드보라는 주인마님의 아들 곁을 지켰습니다. 야곱이 방황할 때 인생의 방향을 바로 잡아주었고 외로워하고 답답해 할 때 따뜻한 말로 위로했을 것입니다. 드보라는 마치 할머니가 손자를 어르듯 외로움으로 몸부림치는 야곱을 그 따뜻한 가슴으로 감싸 안았습니다.

20년이 흘렀습니다. 야곱이 가나안으로 가겠다고 했습니다. 이 상황에서 드보라는 밧단아람에 그대로 남을 만도 했습니다. 나이도 많았고 밧단아람이 고향이기도 했습니다. 하지만 충성스러운 여종 드보라는 다시 주인의 아들을 따라 가나안으로 발걸음을 옮깁니다. 얍복 나루를 건너 에서를 만나고 부지런히 걸어서 도착한 곳이 벧엘, 그곳에서 야곱이 하나님께 제사를 드릴 때 역시 드보라는 야곱의 곁에 있었습니다.

그런데 제사를 드리고 난 직후, 그곳에서 드보라는 죽음을 맞이합니다. 드보라의 죽음을 지켜보는 야곱의 마음이 찢어졌습니다. 드보라는 보통의 유모가 아니라 야곱에게 할머니였고 어머니였고 스승이었기 때문입니다.

야곱은 드보라의 죽음을 지켜보며 한없는 눈물을 흘렸습니다. 통곡을 했습니다. 눈물을 닦아내며 야곱은 드보라의 시신을 상수리나무 아래에 장사하고 그 나무 이름을 알론바굿이라 하였습니다. "곡함의 상수리나무"라는 뜻입니다. 한낱 유모의 죽음이었지만 야곱을 비롯하여 많은 이들이 서럽게 울었다고 해서 붙여진 이름입니다. 얼마나 많이 울었으면 곡을 할 정도였을까요? 얼마나 통곡을 했으면 그 이름을 통곡의 상수리나무라고 불렀을까요?

드보라는 적어도 110년이라는 긴 세월을 리브가의 유모로 살았습니다. 리브가의 유모로서, 리브가는 물론 그 아들 야곱을 위해 헌신했습니다. 가라고 하면 가고 떠나라 하면 떠났습니다. 드보라의 가족에 대한 설명은 어디에도 찾아볼 수 없습니다. 결혼을 했는지, 자식들이 있는지…. 하지만 그녀에게는 가족보다 주인이 더 중요했고 자신의 고향보다 주인이 머무는 처소가 더 귀했습니다. 처음부터 끝까지 그냥 리브가의 유모일뿐입니다.

드보라는 조용한 여인이었습니다. 하지만 드보라는 강했습니다. 유모라는 신분으로 평생을 살았고, 유모였기에 한 마디 불평도 하지 않은 채 주인과 주인의 아들을 위해 최선을 다했을 뿐입니다. 잠시 하는 척하다가 슬그머니 꼬리를 감추는 사람이 아니었습니다. 주인의 뜻이고 주인에게 보탬이 되는 일이라면 목숨까지도 내놓았던 여인이었습니다. 그렇게 드보라는 주인을 위해 평생을 살다가 주인의 아들이 통곡하는 소리를 들으며 조용히 눈을 감았습니다.

　사순절을 보내며 이 글을 쓰고 있습니다. 문득 드보라의 모습에서 십자가에 달리신 예수 그리스도를 발견합니다. 예수 그리스도는 온 인류를 위해 생명을 던져 대속의 제물이 되셨습니다. 드보라는 평생을 유모로 살면서 자신이 섬겨야 할 주인들을 위해 생명을 던졌습니다. 아브라함, 이삭, 야곱으로 내려오는 족장들의 영웅 이야기에서 소리 없이 자기 십자가를 지고 묵묵히 살았던 여인이었습니다.

　만약 드보라가 없었다면 이삭도, 리브가도, 야곱도, 어쩌면 요셉도 없었을 것입니다. 조용하면서도 강한 여인 드보라, 그녀야말로 하나님 나라의 진정한 영웅입니다.

갈렙, 아름다운 퇴장

이제 보소서 여호와께서 이 말씀을 모세에게 이르신 때로부터 이스라엘이 광야에서 방황한
이 사십오 년 동안을 여호와께서 말씀하신 대로 나를 생존하게 하셨나이다 오늘 내가
팔십오 세로되 모세가 나를 보내던 날과 같이 오늘도 내가 여전히 강건하니
내 힘이 그 때나 지금이나 같아서 싸움에나 출입에 감당할 수 있으니
그 날에 여호와께서 말씀하신 이 산지를 지금 내게 주소서
(수14:10-12a)

오스트리아에서 국립간호대학을 졸업한 두 여인이 있었습니다. 마리안느와 마가렛이라는 수녀입니다. 이들은 1962년 소록도에 간호사가 필요하다는 소식을 듣고 한국 땅을 찾습니다. 20대 후반 손에 작은 손가방 하나씩을 들고 소록도에 들어온 마리안느와 마가렛 수녀는 소록도에서 한센병 환자들을 돌보며 40년 넘는 인생을 살았습니다.[5]

'큰할매' 마리안느와 '작은할매' 마가렛 수녀는 우리나라 정부에서 지급하는 보조금 10만 원은 물론 고국 수녀회에서 보내주는 생

활비까지 소록도 환자들의 우유와 간식비 등으로 다 내어주었습니다. 그리고 정작 자신들은 작은 장롱과 십자가만 있는 3평짜리 좁은 방에서 검소하게 살았습니다.

나이 일흔을 바라보면서 마리안느와 마가렛은 늙고 병든 몸이 오히려 환자들에게 짐이 된다는 생각을 하기 시작합니다. 그리고 2005년 11월 21일 새벽, 두 여인은 소록도를 떠나는 배에 조용히 몸을 실었습니다. 누가 보더라도 뭍에 나들이를 가는 것처럼 차려 입었습니다. 하지만 그녀들의 두 눈은 촉촉이 젖어들고 있었습니다. 손에는 40여 년 전 소록도에 올 때 가지고 들어왔던 바로 그 작은 가방, 이제는 다 헤지고 낡은 가방을 들고 있었습니다.

섬을 떠나면서 마리안느와 마가렛은 '사랑하는 친구, 은인들에게'라고 적힌 A4 용지 두 장 분량의 편지를 남겼습니다. 편지에는 "이제는 나이가 들어 제대로 일을 할 수 없고 우리들이 있는 곳에 부담을 주기 전에 천막을 거두어야겠다고 생각합니다."라고 적었습니다. 이들은 또 "부족한 외국인으로서 큰 사랑과 존경을 받아

---

5) 마리안느(Marianne Stöger, 고지선)는 1934년 생으로 1962년에 소록도에 들어와 43년을 살았다. 1935년 생 마가렛(Margaritta Pissarek, 백수선)은 1959년 한국에 왔다가 1966년 소록도에 들어가 39년을 한센병 환자들과 함께 했다. 두 천사는 2021년 11월, 국제간호협회 플로렌스나이팅게일 재단이 수여하는 국제간호대상을 수상했다. 전라남도는 소록도 두 천사들의 헌신을 기리는 한편 2022년 노벨평화상에 도전하는 서명운동을 추진하고 있다.

감사하며 저희들의 부족함으로 마음 아프게 해 드렸던 일에 대해 이 편지를 통해 용서를 빕니다."라는 말도 남겼습니다.

리더십 이론 가운데 '아름다운 퇴장'이라는 말이 있습니다. 자리에 연연하지 말고 물러나야 할 때 깨끗하게 물러나는 것이 아름다운 퇴장입니다. 마리안느와 마가렛 수녀는 아름다운 퇴장을 정확히 보여주었습니다.

구약성경에 등장하는 인물 가운데 아름답게 퇴장한 사람이 바로 갈렙입니다. 갈렙은 민수기 13장에 처음 등장합니다. 기원전 1,450년, 애굽을 탈출한 이스라엘 백성들이 홍해를 건너고 다베라와 하세롯을 지나 바란 광야에 진을 쳤을 때입니다. 하나님께서 모세에게 가나안 땅을 정탐하라는 명령을 내리셨습니다. 모세는 하나님의 명령을 따라 각 지파 중에서 지휘관 한 명씩을 선발하는데 갈렙은 유다 지파의 대표로 선발되었습니다(민13:6).

갈렙을 포함하여 12명의 정탐꾼들은 포도가 처음 익을 때 출발하여 40일 동안 가나안 땅을 두루 다닙니다. 돌아올 때에는 포도송이, 그리고 석류와 무화과를 가지고 왔습니다. 에스골 골짜기에서 얻은 포도송이는 얼마나 컸는지 막대기에 꿰어 두 사람이 메어야 할 정도였습니다.

정탐꾼들의 보고는 간단했습니다. 두루두루 돌아보니 땅은 비옥한데 성읍은 견고하고 거주민들은 강하다는 것입니다. 강력한 사람들이 살고 있다는 말을 들은 백성들이 술렁거리기 시작했습니다. 여기저기 탄식하는 소리가 나왔습니다. 그 때 갈렙이 정면에 나섭니다.

> 갈렙이 모세 앞에서 백성을 조용하게 하고 이르되 우리가 곧 올라가서
> 그 땅을 취하자 능히 이기리라 (민13:30)

갈렙은 당당하게 말했지만 백성들의 마음을 안정시키기에는 역부족이었습니다. 백성들은 정탐한 땅을 악평하기 시작했고 스스로를 메뚜기 같다고 깎아내렸습니다. 그 날 백성들은 소리를 높여 부르짖으며 밤새도록 통곡했습니다. 급기야 백성들은 모세와 아론을 원망하며 애굽으로 돌아가자고 난리를 폈습니다. 모세와 아론은 흥분한 백성들에게 말 한 마디 하지 못하고 그 앞에 엎드려 있었습니다(민14:5). 이 절박한 상황에서 갈렙이 다시 일어섭니다. 다만 이번에는 눈의 아들 여호수아가 힘을 보탰습니다. 두 사람은 자기들의 옷을 찢으며 분연히 외칩니다.

> 그 땅을 정탐한 자 중 눈의 아들 여호수아와 여분네의 아들 갈렙이 자기
> 들의 옷을 찢고 이스라엘 자손의 온 회중에게 말하여 이르되 우리가 두
> 루 다니며 정탐한 땅은 심히 아름다운 땅이라 여호와께서 우리를 기뻐
> 하시면 우리를 그 땅으로 인도하여 들이시고 그 땅을 우리에게 주시리
> 라 이는 과연 젖과 꿀이 흐르는 땅이니라 다만 여호와를 거역하지는 말

라 또 그 땅 백성을 두려워하지 말라 그들은 우리의 먹이라 그들의 보호
자는 그들에게서 떠났고 여호와는 우리와 함께 하시느니라 그들을 두려
워하지 말라 (민14:6-9)

하지만 백성들은 듣지 않았습니다. 오히려 여호수아와 갈렙을
돌로 치려고 달려들었습니다. 그 때 하나님의 영광이 나타나 두
사람을 보호하십니다.

사태가 잠시 수그러들자 하나님은 모세를 다그치십니다. 그 동
안 많은 이적과 기사를 보여주었는데 아직도 하나님을 믿지 못하
는 백성들이 많다며 서운한 감정을 드러내신 것입니다. 그러자 모
세는 변병 아닌 변명을 꽤 장황하게 늘어놓습니다. 하나님은 모세
의 말을 듣고 계셨습니다. 그러다가 화가 나셨는지 엄중하게 말씀
하십니다.

내 영광과 애굽과 광야에서 행한 내 이적을 보고서도 이같이 열 번이나
나를 시험하고 내 목소리를 청종하지 아니한 그 사람들은 내가 그들의
조상들에게 맹세한 땅을 결단코 보지 못할 것이요 또 나를 멸시하는 사
람은 한 사람도 그것을 보지 못하리라 그러나 내 종 갈렙은 그 마음이 그
들과 달라서 나를 온전히 따랐은즉 그가 갔던 땅으로 내가 그를 인도하
여 들이리니 그의 자손이 그 땅을 차지하리라 (민14:22-24)

하나님은 이스라엘 백성들을 향해 무거운 벌을 내리셨습니다.

그런데 그 말씀 중에 갈렙에 대해 언급하셨습니다. 하나님은 갈렙을 "내 종"이라고 부르시며 갈렙이 세상 사람들과는 달리 하나님의 말씀을 온전히 따랐다는 사실을 인정하셨습니다. 하나님은 다른 이들은 가나안 땅에 들어가지 못해도 갈렙과 그의 자손은 그 땅을 차지할 것이라고 분명히 밝히셨습니다.

처음에 하나님은 갈렙의 이름만 언급하시고 여호수아는 거론하지 않으셨습니다. 그런데 잠시 뒤, 하나님은 이 문제를 다시 언급하시면서 "여분네의 아들 갈렙과 눈의 아들 여호수아"(민14:30)를 동시에 언급하셨습니다. 갈렙과 함께 여호수아도 인정하신 것입니다.

그 후 이스라엘 백성은 40년 동안 광야를 방황합니다. 40년 세월을 거치면서 20세 이상이었던 남자들은 다 죽었습니다. 기원전 1,410년 두 번째 인구조사를 했는데 갈렙과 여호수아 두 사람은 그 때까지도 죽지 않고 살아 있었습니다. 하나님의 말씀대로 이루어진 것입니다.

> 이는 여호와께서 그들에게 대하여 말씀하시기를 그들이 반드시 광야에서 죽으리라 하셨음이라 이러므로 여분네의 아들 갈렙과 눈의 아들 여호수아 외에는 한 사람도 남지 아니하였더라 (민26:65)

그동안 모세도 많이 늙었습니다. 이제 그 후계자를 뽑아야 할

시기가 되었습니다. 갈렙과 여호수아, 두 사람 중에 과연 누구를 선택하시려는지…. 둘 다 지명하실 수도 있었습니다. 그런데 하나님께서는 여호수아만 지명하셨습니다(민27:15-20). 갈렙에 대해서는 언급조차 하지 않으셨습니다. 하나님께서 여호수아를 지명하시자 갈렙은 조용히 사라집니다. 어디로 갔는지, 어디에서 어떻게 살았는지 기록이 없습니다. 만약 갈렙이 자기 몫을 챙기기 위해 소리를 높였다면 이스라엘은 무척이나 혼란스러웠을 것입니다. 그런데 갈렙은 조용히 퇴장하였습니다.

인구조사를 마치고 이스라엘 백성들이 요단에 도착하였을 때 몇몇 지파가 요단 동편에 기업을 달라고 요구합니다. 이 때 모세는 지난 40년 동안 있었던 일들을 회상하며 갈렙과 여호수아의 이름을 거론합니다.

> 그 때에 여호와께서 진노하사 맹세하여 이르시되 애굽에서 나온 자들이 이십 세 이상으로는 한 사람도 내가 아브라함과 이삭과 야곱에게 맹세한 땅을 결코 보지 못하리니 이는 그들이 나를 온전히 따르지 아니하였음이니라 그나스 사람 여분네의 아들 갈렙과 눈의 아들 여호수아는 여호와를 온전히 따랐느니라 (민32:10-12)

여기서도 갈렙의 이름은 여호수아의 이름보다 앞에 기록되어 있습니다. 그만큼 이스라엘 공동체에서 갈렙이 차지하는 비중이 여호수아의 그것보다 중요했다는 것입니다. 정탐을 마치고 돌아왔을 때 먼저 입을 열었던 사람이 갈렙이었고 아찔했던 순간 주도적인 역할을 감당한 사람이 갈렙이었습니다. 그리고 나이가 많았던 갈렙은 기업의 땅을 분배할 때도 여전히 유다 지파의 지휘관으로 그 영향력을 떨치고 있었습니다(민34:19). 모세는 이스라엘 백성들에게 유언을 남길 때도 갈렙을 잊지 않았습니다.

> 오직 여분네의 아들 갈렙은 온전히 여호와께 순종하였은즉 그는 그것을 볼 것이요 그가 밟은 땅을 내가 그와 그의 자손에게 주리라 (신1:36)

그런데 갈렙은 무대 위에 나타나지 않습니다. 조용히, 아름답게 퇴장했기 때문입니다. 자칫하면 정적(政敵)이 될 수 있었던 사람이었지만 갈렙은 여호수아에게 높은 자리를 내주고 조용히 물러났습니다. 모세의 후계자 자리에 대해서 생각조차 하지 않았던 것입니다. 정탐꾼으로서 최선을 다했고 유다 지파의 지도자로 열심히 살았다면 그것으로 충분했습니다. 갈렙은 하나님의 뜻에 순종했습니다. 자칫 여호수아에게 부담을 줄 수 있었던 상황이었지만 여호수아가 마음껏 일할 수 있도록 갈렙은 조용히, 아름답게 퇴장하였습니다.

갈렙이 아주 사라진 것은 아니었습니다. 갑자기 나타납니다(수14:6). 40일 동안의 정탐에서 돌아와 하나님께서 주신 땅이라고 목소리를 높이던 때가 나이 40세, 그 후 광야를 방황하던 40년 동안에도 갈렙은 살아 있었습니다. 그리고 약 5년여에 걸쳐 가나안 땅을 배분하고 있던 시기에도 갈렙은 흔들림이 없었습니다.

그런데 조용하던 갈렙이 무대에 오릅니다. 유다 자손들이 땅 문제를 상의하기 위해 여호수아를 면담하는 자리였는데 그 맨 앞에 85세 노인 갈렙이 있었습니다. 두 사람은 반가운 인사를 나누었을 것입니다. 한 때 동지였고 친구였습니다. 정탐을 시작으로 두 사람은 40년 동안 광야를 함께 걸었습니다. 동년배 남자들이 다 죽어나가고 있을 때 두 사람은 생명을 걸고 함께 싸웠습니다.

두 사람 사이에 어떤 말이 오고갔는지 궁금합니다. 어떤 인사를 나누었는지, 반갑게 끌어안았는지, 여호수아 앞에 갈렙이 무릎을 꿇었는지…. 아쉽게도 성경은 모든 것을 생략합니다. 대신 갈렙이 하는 말만 옮겨 놓습니다.

> 이제 보소서 여호와께서 이 말씀을 모세에게 이르신 때로부터 이스라엘이 광야에서 방황한 이 사십오 년 동안을 여호와께서 말씀하신 대로 나를 생존하게 하셨나이다 오늘 내가 팔십오 세로되 모세가 나를 보내던 날과 같이 오늘도 내가 여전히 강건하니 내 힘이 그 때나 지금이나 같아서 싸움에나 출입에 감당할 수 있으니 그 날에 여호와께서 말씀하신 이 산지를 지금 내게 주소서 당신도 그 날에 들으셨거니와 그 곳에는 아낙 사람이 있고 그 성읍들은 크고 견고할지라도 여호와께서 나와 함께 하시면 내가 여호와께서 말씀하신 대로 그들을 쫓아내리이다 (수14:10-12)

옛정을 생각하면 좋은 땅을 구할 수 있었습니다. 갈렙에게는 그럴 자격이 충분했습니다. 그런데 뜻밖에 갈렙은 산지를 달라고 요구합니다. 그곳에는 아낙 자손들이 살고 있고 그 성읍들은 크고 견고했기에 부담이 되는 땅이었습니다. 하지만 갈렙은 하나님께서 함께 하시면 능히 올라가 차지하겠다고 말합니다. 45년 전 가데스바네아에서 했던 말과 비교하여 조금도 달라지지 않았습니다. 40세 때의 믿음과 기개가 85세가 되었음에도 그대로 남아 있었습니다.

여호수아는 흔쾌히 수락합니다. 허락을 받은 갈렙은 힘을 내서 산지를 점령하여 그곳에 헤브론을 세웁니다. 그리고 갈렙은 다시 사라집니다. 어디로 갔는지, 어디에서 어떻게 살다가 어떠한 죽음을 맞이했는지 흔적조차 찾을 수가 없습니다. 역대기 말씀에 갈렙의 이름이 몇 차례 언급되고는 있지만 다 그의 후손의 이야기일 뿐입니다. 신약성경에도 갈렙의 이름이 등장하지 않습니다. 당당하게 살다가 조용히 퇴장한 사람이 바로 갈렙입니다. 아름다운 퇴장입니다.

시작할 때도 잘해야 하지만 마무리를 잘해야 하는 것이 우리 인생입니다. 마리안느와 마가렛 수녀처럼 물러날 때를 알고 때가 되면 아름답게 퇴장해야 하는데 그렇지 못한 사람들이 많습니다. 질질 끌다 보면 구차해질 수밖에 없습니다. 하나님의 뜻에 순종해야 합니다. 말 나오기 전에 조용히 물러나는 것이 차라리 아름답습니다.

언제부터인지 교단에서 '중진'이라는 말을 듣고 있습니다. 중진이란 은퇴가 가까이 오고 있다는 뜻입니다. 하나님의 은혜로 손자를 셋이나 보았으니 당연한 이야기입니다. 아름다운 퇴장, 이제는 남의 이야기가 아닙니다.

특수부대 요원 에훗

이스라엘 자손이 여호와께 부르짖으매 여호와께서 그들을 위하여 한 구원자를 세우셨으니
그는 곧 베냐민 사람 게라의 아들 왼손잡이 에훗이라 이스라엘 자손이 그를 통하여
모압 왕 에글론에게 공물을 바칠 때에 에훗이 길이가 한 규빗 되는
좌우에 날선 칼을 만들어 그의 오른쪽 허벅지 옷 속에 차고
공물을 모압 왕 에글론에게 바쳤는데 에글론은
매우 비둔한 자였더라 (삿3:15-17)

초등학교 시절, 왼손잡이 친구가 있었습니다. 밥도 왼손으로 먹고 글씨도 왼손으로 썼습니다. 다른 것은 몰라도 글씨는 오른손으로 써야 한다며 선생님께서 왼손을 쓰지 못하게 하셨습니다. 하지만 그 친구는 급할 때는 왼손으로 썼습니다. 우리들은 그 친구를 '짝배'라고 많이 놀렸습니다.

왼손잡이를 'sinister'라고 합니다. 이 말은 '흉하다, 불운하다'라는 의미를 내포하고 있습니다. 반대로 오른손을 뜻하는 'dexter'는 '알맞다, 능숙하다'라는 뜻입니다. 우리나라 말에도 바른손

이라고 하면 오른손을 의미합니다. 어렸을 적 선생님께서 바른손을 들라고 하면 모두들 오른손을 들었던 기억이 있습니다. 반대로 왼손을 의미하는 '외다'라는 말에는 '물건이 제대로 놓이지 않고 뒤바뀌어 있어 쓰기에 불편하다'라는 뜻이 포함되어 있습니다. 옛날에는 마음이 꼬여 있고 불편할 것을 '외다'라고 표현했습니다.

왼손잡이가 환영을 받지 못한 것은 세계 모든 나라의 공통적인 현상이었습니다. 중세시대까지 유럽에서는 글씨를 왼손으로 쓰면 악마의 손이라 했다고 합니다. 일본에서는 왼손잡이 아내는 이혼사유가 되기도 했고, 인도나 사우디아라비아 같은 나라에서는 밥을 먹을 때는 반드시 오른손만 사용하도록 가르쳤습니다. 히말라야를 오르내리는 셰르파(sherpa)들에게 왼손은 화장실 전용이었습니다.

의학적인 자료들 역시 왼손을 사용하는 것을 부정적으로 이야기합니다. 왼손잡이는 오른손잡이에 비해 정신질환, 소화질환, 유방암, 수면장애, 학습장애에 걸릴 확률이 높다는 연구결과가 있습니다. 자동차 사고를 비롯한 각종 생활 속의 사고발생률 역시 왼손잡이가 오른손잡이에 비해 54%나 높고 평균수명은 9년이나 짧다고 합니다. 아마도 출입문 손잡이나 가위 같은 생활용품들이 하나같이 오른손으로 쓰기에 편하도록 만들어졌고 왼손을 쓰는 이들에게는 그만큼 불편하기 때문이 아닌가 싶습니다. 운동장을 달릴 때 시계 반대방향으로 도는 것도 오른손잡이들에게 유리합니다. 이래저래 왼손을 쓰는 분들의 고충이 상당할 것 같습니다.

성경은 어느 손을 쓰냐 하는 문제를 세세하게 기록하고 있지 않습니다. 그만큼 모두가 다 오른손잡이였기 때문이었습니다. 그런데 성경이 왼손잡이라고 소개하는 사람이 한 명 있는데 사사 에훗입니다.

기원전 1,330년 무렵, 모압 나라의 에글론이라는 임금이 세력을 키우고 있었습니다. 에글론은 암몬과 아말렉 자손들을 규합하여 종려나무 성읍 여리고를 점령하였습니다. 여리고는 여호수아가 이끄는 이스라엘 군대에게 멸망당한 후 수십 년 동안 무방비 상태였는데 그 틈을 이용하여 에글론이 밀고 들어와 안방차지를 한 것입니다. 여리고를 차지한 에글론은 이스라엘 백성들을 18년 동안 억압하였습니다. 백성들이 견디다 못해 하나님께 부르짖었고 하나님은 백성들을 위해 한 구원자를 세우셨는데 그가 바로 사사 에훗입니다.

에훗을 소개하면서 성경은 "베냐민 사람 게라의 아들 왼손잡이"(삿3:15)라고 말합니다. 베냐민의 맏아들이 벨라, 그리고 벨라의 둘째 아들이 게라입니다(대상8:1-3). 따라서 에훗의 증조할아버지가 베냐민, 고조할아버지가 야곱입니다. 야곱은 사랑하는 여인 라헬과의 사이에서 요셉에 이어 베냐민을 낳았습니다(창35:18). 베냐민이라는 말은 '오른손의 아들'이라는 뜻입니다. 오른손은 힘과 능력의 상징이었습니다. 그 만큼 자신만만하다는 뜻입니다.

그런데 신기하게도 오른손의 아들인 베냐민의 증손자 에훗은 왼손잡이였습니다. 왼손을 쓰는 자들이 거의 없던 시절 에훗이 나면서부터 왼손잡이였는지는 알 길이 없습니다. 어떤 구약학 교수는 에훗이라는 이름에는 '오른손이 갇힌 자'라는 뜻이 있다고 합니다. 그렇다면 에훗은 태어날 때부터 오른손이 불구였을 수도 있습니다. 오른손을 쓰지 못했으니 자연스럽게 왼손을 쓰게 되었다는 것입니다. 예수님께서 안식일에 회당에서 한 쪽 손을 쓰지 못하는 사람을 고쳐주신 적이 있었는데 누가는 그 손이 바로 오른손이었다고 밝힙니다(눅6:6). 어쩌면 에훗과 그 사람의 형편이 비슷했을 지도 모릅니다.

왼손잡이 에훗에 대한 좀 더 납득할 만한 설명이 있습니다. 에훗이라는 이름에는 '오른손을 붙들어 놓은 자'라는 뜻이 있다는 것입니다. 오른손이 불구이거나 병이 들었다는 것이 아니라 왼손을 잘 쓰기 위해서 의도적으로 오른손을 묶어 놓았다고 설명합니다. 따라서 에훗은 일부러 오른손을 묶어 놓고 엄청난 훈련을 통하여 왼손을 잘 쓰게 된 사람이었다는 말입니다.

불구라기보다는 오른손을 묶어 놓고 훈련을 통해 왼손을 쓰게 되었다는 설명에 힘이 실립니다. 그 이유 가운데 하나는 사사시대가 끝날 무렵 왼손잡이들이 대거 등장하는데 놀랍게도 이들 모두 베냐민 지파 사람들이었기 때문입니다.

> 그 때에 그 성읍들로부터 나온 베냐민 자손의 수는 칼을 빼는 자가 모두
> 이만 육천 명이요 그 외에 기브아 주민 중 택한 자가 칠백 명인데 이 모
> 든 백성 중에서 택한 칠백 명은 다 왼손잡이라 물매로 돌을 던지면 조금
> 도 틀림이 없는 자들이더라 (삿20:15-16)

당시 이스라엘 백성들이 베냐민 지파를 상대로 전쟁을 일으켰
는데 그 때 베냐민 지파 기브아에서 출정한 전사들 가운데 700명
이 하나같이 왼손잡이였다는 것입니다. 이들 왼손잡이 700명을
오른손에 문제가 있던 자들이라고 몰아붙이기에는 무리가 있어
보입니다. 그리고 특정 지역에 왼손잡이가 몰려 있다는 것도 납득
하기 어렵습니다.

당시 전사들은 오른손에는 칼을 들고 왼손에는 방패를 들었습
니다. 상대가 칼이나 창을 휘두르기 위해 오른손을 들게 되면 그
아래 겨드랑이 쪽을 공격하는 것이 효과적이었는데 이 때 오른손
잡이보다 왼손잡이가 유리했습니다. 따라서 이들 왼손잡이 700
명은 의도적으로 오른손을 묶어 놓고 왼손을 철저하게 훈련한 군
사들이었습니다. 결국 왼손을 잘 쓰는 특수부대 요원들이 되었는
데 에훗도 오래 전부터 그런 훈련을 받았을 것입니다. 다른 지파
들에 비해 상대적으로 군사들의 숫자가 적었던 베냐민 지파로서

는 지혜로운 전략이었을 것입니다.[6]

다시 사사기 3장으로 돌아오겠습니다. 15절은 "이스라엘 자손이 그를 통하여 모압 왕 에글론에게 공물을 바칠 때"라고 당시의 정황을 기록합니다. 백성들 가운데 대표들을 선출하여 모압 왕 에글론에게 보냈는데 그 대표단 가운데 에훗이 있었습니다. 백성의 지도자들이 에글론 암살 작전의 특수요원으로 철저하게 훈련받은 에훗을 파송했다고 볼 수 있는 대목입니다.

공물을 바친 후에 에훗은 길갈 돌 뜨는 곳까지 왔다가 다시 여리고로 돌아갑니다. 왕복 약 7.0Km, 빨리 걸으면 한 시간이면 가능합니다. 여리고로 돌아온 에훗은 드릴 말씀이 있다며 에글론에게 은밀하게 접근합니다. 에훗은 길이가 한 규빗 되는 좌우에 날선 칼을 그의 오른쪽 허벅지 옷 속에 차고 있었습니다. 한 규빗은 45Cm 안팎, 따라서 통상적으로 쓰는 칼보다 짧았습니다. 더군다나 왼손잡이 에훗은 오른손을 쓰는 사람들과 달리 반대쪽 허벅지에 칼을 숨겼기 때문에 호위병들의 검문검색을 무난히 통과할 수 있었습니다.

---

6) 베냐민 지파에서 싸움에 나갈 만한 자는 35,400명이었다(민1:36-37). 이 숫자는 12지파 가운데 끝에서 두 번째로 적고 12지파 평균 50,296명보다도 훨씬 못 미치는 숫자이다. 그래서 베냐민 지도자들은 유사시를 대비하여 에훗 같은 이들을 선발하여 왼손잡이 전사들로 훈련시켰을 가능성이 크다.

모압 임금 에글론은 욕심이 많았고 비둔한 자였습니다. 서늘한 다락방에서 쉬고 있던 에글론은 에훗에게서 뭔가 얻을 것이 있나 보다 싶어 호위병들을 내보냈습니다. 이제 에글론은 혼자였습니다. 에훗은 오른쪽 허벅지에 숨겨 놓은 짧은 칼을 뽑아 에글론을 찌릅니다. 이 한 순간을 위해 그동안 오른손을 묶어 놓고 훈련했던 바로 그 왼손으로 말입니다.

세계 인구의 약 7%에서 10%가 왼손잡이라고 합니다. 유럽이나 미국은 약 12%, 한국은 약 5%가 왼손잡이입니다. 아랍 국가들은 1%도 채 되지 않는다고 합니다. 아마도 왼손을 쓰는 것을 사회적으로 금기시하였기 때문일 것입니다.

딘 캠벨(Dean Campbell)이라는 미국 사람이 있었습니다. 왼손잡이였던 그는 왼손잡이에 대한 사회적 편견을 바로잡기 위해 1932년 '국제왼손잡이협회'를 창립하였습니다. 협회에서는 왼손잡이 전용 도구들을 만들고 왼손잡이들의 소식을 전하는 신문도 발간하였습니다. 딘 캠벨의 수고로 왼손잡이에 대한 연구가 진행되었고 사회적 편견도 조금씩 사라지기 시작했습니다. 1976년 딘 캠벨은 자신의 생일인 8월 13일을 '국제 왼손잡이의 날'로 제정하였고, 1997년에는 정부로부터 공식적인 기념일로 인정을 받았습니다.

주변을 살펴보면 왼손잡이들 가운데 꽤 유명한 이들이 많이 있습니다. 미켈란젤로, 다빈치, 베토벤, 뉴턴, 큐리 부인 등등, 모두가 왼손잡이입니다. 폴 메카티니, 마크 트웨인, 루이스 캐럴, 그리고 배우 안젤리나 졸리도 왼손을 씁니다. 역대 미국 대통령 44명 가운데 8명이 왼손잡이였는데 최근에는 왼손잡이 대통령이 대세입니다. 40대 대통령 로널드 레이건 이후, 41대 조지 부시, 42대 빌 클린턴, 44대 버락 오바마가 모두 왼손잡이입니다.

그러니 왼손잡이라고 무시하면 안 될 것입니다. 특별히 하나님을 위해 스스로 오른손을 묶어 놓고 왼손잡이가 된 에훗 같은 왼손잡이들을 존경해야 합니다. 하나님을 위해 생명을 걸었던 이들이야말로 하나님 나라의 진정한 영웅입니다.

도엑, 제사장 85명을 학살하다

왕이 도엑에게 이르되 너는 돌아가서 제사장들을 죽이라 하매 에돔 사람 도엑이 돌아가서
제사장들을 쳐서 그 날에 세마포 에봇 입은 자 팔십오 명을 죽였고
제사장들의 성읍 놉의 남녀와 아이들과 젖 먹는 자들과
소와 나귀와 양을 칼로 쳤더라 (삼상22:18-19)

성경은 에돔 사람 도엑을 사울 임금의 목자장이라고 소개합니다(삼상21:7). "사울의 목자장"(Saul's head shepherd)이란 말은 사울의 가축을 관리하는 목자들 가운데 가장 높은 지위에 있는 사람이라는 뜻입니다. 아마도 도엑은 왕궁에 머물면서 목자와 가축들을 관리하고 있었던 것으로 보입니다.

에돔은 이삭의 쌍둥이 아들 에서로부터 시작한 족속입니다. 에서와 야곱이 그랬듯이 에돔 족속과 야곱의 후손 이스라엘 족속은 늘 불편한 관계 속에 있었습니다. 그런데 에돔의 후손인 도엑이

어떻게 해서 사울의 가축을 책임지는 목자장이 될 수 있었는지는 수수께끼로 남습니다. 성경에는 목자장 도엑에 대한 기록이 없기 때문입니다. 잠깐 언급되었다가 사라졌는데 그가 남긴 이야기는 이스라엘 역사에 적지 않은 상처를 주고 있습니다.

도엑에 대한 이야기는 기원전 1,020년으로 올라갑니다. 사울 임금이 다윗을 추격하고 있을 때입니다. 사울이 자기를 죽이려 한다는 것을 감지한 다윗은 도망을 칩니다. 사울의 사위였고 전쟁의 영웅이었지만 권력 앞에서는 어쩔 수 없었을 것입니다. 사울의 아들 요나단과 눈물로 작별한 다윗은 곧바로 놉 땅으로 가서 제사장 아히멜렉을 만납니다. 놉(Nob)은 베냐민 지파에 속한 성읍으로 제사장 엘리의 후손들이 거주하고 있었습니다. 실로의 성소가 파괴된 이후 성막이 보관되어 있던 곳이 놉이었습니다.[7]

사울을 피해 놉에 도착한 다윗은 우선 급한 대로 제사장 아히멜렉에게 먹을 것을 구합니다. 다윗의 딱한 처지를 확인한 아히멜렉은 진설병 곧 여호와 앞에서 물려 낸 떡을 제공하였습니다. 진설병을 먹고 어느 정도 허기를 해결한 다윗은 제사장 아히멜렉에게

---

[7] 놉(Nob) 땅은 사울이 주둔했던 기브아에서 남동쪽으로 6Km 정도 떨어진 곳에 위치한다. 놉에서 남쪽으로 3Km 정도만 내려가면 그곳이 바로 예루살렘이다.

칼이나 다른 무기가 있는지 묻습니다. 마땅한 것이 없었던 제사장 아히멜렉은 다윗이 전에 엘라 골짜기에서 죽인 블레셋 사람 골리앗이 사용했던 칼을 꺼내 주었습니다. 골리앗의 칼을 건네받은 다윗은 그 길로 내리달려 블레셋 땅 가드로 도망을 칩니다.

그런데 이 모든 광경을 몰래 지켜보던 사람이 있었습니다. 바로 에돔 사람 도엑입니다. 성경은 도엑이 그 날 여호와 앞에 머물러 있었다고 기록합니다(삼상21:7).

> 그 날에 사울의 신하 한 사람이 여호와 앞에 머물러 있었는데 그는 도엑
> 이라 이름하는 에돔 사람이요 사울의 목자장이었더라 (삼상21:7)

이방 사람 도엑이 어떤 믿음이 있어서 여호와 앞에 있었다는 것이 아닙니다. 그 날, 무슨 일이 있어서 놉에 들렀다가 여호와의 제단 근처에 얼쩡거리고 있었다는 뜻입니다. 그래서 공동번역은 아예 "그 날 거기에서 사울의 신하 하나가 야훼 앞에 들어가지 못하고 있었다."라고 번역하고 있습니다.

제사장 아히멜렉과 작별한 다윗은 블레셋 지경으로 들어갔다가 다시 유대로 돌아와 아둘람 동굴로 피신합니다. 그런데 자기를 따르는 자들이 400명 이상 모여 들자 다윗은 이들을 데리고 모압 땅으로 건너갔습니다. 그 후 다윗은 유다 땅으로 들어가라는 선지자 갓의 충고를 듣고 다시 헤렛 수풀로 이동을 합니다(삼

상22:1-5).[8]

다윗이 이곳저곳을 전전하는 동안 다윗을 쫓던 사울은 안달이 났습니다. 그러다가 어느 날, 다윗이 나타났다는 정보를 입수하고 신하들을 한 자리에 모읍니다. 주둔지 기브아의 높은 곳에 올라 손에 단창을 들고 에셀나무 아래에 앉아 신하들을 닦달합니다.

> 너희 베냐민 사람들아 들으라 이새의 아들이 너희에게 각기 밭과 포도원을 주며 너희를 천부장, 백부장을 삼겠느냐 너희가 다 공모하여 나를 대적하며 내 아들이 이새의 아들과 맹약하였으되 내게 고발하는 자가 하나도 없고 나를 위하여 슬퍼하거나 내 아들이 내 신하를 선동하여 오늘이라도 매복하였다가 나를 치려 하는 것을 내게 알리는 자가 하나도 없도다 (삼상22:7-8)

서슬 퍼런 사울 앞에 그 누구도 나서지 못했습니다. 모든 신하들이 사울의 눈치만 살피고 있던 바로 그 때, 에돔 사람 목자장 도엑이 앞으로 나섭니다. 도엑은 다윗이 놉에 와서 제사장 아히멜렉을 만나고 가는 것을 목격하였다고 고자질을 합니다.

---

8) 다윗은 사울을 피해 10년 이상 도피 생활을 했다. 서쪽으로는 블레셋 땅 가드까지, 동쪽으로는 사해 인근 엔게디 까지, 그리고 모압 지경에 숨은 적도 있었다. 직선거리로 하면 50Km 지역 안에서 때로는 광야, 때로는 동굴이나 수풀에 숨어 있었다.

이새의 아들이 놉에 와서 아히둡의 아들 아히멜렉에게 이른 것을 내가
보았는데 아히멜렉이 그를 위하여 여호와께 묻고 그에게 음식도 주고
블레셋 사람 골리앗의 칼도 주더이다 (삼상22:9-10)

도엑의 말을 들은 사울은 곧바로 제사장 아히멜렉을 포함하여
놉에 거주하고 있던 제사장들을 모두 불러들이라는 명령을 내립
니다. 임금의 명령이니 어쩔 수 없었습니다. 아히멜렉과 제사장
들이 도착하자 사울은 다짜고짜 따지기 시작합니다. 다윗과 공모
를 했다, 그에게 떡과 칼을 주었다, 그를 위해 하나님께 묻고 기
도해 주었다, 다윗을 축복하여 그가 길에 매복하였다가 자기를 치
게 만들었다는 등등, 사울은 제사장 아히멜렉을 거칠게 몰아쳤습
니다. 하지만 아히멜렉도 호락호락하지는 않았습니다. 다윗은 정
말 충실한 종이다, 자기는 제사장으로서 할 일을 했을 뿐이다, 두
사람과의 관계에 대해서는 아는 것이 없다며 아히멜렉은 단호하
게 받아쳤습니다.

　제사장 아히멜렉과 논쟁하던 사울은 결국 이성을 잃고 호위병
들에게 아히멜렉과 제사장들을 모두 죽이라고 명령합니다. 하지
만 사울의 신하들과 호위병들은 감히 제사장들에게 칼을 댈 수가
없었습니다. 그러자 사울은 에돔 사람 도엑에게 명령합니다.

왕이 도엑에게 이르되 너는 돌아가서 제사장들을 죽이라 하매 사람 도
엑이 돌아가서 제사장들을 쳐서 그 날에 세마포 에봇 입은 자 팔십오 명

을 죽였고 제사장들의 성읍 놉의 남녀와 아이들과 젖 먹는 자들과 소와
나귀와 양을 칼로 쳤더라 (삼상22:18-19)

'돌아가서'라는 말은 몸을 돌리라는 뜻입니다. 도엑은 몸을 돌렸습니다. 주저함이 없었습니다. 한 날에, 한 자리에서 세마포를 입은 제사장 85명을 칼로 쳐 죽였습니다. 그것이 끝이 아니었습니다. 도엑은 내친 김에 제사장들의 성읍 놉으로 쳐들어가서 남녀와 아이들과 젖 먹는 자들과 소와 나귀와 양을 칼로 쳤습니다.

요즘 리더십에 관한 이야기들을 많이 합니다. 훌륭한 리더는 어떤 사람인가? 어떻게 하면 훌륭한 리더가 될 수 있는가? 리더십의 원칙은 무엇인가? 많은 이야기가 있겠지만 훌륭한 리더십의 첫 걸음은 좋은 사람을 찾아내어 적재적소에 배치하는 능력입니다. 못된 사람 뽑아놓고 아무리 가르쳐도 소용이 없다는 말입니다. 선하고 실력 있는 사람을 뽑는 것이 리더십의 시작입니다.

리더십의 원리에서 본다면 도엑을 등용하여 목자장으로 세운 것은 사울의 큰 실수였습니다. 무엇보다도 도엑은 에돔 사람이었습니다. 이방인, 그것도 오랜 동안 불편한 관계에 있던 모압 사람을 가까이에 두었으니 제대로 될 리가 없었습니다. 어떻게 세마포 입은 제사장 85명을 한 자리에서 죽일 수 있다는 말입니까? 그것도 모자라 남녀노소, 심지어 젖 먹는 아이들까지 죽였으니 학살도

이런 대학살이 어디 있겠습니까?

에돔 사람 도엑이 세마포 입은 제사장들을 85명이나 학살하던 그 날, 제사장 아히멜렉의 아들 중 한 명이 그 현장을 빠져나왔습니다. 아비아달이라는 사람인데 아비아달은 다윗을 찾아가 가슴 아픈 이야기를 전합니다. '제사장 아비멜렉을 비롯하여 다른 제사장들 85명이 모두 죽었습니다. 심지어 놉에 살고 있던 부녀들과 아이들까지 다 죽임을 당했습니다.'

자기 때문에 제사장 85명이 죽고 그 가족과 자녀들까지 몰살당했다는 소식을 전해들은 다윗의 마음이 얼마나 비통했겠습니까? 사울에 대해 얼마나 분하고 원통했겠습니까? 에돔 사람 도엑이 얼마나 미웠겠습니까? 가슴이 찢어지고 하늘이 무너지는 고통이었을 것입니다.

시편 52편은 이 소식을 들은 다윗이 가슴 시리게 부르는 탄식의 노래입니다. 시편 52편에는 "에돔인 도엑이 사울에게 이르러 다윗이 아히멜렉의 집에 왔다고 그에게 말하던 때에"라는 설명이 붙어있습니다.

오, 용사여, 너는 어찌하여 악한 일을 자랑하느냐?
너는 어찌하여 경건한 사람에게 저지른 악한 일을 쉼 없이 자랑하느냐?

너, 속임수의 명수야, 너의 혀는 날카로운 칼날처럼, 해로운 일만 꾸미는구나.

너는 착한 일보다 악한 일을 더 즐기고, 옳은 말보다 거짓말을 더 사랑하는구나.

너, 간사한 인간아, 너는 남을 해치는 말이라면, 무슨 말이든지 좋아하는구나.

하나님께서 너를 넘어뜨리고, 영원히 없애 버리실 것이다.

너를 장막에서 끌어내어 갈기갈기 찢어서, 사람 사는 땅에서 영원히 뿌리 뽑아 버리실 것이다.

의인이 그 꼴을 보고, 두려운 마음을 가지고 비웃으며 이르기를

"저 사람은 하나님을 자기의 피난처로 삼지 않고, 제가 가진 많은 재산만을 의지하며,

자기의 폭력으로 힘을 쓰던 자다" 할 것이다.

그러나 나는 하나님의 집에서 자라는 푸른 잎이 무성한 올리브 나무처럼,

언제나 하나님의 한결같은 사랑만을 의지하련다.

주님께서 하신 일을 생각하며, 주님을 영원히 찬양하렵니다.

주님을 믿는 성도들 앞에서, 선하신 주님의 이름을 우러러 기리렵니다.

(시52:1-9, 새번역)

대통령이 추천한 사람들이 구설수에 오를 때가 있습니다. 청문회가 뜨겁고 여론도 이상하게 흘러가는 것은 과거의 경력이나 이념의 차이가 있기 때문일 것입니다. 사람 속도 모르겠고 정치권의 복선에 대해서는 정말 모르겠습니다. 대통령을 포함하여 사회 각

층의 모든 리더들이 자기 참모를 뽑을 때 좀 더 객관적이고 신중했으면 좋겠습니다.

소박한 소망이 하나 있습니다. 우리가 사는 세상에 엿 듣고 엿보는 일들이 사라졌으면 하는 것입니다. 에돔 사람 도엑은 놉에 있는 여호와의 제단 주변에 얼쩡거리다가 제사장 아히멜렉과 다윗이 만나는 장면을 엿보았습니다. 그리고는 한 동안 입 다물고 있다가 서슬 퍼런 임금 앞에서 슬그머니 꺼내놓습니다. 게다가 기고만장하여 하나님의 제사장들을 향해 칼을 휘두릅니다.

평생 살면서 곁눈질하며 살지 않겠다고 다짐합니다. 좌로나 우로나 치우치지 않고 남들 말할 때 엿 듣지 않고 똑바로 보고 똑바로 걷고 싶습니다.

다윗, 용서하고 또 용서하다

또 다윗이 아비새와 모든 신하들에게 이르되 내 몸에서 난 아들도 내 생명을 해하려 하거든
하물며 이 베냐민 사람이랴 여호와께서 그에게 명령하신 것이니 그가 저주하게
버려두라 혹시 여호와께서 나의 원통함을 감찰하시리니 오늘 그 저주 때문에
여호와께서 선으로 내게 갚아 주시리라 하고 다윗과 그의 추종자들이
길을 갈 때에 시므이는 산비탈로 따라가면서 저주하고 그를
향하여 돌을 던지며 먼지를 날리더라 (삼하16:11-13)

옛날 옛날에 효심이 깊은 청년이 있었습니다. 청년은 늙으신 어머니를 모시고 살았는데 어머니는 살아생전에 임금님의 용안(龍顔)을 가까이에서 보는 것이 소원이었습니다. 그런데 어느 날, 이웃 마을에 임금님이 행차하신다는 이야기가 들려왔습니다. 어떻게든 어머니의 소원을 이루어 드리기로 작정한 청년은 어머니를 예쁘게 단장시킨 후 어머니를 업고 50리 길을 걸어갔습니다. 마침내 임금님의 행차가 저 멀리 보이기 시작하자 청년은 어머니를 무등 태워 임금님의 용안을 볼 수 있게 해드렸습니다. 아들의 등

에 오른 어머니는 임금님을 보면서 감회에 젖어 눈물을 흘렸다고 합니다. 이 모습을 본 임금이 청년의 효성을 칭찬하고 금 100냥과 쌀 몇 가마니를 상으로 내렸습니다. 어머니를 무등 태워 모신다고 해서 효(孝)라는 말이 만들어졌다고 전해집니다.

자오반포(慈烏反哺)라는 사자성어가 있습니다. 자오반포는 까마귀가 어릴 때는 어미 까마귀가 먹을 것을 물어다 먹이고 어른이 되면 반대로 자식들이 먹을 것을 물어다가 어미를 먹인다는 말입니다. 자식들이 부모님을 책임지고 봉양하는 효성을 말할 때 반포지효(反哺之孝)라고 합니다.

우리말에 '안갚음'이라는 말이 있습니다. '안갚음'이란 까마귀 새끼가 자라서 늙은 어미에게 먹이를 물어다 주는 것을 말합니다. 부모님을 봉양하는 것, 즉 반포지효가 '안갚음'입니다. 자칫 '앙갚음'과 혼동하기 쉬운데 '앙갚음'은 누구에게 받은 해를 되돌려주는 보복의 의미이고, '안갚음'은 정성을 다해 키워주신 어버이의 은혜를 되갚는다는 뜻입니다.

앙갚음 이야기를 하다 보니 앙갚음을 안 갚은 사람이 생각납니다. 바로 다윗입니다. 다윗은 공격을 당했지만 반격하지 않았고 피해를 입었지만 보복하지 않았습니다. 용서하고 또 용서해 주며 평생을 살았던 사람이 다윗입니다.

다윗이 젊었을 때 다윗을 괴롭혔던 사람이 사울입니다. 사울은 임금이었지만 충신이었던 다윗을 괴롭혔고 장인이었지만 사위였던 다윗을 죽이려고 했습니다. 다윗의 입장에서 보면 가장 아껴줄 것 같은 사람으로부터 가장 험한 꼴을 당한 셈입니다. 하지만 다윗은 맞서 싸우지 않고 어떻게든 피했습니다. 사울을 공격할 수 있었음에도 다윗은 끝내 보복하지 않았습니다.

다윗이 유다 광야 엔게디에 머물고 있었을 때의 일입니다. 사울은 3,000명을 거느리고 다윗을 추격하고 있었습니다. 작전 중에 용변이 급해진 사울은 근처에 있는 굴속으로 들어갔습니다. '들염소'라고 하는 바위가 있었는데 그 길가 양의 우리 근처에 있는 굴이었습니다. 그런데 하필이면 그 굴속에 다윗이 부하들을 데리고 숨어 있었습니다. 그것도 모르고 사울은 볼썽사나운 모습으로 앉아 있었습니다. 사울은 무방비 상태였습니다. 절호의 기회를 포착한 다윗의 부하들은 하나님께서 원수를 넘겨주셨다며 공격하자고 졸랐습니다. 하지만 다윗은 사울의 겉옷자락만 베고 더 이상의 공격을 하지 않습니다(삼상24:1-4).

이와 비슷한 일이 얼마 후 또 일어납니다. 다윗이 광야 앞 하길라 산에 숨어 있을 때였습니다. 사울은 이번에도 이스라엘에서 택한 사람 3,000명과 함께 하길라 산 길가에 진을 쳤습니다. 밤이 되었습니다. 야심한 시간에 다윗은 아비새라는 장군을 데리고 사울의 진영에 잠입합니다. 그 시간 사울은 창을 머리 곁 땅에 꽂은 채 잠이 들어 있었습니다. 그의 군사들 역시 잠에 빠져 있었습니다. 다윗을 수행했던 아비새가 하나님께서 허락하신 기회라며 사울을 죽이자고 달려들었습니다. 하지만 다윗은 단호하게 거절합니다. 다윗이 아비새에게 한 말입니다. 큰소리는 아니었지만 다윗의 음성에는 무게가 있었습니다.

죽이지 말라 누구든지 손을 들어 여호와의 기름 부음 받은 자를 치면 죄가 없겠느냐 하고 다윗이 또 이르되 여호와께서 살아 계심을 두고 맹세하노니 여호와께서 그를 치시리니 혹은 죽을 날이 이르거나 또는 전장에 나가서 망하리라 내가 손을 들어 여호와의 기름 부음 받은 자를 치는 것을 여호와께서 금하시나니 너는 그의 머리 곁에 있는 창과 물병만 가지고 가자 (삼상26:9-11)

결국 사울은 블레셋과의 전투에서 전사합니다. 이때가 기원전 1,010년, 10년이 넘도록 도망자로 살아야 했던 아픔을 이겨내고 다윗은 드디어 임금의 자리에 오릅니다.

그로부터 25년이란 세월이 흘렀습니다. 나라 안팎의 혼란스러운 상황도 어느 정도 정리가 되었습니다. 5년 전, 우리아의 아내 밧세바와의 불미스러웠던 사건이 있었지만 그 상처 역시 말끔히 씻어냈습니다. 이제 평안이다 싶었는데 안타깝게도 일어나서는 안 될 사건이 터집니다. 다름 아닌 사랑하는 아들 압살롬이 추종자들을 모아 아버지 다윗의 왕궁에 쳐들어온 것입니다. 간단히 말해 쿠데타가 터진 것입니다. 그 주동자가 다름 아닌 아들이었습니다.

쿠데타가 터지자 다윗은 놀란 가슴을 부여안고 도망을 칩니다. 가족들을 데리고 왕궁을 빠져나온 다윗은 후궁 열 명을 왕궁에 남겨둔 채 기드론 골짜기를 동쪽으로 갈로질러 감람산 길을 오릅니다. 머리를 가리고 맨발로 울며 도망치는 신세가 처량해도 너무 처량했습니다(삼하15:30). 그런데 다윗이 감람산 동쪽 언덕 바후림을 오르고 있을 때 시므이라는 사람이 나타나 다윗을 저주합니다. 시므이는 사울의 친족 중 한 사람으로 평소 다윗에 대해 피해의식을 가지고 있었던 자였습니다. 다윗을 따라오며 시므이는 참 모진 말로 다윗의 가슴에 못을 박습니다.

> 꺼져라! 이 살인자야, 꺼져라! 이 불한당 같은 놈아, 사울 일족을 죽이고 나라를 빼앗은 놈, 그 원수를 갚으시려고 이제 야훼께서 이 나라를 네 손에서 빼앗아 네 아들 압살롬의 손에 넘겨주신 것이다. 이 살인자야, 네가 이제 죄 없는 사람 죽인 죄를 받는 줄이나 알아라 (삼하16:7-8. 공동번역)

아무리 도망을 치는 신세라고 하지만 한 나라의 임금이고 그 옆으로는 여러 군사들이 호위하고 있는데 해도 해도 너무 했습니다. 다윗을 수행하던 아비새 장군이 흥분했습니다. 아비새는 시므이를 "죽은 개"라고 욕하면서 당장 건너가 그 머리를 베겠다고 소리를 높입니다. 하지만 이번에도 다윗은 참습니다. 시므이가 산비탈로 따라오며 돌을 던지고 먼지를 날리며 다윗을 저주해도 다윗은 용서하고 또 용서했습니다.

다행히 다윗은 오래 가지 않아 사태를 수습할 수 있었습니다. 다윗의 정부군이 압살롬의 반란군을 진압한 것입니다. 다윗은 예루살렘 왕궁으로 귀환하기 위해 채비를 서둘렀습니다. 그런데 다윗과 그 일행이 요단 나루턱에 도착하였을 때 문제아 시므이가 다시 나타났습니다. 이번에는 베냐민 사람 천 명을 거느리고 왔는데 이전과는 완전히 다른 모습이었습니다. 다윗 앞에 엎드려 손이 발이 되도록 싹싹 빕니다. 잘못 했다고, 용서해 달라고….

시므이의 가증스러운 모습에 아비새는 또 다시 흥분합니다. 누가 보아도 아비새의 판단이 옳았습니다. 하나님께서 기름 부으신 자를 향해 나가 죽으라고 저주한 놈을 처형하는 것은 당연했습니다. 그런데 다윗의 생각은 달랐습니다. 왜 원수를 만드느냐, 왜 사람을 함부로 죽이려 하느냐며 다윗은 아비새를 말립니다. 그리고 벌벌 떨고 있는 시므이에게는 죽이지 않겠다고 약속하고 살려 보냅니다(삼하19:16-23).

압살롬도 그랬습니다. 다윗은 여러 아들들보다 압살롬을 귀하게 여겼습니다. 생긴 것도 잘 생겼고 총명했기 때문이었습니다. 그런데 사랑했던 아들이 아버지에게 칼을 겨누었습니다. 하지만 아들은 사고를 쳐도 아버지는 아버지였습니다. 정부군과 반란군 사이에 전투가 벌어졌을 때 출전하는 지휘관들에게 다윗은 압살롬만큼은 너그럽게 대우하라고 당부를 합니다(삼하18:5). 이 부분을 공동번역 성경은 "압살롬은 아직 철이 없으니 자기를 보아서라도 너무 심하게 다루지는 말라고 당부하였다."라고 애틋하게 표현합니다.

압살롬은 노새를 타고 있었습니다. 그런데 상수리나무 번성한 가지 아래로 지날 때에 압살롬의 머리카락이 나무 가지에 걸렸습니다. 압살롬이 꼼짝 못하고 있을 때 요압 장군이 손에 작은 창 셋을 가지고 압살롬의 심장을 찌릅니다. 그러자 옆에 있던 요압 장군의 부하 열 명이 달려들어 압살롬을 에워싸고 쳐 죽였습니다.

전쟁에서 이겼습니다. 압살롬도 죽었습니다. 하지만 소식을 전해들은 다윗은 그만 울음을 터트립니다.

> 왕의 마음이 심히 아파 문 위층으로 올라가서 우니라 그가 올라갈 때에
> 말하기를 내 아들 압살롬아 내 아들 내 아들 압살롬아 차라리 내가 너를
> 대신하여 죽었더면, 압살롬 내 아들아 내 아들아 하였더라 (삼하18:33)

아버지를 향해 칼을 겨누고 달려들었던 아들입니다. 낳아주신 아버지를 신발도 신지 못한 채 머리를 풀어 헤치고 울면서 산을 넘어 도망치게 만든 못된 아들입니다. 아버지의 후궁 열 명을 사람들이 보는 앞에서 겁탈하기도 했습니다. 압살롬은 불효자였습니다. 압살롬은 반역자였고 패륜아였습니다. 그럼에도 불구하고 아들 압살롬을 향한 아버지 다윗의 사랑은 변하지 않았습니다. 사고

뭉치 아들이 죽었는데도 마음이 심히 아파 대신 죽어야 했다며 다윗은 울고 또 울었습니다.

베드로가 예수님께 형제가 죄를 범하면 몇 번이나 용서해 주어야 하느냐고 물었습니다. 베드로의 질문에 예수님께서는 "일곱 번뿐 아니라 일곱 번을 일흔 번까지"(마18:22) 용서하라고 대답하셨습니다. 누가 달려들어 오른 편 뺨을 치더라도 왼편을 돌려대는 것이 예수님의 정신입니다. 제자들에게 기도를 가르쳐주신 예수님께서 엄하게 강조하신 말씀을 잊어서는 안 됩니다. "너희가 사람의 잘못을 용서하면 너희 하늘 아버지께서도 너희 잘못을 용서하시려니와 너희가 사람의 잘못을 용서하지 아니하면 너희 아버지께서도 너희 잘못을 용서하지 아니하시리라"(마6:14-15).

세상은 작은 일에도 너무 쉽게 흥분하고 감정을 제대로 추스르지 못해 크고 작은 싸움에 휘말리고 있습니다. 세상이 온통 복수혈전입니다. 돈 문제로 아버지에게 칼부림을 한 아들, 30년 친구와 다투고 나서는 밤중에 지키고 있다가 자동차로 밀어버리는 사람, 방향지시등을 켜지 않고 끼어 들었다며 쫓아가서 몽둥이를 휘두르는 사람들이 있습니다.

다윗은 용서하고 또 용서하는 삶을 살았습니다. 예수님도 용서하고 또 용서하라고 하셨습니다. 그리고 예수님은 우리 죄와 허물을 용서하시기 위해 십자가에 달려 죽으셨습니다. 모두들 '앙갚음'

으로 무장하고 살아가고 있습니다. 하지만 하나님의 사람들은 '앙갚음'이 아니라 '안갚음'으로 살아야 합니다. 하나님의 사람이라고 하면서 까마귀만도 못한 삶을 살 수는 없지 않겠습니까? 이럴 때 까마귀라도 한 마리 울어대면 좋겠습니다.

한 맺힌 여인 리스바

왕이 이에 아야의 딸 리스바에게서 난 자 곧 사울의 두 아들 알모니와 므비보셋과 사울의 딸
메랍에게서 난 자 곧 므홀랏 사람 바르실래의 아들 아드리엘의 다섯 아들을 붙잡아 그들을
기브온 사람의 손에 넘기니 기브온 사람이 그들을 산 위에서 여호와 앞에 목매어 달매
그들 일곱 사람이 동시에 죽으니 죽은 때는 곡식 베는 첫날 곧 보리를 베기 시작
하는 때더라 아야의 딸 리스바가 굵은 베를 가져다가 자기를 위하여
바위 위에 펴고 곡식 베기 시작할 때부터 하늘에서 비가 시체에
쏟아지기까지 그 시체에 낮에는 공중의 새가 앉지 못하게 하고
밤에는 들짐승이 범하지 못하게 한지라 (삼하21:8-10)

'한(恨)'이라는 말이 있습니다. '한'이란 사전적으로 "지난 일이
못내 분하고 억울하게 여겨져서 마음에 맺힌 것 또는 원한"이라는
뜻입니다. 1980년대 우리나라 민중 신학자들은 한을 "불의와 억
압으로 인해 쌓여진 고통스러운 감정"이라고 설명하였습니다.[9]

---

9) 1970년대에 유신 독재체제와 경제 제일주의로 빚어진 사회구조적인 모순을 직시
   했던 개신교 신학자들은 민중의 개념에 주목하고 정치적 민주화, 노동자의 인권,
   그리고 민중의 생존권 보장을 위한 기독교 사회운동을 전개하였다. 한국교회는 민
   중 신학 1세대로 불리는 현영학, 서남동, 안병무, 김용복 등을 잊지 말아야 한다.

이스라엘 역사에도 보면 아픈 가슴으로 한 맺힌 인생을 살았던 이들이 여럿 등장합니다. 그 가운데 하나가 사울 임금의 첩으로 살았던 리스바라는 여인입니다. "사울에게 첩이 있었으니 이름은 리스바요 아야의 딸이더라"(삼하3:7). 그런데 아버지 아야가 누구인지, 리스바가 어떻게 해서 사울의 첩이 되었는지 성경은 침묵하고 있습니다. 그 이름이 리스바였고 사울의 첩이었다는 것이 전부입니다.

사실 사울에게는 여인들이 많지 않았습니다. 아히노암이라는 이름의 부인과 첩으로 살았던 리스바가 전부입니다. 적어도 8명의 부인을 두었던 다윗, 그리고 이방 여인들을 포함하여 700명의 후궁과 300명의 첩을 두었던 솔로몬에 비하면 사울은 여자 문제에 관한 한 상당히 깨끗했다고 할 수 있겠습니다.

정실부인과의 관계에서 첩으로 살아야 했던 리스바의 인생이 편했을 것 같지는 않습니다. 딱 두 명 가운데 둘째였으니 더 서러웠을 것입니다. 그런데 리스바의 기구한 운명은 남편 사울이 죽으면서 시작됩니다. 사울이 기브아 전투에서 사망한 뒤 사울의 장군 아브넬이 오갈 데 없어진 리스바에게 추파를 던집니다. 왕이었던 남편이 죽고 정권이 바뀌는 과정에서 리스바로서는 아브넬을 거부하기 어려웠을 것입니다. 그렇게 리스바는 아브넬의 여자가 되고 말았습니다. 이 일에 대해 사울의 아들 이스보셋이 아브넬에게 거칠게 항의합니다.

사울에게 첩이 있었으니 이름은 리스바요 아야의 딸이더라 이스보셋이
아브넬에게 이르되 네가 어찌하여 내 아버지의 첩과 통간하였느냐 하니
(삼하3:7)

통간(通姦)이라는 단어가 의미심장합니다. 말 그대로 간통이었
을 수도 있습니다. 하지만 정황으로 볼 때 리스바로서는 어쩔 수
없는 상황에서 일방적으로 당했을 것이 분명합니다. 그래서 공동
번역과 새번역성경은 아브넬이 리스바를 범했다고 번역하고 있습
니다. 상황으로 볼 때 범했다는 말이 맞을 것 같습니다.

그런데 안타깝게도 아브넬 역시 오래 가지 못했습니다. 이스보
셋과의 관계가 뒤틀어지자 아브넬은 다윗을 찾아갔는데 그 자리
에서 다윗의 심복 요압 장군에게 살해를 당한 것입니다. 아브넬까
지 죽자 리스바로서는 의지할 데가 없어졌습니다. 왕이었던 첫 남
자가 죽었고, 장군이었던 두 번째 남자 역시 죽었습니다. 결국 리
스바는 사울에게서 얻은 두 아들 알모니와 므비보셋을 데리고 어
디론가 자취를 감춥니다. 그 후로 리스바에 관한 소식은 끊어졌습
니다. 들리는 이야기 없이 30년이란 세월이 흘렀습니다.

그 사이, 이스라엘은 새 임금 다윗의 통치 아래 대내외적으로
안정을 찾아가고 있었습니다. 그런데 기원전 980년 무렵, 나라
에 큰 어려움이 닥쳤습니다. 3년이 넘도록 비가 내리지 않은 것입
니다. 다급해진 다윗은 하나님께 기도했고, 하나님께서는 비가

내리지 않는 이유를 말씀하십니다. "이는 사울과 피를 흘린 그의 집으로 말미암음이니 그가 기브온 사람을 죽였음이니라"(삼 21:1).

기브온 사람들 이야기는 무려 400년도 더 옛날로 돌아가야 합니다. 기원전 1,406년, 여호수아는 이스라엘 군대를 이끌고 가나안 땅으로 진격하고 있었습니다. 여리고와 아이 성을 점령하였고 그 여세를 몰아 아모리 족속의 연합군을 공격하려던 참이었습니다. 이 때 기브온 사람들이 여호수아를 찾아왔습니다. 기브온 사람들은 이스라엘 하나님의 명성을 듣고 멀리서 찾아왔다며 집에서 나올 때는 뜨거운 빵이었는데 길이 얼마나 먼지 오는 동안 빵들은 이미 말라버렸고 곰팡이가 피었으며 옷과 신발도 다 낡아졌다고 거짓말을 늘어놓았습니다.

굽실거리는 기브온 사람들을 보며 여호수아는 흐뭇했습니다. 그래서 여호수아는 하나님께 묻지도 않고 기브온 사람들과 화친을 약속합니다. 그런데 나중에 알고 보니 그들은 불과 3일이면 갈 수 있는 가까운 지역에 살고 있던 주민들이었습니다. 하지만 약속을 했으니 여호수아로서도 어쩔 수 없었습니다. 그래서 할 수 없이 함께 살며 기브온 사람들을 하나님의 집에서 나무를 패며 물을 긷는 일을 하도록 했습니다(수9:3-27).

세월이 많이 흘렀습니다. 사울은 임금이 되면서 기브온 사람들을 꽤 많이 죽였습니다. 하나님도 사울이 기브온 사람들을 죽였다는 사실을 분명히 밝히셨습니다(삼하21:1). 다만 사울이 기브온 사람들을 어떻게, 몇 명이나 죽였는지는 기록되어 있지 않습니다. 하지만 피해자인 기브온 사람들의 입장에서 보면 그 사건은 깊은 상처로 남아 있었습니다. 결국 기브온 사람들의 마음에 한이 맺혔고 그 결과 3년 동안 비가 오지 않았던 것입니다.

사실을 알게 된 다윗이 기브온 사람들을 불러 자초지종을 묻습니다. 기브온 사람들은 사울이 한 일을 "학살"이라고 거칠게 표현합니다. 사울을 "우리를 멸하여 이스라엘 영토 내에 머물지 못하게 모해한 사람"(삼하21:5)이라고 공격합니다. 사태의 진상을 파악한 다윗은 어떻게 하면 좋겠냐고 묻습니다. "내가 너희를 위하여 어떻게 하랴 내가 어떻게 속죄하여야 너희가 여호와의 기업을 위하여 복을 빌겠느냐?"(삼하21:3) 여기서 속죄라는 말은 얼마를 보상하면 좋겠느냐고 하는 금전적인 의미가 담겨있는 표현입니다. 물론 기브온 사람들은 이 문제를 돈으로 해결하는 것을 원치 않았습니다. 사울과 그의 집과 우리 사이의 문제는 은금에 있지 않다고 분명히 대답합니다. 대신 생명으로 보상받아야 하겠다며 다윗을 조릅니다.

우리를 학살하였고 또 우리를 멸하여 이스라엘 영토 내에 머물지 못하게 하려고 모해한 사람의 자손 일곱 사람을 우리에게 내주소서 여호와께서 택하신 사울의 고을 기브아에서 우리가 그들을 여호와 앞에서 목

사울의 자손 가운데 일곱 사람을 목매달아 죽이겠다는 것입니다. 무리한 요구였지만 다윗으로서는 달리 방법이 없었습니다. 어떻게 보면 눈엣가시였던 사울의 자손들을 없애는 것이니 좋을 수도 있었습니다. 다윗은 크게 고민하지 않고 기브온 사람들의 요구를 허락합니다.

문제는 사울의 후손 가운데에서 일곱을 선택하는 일이었습니다. 사울의 아들 요나단과는 각별한 사이였음으로 요나단의 아들 므비보셋은 아끼고 대신 사울의 딸 메랍에게서 태어난 아들 다섯을 붙잡아 들입니다. 그리고 나머지 둘을 채우기 위해 다윗은 숨어 살고 있던 리스바를 찾아내 두 아들 알모니와 므비보셋을 끌어냅니다.

리스바로서는 하늘이 무너져 내리는 충격이었습니다. 이스라엘의 최고 권력자의 애첩으로 살면서 두 아들을 얻었는데 남편이 죽었습니다. 남편이 죽자 남편의 최측근에게 겁탈을 당했습니다. 그런데 그 사람마저 죽었습니다. 그래서 모든 것 다 내려놓고 세상을 등지고 조용히 살아가고 있었는데 갑자기 군인들이 들이닥쳐 아들들을 끌고 갔습니다.

곡식 베는 첫날, 곧 보리를 베기 시작하던 때, 리스바의 두 아들 알모니와 므비보셋은 교수형을 당합니다. 이때 리스바는 바위

위에 굵은 베를 펴고 앉아 아들들의 시신을 지켰습니다. 자칫 잠이라도 들면 새들이 쪼아 먹을까, 한눈이라도 팔면 들짐승들이 달려들까 리스바는 밤낮을 가리지 않고 두 아들의 시신을 떠나지 않았습니다(삼하21:10).

리스바의 아들들이 달린 것은 곡식을 베기 시작할 때였습니다. 그런데 추수 기간이 지나고 비가 쏟아지기 시작했습니다. 보리 베기 시작하던 때로 시작하여 비가 내릴 때까지는 통상적으로 6개월의 시차가 있습니다.[10] 6개월이 지났으니 나무 위에 달려 죽은 시신은 이미 제 모습이 아니었습니다. 살이 썩어 물이 흐르고 여기저기 뼈가 드러났을 것입니다. 이 오랜 시간 동안 두 아들의 시신이 흐무러지는 모습을 눈물로 지켜보는 어미의 마음은 얼마나 애가 타고 속이 상했겠습니까?

이 일이 다윗에게 알려졌습니다. 리스바의 한 맺힌 이야기를 전해들은 다윗은 사람들을 보내 사울과 요나단의 뼈를 가져오게 하고 달려 죽은 자들의 뼈를 추슬러 함께 장례를 치릅니다. 이 일이

---

10) 이스라엘에서 보리를 베기 시작하는 때는 이른 봄인 3월 무렵이다. 통상적으로 이른 비가 내리는 것은 9월이 되어야 한다. 6개월 시차가 있다. 너무 오랜 시간이다. 6개월 가까이 그 자리를 지켰다는 것이 놀랍기만 하다. 어떻게 그럴 수가⋯. 하지만 때가 때이니 만큼, 그리고 기근의 원인이 해결되었기 때문에 하나님께서 좀 더 빨리 비를 주셨을 것이라는 추측도 가능하다. 비를 멈추기도 하시고 비를 허락하시는 것은 절대적으로 하나님의 뜻에 달려 있다.

모두 마무리되자 하나님께서 그 땅을 위한 기도를 들으셨습니다 (삼하21:14). 비가 내렸다는 이야기입니다.

2014년, 우리 곁에는 리스바에 버금가는 깊은 한을 끌어안고 바다를 바라보는 여인들이 있었습니다. 남쪽 바다 진도 팽목항, 그리고 맹골수도, 얼마나 더 많은 눈물을 흘려야할지, 얼마나 더 큰소리로 불러야 할지, 얼마나 더 기다려야할지…. 못된 사람들의 잘못으로 300명이 넘는 사람들이, 그것도 대부분 고등학교 학생들이 세상을 떠나갔습니다. 구조자, 사망자, 실종자라는 구분은 그렇게 큰 차이가 있어 보이지 않았습니다. 살았거나 죽었거나, 찾았거나 찾지 못했거나, 가족이거나 아니거나 모든 이들이 함께 울었고 대한민국 전체가 탄식하였습니다.

예수님의 어머니 마리아를 생각합니다. 리스바가 그랬듯, 마리아 역시 사랑하는 아들의 죽음을 지켜보았습니다. 예수님께서 십자가를 지고 골고다를 오를 때, 양손과 두 발에 못이 박힐 때, 십자가에 달릴 때, 마리아는 죽어 가는 아들 곁을 지켰습니다. 피가 뚝뚝 떨어지고 죽음의 순간이 이르렀을 때 아들은 어머니에게 말합니다. "여자여 보소서 아들이니이다"(요19:26).

두 여인의 한을 생각합니다. 보리 베기 시작하던 때로 시작하여 비가 내릴 때 까지 자리를 뜨지 않고 두 아들들의 죽음을 지키는 리스바의 마음은 말 그대로 한이었습니다. 하지만 리스바의 두 아들 알모니와 므비보셋의 죽음은 이스라엘에 임한 저주를 푸는 나름대로 의미 있는 죽음이었습니다. 따라서 리스바의 한은 이스라엘의 역사를 바꿔놓는 결정적 계기가 되었습니다. 한편 예수님의 죽음은 온 백성을 구원으로 인도하는 거룩한 죽음이었습니다. 예수님의 어머니 마리아의 한은 온 세상을 위한 소중한 도구로 사용되어졌기에 오히려 아름답다고 할 수 있습니다.

세월호 사고가 나고 팽목항에 다녀왔습니다. 올라오는 길에 경기도 안산에 있는 합동분향소를 찾았습니다. 많은 이들이 봄비를 맞으며 침통한 표정으로 줄을 서서 차례를 기다렸습니다. 짧은 시간, 희생자들의 사진을 보면서 저들로 인해 울고 있을 어머니들을 그려보았습니다. 리스바가 그랬듯이, 마리아가 그랬듯이, 맹골수도를 바라보는 우리 어머니들의 한도 아름다운 제물이 되어 이 나라의 앞날에 소망으로 채워지기를 바랍니다.

불통 임금 르호보암

르호보암이 세겜으로 갔으니 이는 온 이스라엘이 그를 왕으로 삼고자 하여 세겜에 이르렀음이더라
느밧의 아들 여로보암이 전에 솔로몬 왕의 얼굴을 피하여 애굽으로 도망하여 있었더니 이제
그 소문을 듣고 여전히 애굽에 있는 중에 무리가 사람을 보내 그를 불렀더라 여로보암과
이스라엘의 온 회중이 와서 르호보암에게 말하여 이르되 왕의 아버지가 우리의
멍에를 무겁게 하였으나 왕은 이제 왕의 아버지가 우리에게 시킨 고역과
매운 무거운 멍에를 가볍게 하소서 그리하시면 우리가 왕을 섬기
겠나이다 르호보암이 대답하되 갔다가 삼 일 후에 다시
내게로 오라 하매 백성이 가니라 (왕상12:1-5)

커뮤니케이션에 관한 관심이 높아지고 있습니다. 소통이라고 번역되는 커뮤니케이션은 정치, 경제, 사회 등 모든 분야에서 폭넓게 사용되고 있습니다. 특별히 커뮤니케이션과 리더십 이론이 연결되면서 '소통의 리더십'을 설명하는 책들이 여러 권 출판되었습니다. 2015년, 「리더는 소통을 통해서 성과를 창출한다」(김홍섭, GTI코리아)라는 책이 세상에 나왔고, 2019년에는 「소통의 유머 리더십」(장광팔 외 2인, 행복에너지)이 출판되어 '청와대에 유머 담당관을 허하라'고 주장한 적이 있었습니다. 2014년에 출

간된 「세계를 움직이는 리더는 어떻게 공감을 얻는가」(빌 맥고완, 비즈니스북스)라는 책 역시 소통의 문제를 다루는 책으로 여러 판을 찍었다고 합니다.

이스라엘 역사에서 가장 가슴 아픈 사건 가운데 하나는 나라가 남북으로 갈라진 일이었습니다. 애굽에서 포로로 살았던 역사도 가슴 아팠지만 400년 후에는 애굽에서 탈출할 수 있었습니다. 하지만 남과 북으로 갈라진 왕국은 끝내 회복되지 못했습니다. 결국 북쪽을 잃어버리는 가슴 아픈 역사로 끝이 납니다.

남북 분단의 아픈 역사는 솔로몬이 죽은 이후에 발생하였습니다. 대단했던 임금 솔로몬은 40년 통치를 끝내고 죽음을 맞이합니다. 좋지 않은 일들이 있기는 했지만 솔로몬은 살아 있는 동안 그 명목을 유지할 수 있었습니다. 문제는 그의 뒤를 이어 왕위에 오른 아들 르호보암이었습니다.

르호보암은 41세에 왕위에 오릅니다. 기원전 931년, 임금의 자리에 오른 르호보암은 곧바로 세겜으로 갔습니다(왕상12:1). 세겜은 예루살렘에서 북쪽으로 약 65Km 정도 떨어져 있는 큰 도시였습니다. 에브라임 산지의 곡창지대를 끼고 있던 세겜은 동서남북으로 이어지는 교통의 중심지이기도 했습니다.[11] 성경은 르

---

11) 세겜은 성경에 여러 차례 등장한다. 고향을 떠난 아브라함이 가나안에 도착

호보암을 왕으로 삼고자 하는 사람들이 세겜에 모여 있었기 때문에 르호보암이 그곳으로 갔다고 설명합니다(왕상12:1).

하지만 세겜에는 여로보암이라는 걸출한 인물이 있었습니다. 여로보암은 르호보암의 아버지였던 솔로몬 시대에 반정부운동을 주도했던 사람입니다. 여로보암은 솔로몬 정부의 탄압을 피해 애굽에 망명 중이었는데 솔로몬이 죽자 그를 추종하던 백성들이 재야 지도자 여로보암을 급히 모셔옵니다. 이스라엘에 돌아온 여로보암은 자신을 따르는 세력들을 규합하여 둥지를 틀었는데 그곳이 바로 세겜입니다.

르호보암이 세겜에 도착하자 여로보암은 그를 추종하는 백성들을 거느리고 르호보암 앞에 섭니다. 여로보암이 주장하는 내용은 간단했습니다. 힘들어서 못 살겠으니 백성들이 편히 살도록 해달라는 것이었습니다.

> 왕의 아버지가 우리의 멍에를 무겁게 하였으나 왕은 이제 왕의 아버지가 우리에게 시킨 고역과 메운 무거운 멍에를 가볍게 하소서 그리하시

하여 처음으로 하나님을 만난 곳이었고(창12:6), 밧단아람에서 돌아온 야곱이 정착한 지역이 바로 세겜이었다(창33:18). 가나안 정복 전쟁을 승리로 이끌었던 여호수아는 세겜을 핵심 전략의 근거지로 삼았다(수24:1, 25). 사사시대에 와서는 기드온의 아들 아비멜렉이 왕이 되겠다고 선언하고 깃발을 세운 곳이 바로 세겜이었다(삿9:1-6).

면 우리가 왕을 섬기겠나이다 (왕상12:4)

사실 르호보암의 아버지 솔로몬은 밀로라는 성을 건축하고 무너졌던 성읍을 수축하기 위해 백성들을 동원하였습니다(왕상 11:27). 그 당시 여로보암은 현장책임자로서 백성들이 고생하는 모습을 지켜보았습니다. 이제 왕권이 바뀌었으니 세상이 좀 달라져야 하겠다는 생각에 여로보암은 백성들의 멍에를 가볍게 해달라고 요구한 것입니다.

르호보암 임금은 제법 지혜롭게 반응하였습니다. 즉답을 하지 않고 3일 후에 오면 답을 주겠다며 여로보암과 그를 따르는 자들을 돌려보냈습니다. 여로보암이 돌아가자 르호보암은 먼저 그의 아버지 솔로몬을 모셨던 원로들에게 자문을 구합니다. 원로들은 왕이 백성들을 섬기는 자가 되어야 한다며 좋은 말로 대답하라고 충고하였습니다(왕상12:7). 원로들 역시 백성들의 고충을 알고 있었고 조금이라도 풀어주지 않으면 큰 화를 입게 된다는 것을 예감하고 있었기 때문입니다. 하지만 르호보암은 원로들의 자문을 뒤로 하고 자기와 함께 자라난 젊은 사람들의 말에 귀를 기울입니다. 이들은 조금도 틈을 보이지 말고 더욱 강하게 밀어붙여야 한다는 강경론자들이었습니다.

이 백성들이 왕께 아뢰기를 왕의 부친이 우리의 멍에를 무겁게 하였으

나 왕은 우리를 위하여 가볍게 하라 하였은즉 왕은 대답하기를 내 새끼
손가락이 내 아버지의 허리보다 굵으니 내 아버지께서 너희에게 무거운
멍에를 메게 하였으나 이제 나는 너희의 멍에를 더욱 무겁게 할지라 내
아버지는 채찍으로 너희를 징계하였으나 나는 전갈 채찍으로 너희를 징
계하리라 하소서 (왕상12:10-11)

안타깝게도 르호보암은 "자기 앞에 모셔 있는 자기와 함께 자라
난 어린 사람들"의 의견을 따르기로 합니다. 삼일 만에 여로보암
을 불러 전하는 말을 보면 어린 사람들이 했던 말을 그대로 반복
하고 있습니다. 말 그대로 토씨 하나 고치지 않고 그대로 복사하
여 옮겨놓았습니다.

결국 여로보암과 그를 따르는 백성들은 반기를 들었습니다. 여
로보암을 왕으로 추대하고 독립을 선언한 것입니다. 르호보암은
역군의 감독 아도람을 급히 파송하여 사태를 진정시켜 보려 했으
나 여로보암은 아도람을 죽여 버립니다. 아도람이 죽자 르호보암
은 수레를 타고 도망을 쳐야 했습니다. 르호보암은 온 이스라엘의
왕이 되고자 하여 세겜으로 갔으나 돌아올 때는 유다 지파만이 그
를 따를 뿐이었습니다. 오히려 여로보암이 온 이스라엘의 왕이 되
었습니다(왕상12:20). 이렇게 해서 남과 북이 분단되고 말았습
니다.

민의(民意)를 다루는 과정에서 르호보암은 소통의 부재를 여실

히 보여주고 있습니다. 소위 측근들에 둘러싸여 입에 발린 말에 귀를 기울이고 다른 이들의 말에는 귀를 막았습니다. "자기 앞에 모셔 있는 자기와 함께 자라난 어린 사람들"(왕상12:8)의 말을 들었다는 것은 르호보암이 자기 사람들에게 둘러싸여 다른 사람들의 이야기에 대해서는 귀를 막았다는 사실을 생생하게 보여줍니다. 소통의 리더십은 그 흔적조차 찾아볼 수 없었습니다. 41세에 왕위에 오른 자가 아직도 함께 자라난 이들과만 어울리고 있었으니 한심한 노릇이 아닐 수 없습니다.

역대기 기자는 이 말을 "그 앞에 모시고 있는 자기와 함께 자라난 젊은 신하"(대하10:8)라고 기록합니다. 내용상 차이가 없습니다. 한 마디로 르호보암은 자기와 함께 자라난 사람들만 자기 옆에 두었습니다. 함께 배우고 함께 놀며 함께 자랐으니 생각도 같고 판단의 기준 역시 같을 수밖에 없었습니다. 요즘 유행하는 말로 '코드 인사'를 한 것입니다. 생각도 같고 가치관도 같고, 말 한 마디 한 마디 아부나 일삼는 자들에게 둘러싸여 있으니 '불통(不通)'이 되고 말았습니다.

불통이네 소통이네 하는 말을 하다 보니 이순신 장군이 생각납니다. 충무공 이순신이 삼도수군통제사로 있던 시절 개인 집무실 겸 독서실로 이용하던 공간이 있었습니다. 운주당(運籌堂)이라 하는 곳인데 '운주'란 전장에 나가기 전에 전략을 세운다는 뜻으로 이순신은 이곳에서 여러 장군들은 물론 군관들을 수시로 만났다고 합니다. 심지어 이순신은 병졸과 민간인들과도 어울려 많은 시간을 보냈다고 전해집니다.

운주당은 그렇게 지위고하를 막론하고 누구나 출입할 수 있었습니다. 서재 안에는 이순신 장군의 병법 책이 가득했지만 운주당 출입문만큼은 항상 열려 있었고, 그래서 일반 병사들도 언제든지 찾아올 수 있었습니다. 당시 운주당이 어떻게 운영되었는지 이순신 장군은 「난중일기」에 이렇게 적고 있습니다.

"모든 일을 같이 의논하고 계획을 세웠다(同論畫計)."

"온갖 방책을 의논했다(百爾籌策)."

"밤낮으로 의논하고 약속했다(日夜謀約)."

조선 수군의 앞길과 백성들의 생활, 임금과 나라의 안위를 밤낮으로 걱정했던 진실한 지도자의 공간이었던 운주당은 23전 23승을 만들어낸 산실(産室)이었습니다.

훗날 못된 대신들에 의해 모함을 받은 이순신 장군은 선조 임금에게 불려가 직위를 박탈당하게 됩니다. 이순신의 뒤를 이어 원균(元均)이란 장군이 삼도수군통제사로 부임하는데 원균은 부임하자마자 운주당부터 손을 댔습니다. 주변에 대나무 울타리로 이중 벽을 만들고 그 누구도 출입하지 못하도록 막아버렸습니다. 최측근들만 운주당 출입이 허용되었고 심지어는 운주당으로 여인들을 불러들여 음주가무에 빠져 들었습니다. 그렇게 '불통(不通)'하는 장수 원균의 말로는 처참했습니다. 1597년 7월, 칠천량해전에서 원균이 이끄는 수군은 왜군의 교란작전에 말려 괴멸했고 원균 역시 두 아들과 함께 목숨을 잃었습니다.

2개월 후, 이순신 장군은 명량대첩에서 단 12척의 판옥선으로 330척의 왜구 선단을 격파하는 쾌거를 이루어냈습니다. 영화「명량」에서 "신에게는 아직 12척의 배가 남아 있사옵니다"(今臣戰船尙有十二)라는 대사가 나온 것이 바로 이 때였습니다.

르호보암과 원균이 비슷합니다. 원균은 자기 주변에 울타리를 치고 자기 사람들만 들어오도록 했습니다. 그 중요한 상황에서 르호보암은 "자기 앞에 모셔 있는 자기와 함께 자라난 어린 사람들"의 말만 귀담아 들었고 결국 나라가 분열되었습니다. 만약 르호보암이 여러 계층의 사람들로부터 다양한 이야기들을 들을 수 있었다면 이스라엘 역사는 확연히 달라졌을 것입니다.

우리 시대의 지도자들도 마찬가지입니다. 지난 몇 년 동안 '문고리'와 '실세'들로 인해 우리 사회는 몸살을 앓아야 했습니다. 모두가 소통이냐 불통이냐 하는 문제입니다. 태극기와 성조기를 흔들어대며 떠들어대던 사람들, 그들이 하는 말들을 듣고 있으면 초등학교 교실에 앉아 있는 느낌이 들 정도입니다. 2022년 새로 출범한 정부 역시 자기 사람들에게 둘러싸여 세상을 보지 못하고 있습니다. 대부분 어디 출신 사람들 일색입니다. 무슨 핵관, 누구

계열 등등, 어쩌면 하는 말들이 그렇게 똑같은지 애꿎은 국민들의 속만 타들어 가고 있습니다.

진정한 지도자라면 충분히 듣고 천천히 말해야 합니다. 그래서 성경은 "너희가 알지니 사람마다 듣기는 속히 하고 말하기는 더디 하며"(약1:19)라고 했고, "사연을 듣기 전에 대답하는 자는 미련하여 욕을 당하느니라"(잠18:13)고 경고합니다. 소통은 들어주는 것, 즉 경청에서 시작됩니다. 조심스레 '1.2.3 화법'을 제안합니다. '말할 때 1분 이내로 하고, 2분 이상 상대방의 이야기를 들어주며, 3번 이상 맞장구를 치며 칭찬을 하라'는 뜻입니다. 한 번 말하고 두 번 듣고 세 번 맞장구치는 것이 '1.2.3 화법'입니다.

엘리사의 보리떡 이십 개

한 사람이 바알 살리사에서부터 와서 처음 만든 떡 곧 보리떡 이십 개와 또 자루에 담은 채소를
하나님의 사람에게 드린지라 그가 이르되 무리에게 주어 먹게 하라 그 사환이
이르되 내가 어찌 이것을 백 명에게 주겠나이까 하나 엘리사는 또 이르되
무리에게 주어 먹게 하라 여호와의 말씀이 그들이 먹고 남으리라
하셨느니라 그가 그들 앞에 주었더니 여호와께서 말씀하신
대로 먹고 남았더라 (왕하4:42-44)

2017년 성탄절을 며칠 앞두고 어머니께서 소장(小腸)을 절제
하는 수술을 받으셨습니다. 87세의 노령에 장을 80Cm나 잘라내
는 쉽지 않은 수술이었습니다. 수술 후 열흘 넘게 중환자실에 계
시면서 물 한 모금만 마시면 여한이 없겠다던 어머니는 일반병실
로 옮기시자 된장국 한 숟가락만 먹었으면 소원이 없겠다고 하셨
습니다. 조금 더 나아지시자 다음에는 동치미 국물, 미역 줄거리
등등, 드시고 싶은 것들이 줄을 이었습니다. 먹고 또 먹어도 한이
없는 것이 인간의 욕구인 것 같습니다.

먹는 문제는 하나님께서 인간을 창조하실 때부터 삶의 바탕에 자리 잡고 있었습니다. 아담에게 생육하고 번성하라고 말씀하신 하나님은 곧바로 각종 채소와 씨 가진 열매 맺는 모든 나무를 먹을거리로 주셨습니다(창1:29). 다만 선악을 알게 하는 나무의 열매는 먹지 말라고 말씀하셨습니다(창2:16-17). 그런데 돕는 배필을 맞은 아담은 둘이 결탁하여 곧바로 동산 중앙에 있는 선악을 알게 하는 나무의 열매에 손을 댑니다.

'먹어라, 먹지 말라'로 시작하신 하나님의 명령, 그리고 '먹을 것인가? 먹지 말 것인가?'로 이어지는 인간의 고뇌는 인류 역사의 흐름을 좌우하는 중요한 문제가 되었습니다. 예수님께서는 "그러므로 염려하여 이르기를 무엇을 먹을까 무엇을 마실까 무엇을 입을까 하지 말라"(마6:31)고 하셨습니다. 그런데 사람들은 무엇을 먹을까, 무엇을 마실까, 무엇을 입을 것인가를 놓고 고민하느라 너무 많은 시간을 빼앗기고 있습니다. 사실 세상에는 먹을 것과 마실 것이 너무 많습니다. 솔직히 먹는 것과 마시는 문제만 잘 관리해도 성인군자가 될 수 있을 것 같습니다. 오죽하면 예수님께서도 주기도문에 "오늘 우리에게 일용할 양식을 주시옵고"(마6:11)라는 기도를 언급하셨겠습니까?

물론 먹는 것은 큰 기쁨이고 하나님께서 허락하신 최고의 축복입니다. 먹을 것이 있다는 것, 또 먹을 수 있다는 것은 대단히 행복한 일임에 분명합니다. 다만 더 많이 먹으려 하고, 더 좋은 것을 먹으려 하고, 남의 것을 뺏어 먹으려 하는 것이 문제일 뿐입니다. 예수님 말씀대로 일용할 양식만으로 감사할 수 있다면 충분히 행복할 텐데 말입니다.

먹는 이야기 가운데 가장 훈훈한 성경 이야기는 오병이어의 기적이라고 생각합니다. 예수님께서 이 땅에 계시던 때는 제대로 먹지 못하던 시절이었습니다. 물 한 사발 손에 들고 벌컥벌컥 마시는 것은 꿈도 꾸지 못했습니다. 배불리 먹어본 사람은 거의 없었습니다. 그런데 그 날, 그 자리에 있던 사람들이 5,000명이나 배불리 먹었다는 것 아닙니까? 그것도 장정만 오천 명이었다고 하니 여자들과 아이들까지 합치면 그 수는 훨씬 많았을 것입니다. 생각만 해도 흥분되는 이야기입니다.

그 날, 벳새다 광야에 모인 사람들이 모두 배 불리 먹었고 남은 것이 열두 광주리였습니다. 이 이야기가 얼마나 대단했는지 복음서 기자들 네 명 모두 이 내용을 빠짐없이 기록하고 있습니다(마 14:13-21, 막6:30-44, 눅9:10-17, 요6:1-14).

그런데 떡 몇 개로 여러 사람들이 배불리 먹었다는 이야기는 구약 시대에도 있었습니다. 기원전 850년 무렵, 엘리사가 활동하던 시절에 있었던 일입니다. 엘리사는 선지학교를 운영하고 있었는데 이스라엘에 큰 흉년이 들었습니다. 선지학교에 제자들이 몇 명이나 있었는지는 모르지만 학생들은 함께 기숙하고 있었습니다. 그런데 흉년이 들자 먹을 것이 떨어졌습니다.

길갈에 있는 제자들의 숙소에 엘리사가 방문하였습니다. 선생님이 오시자 제자들이 그 앞에 둘러앉았습니다. 추측건대 몇 끼, 어쩌면 며칠 동안 먹지 못해 퀭한 얼굴들이었을 것입니다. 안타까운 심정으로 엘리사는 사환에게 큰 솥을 걸고 국을 끓이라고 지시를 합니다. 국을 끓이려면 국거리가 필요했습니다. 제자 중 하나가 푸성귀라도 얻을까 하여 밖으로 나갔습니다. 여기저기 헤매던 그는 들포도덩굴을 만나 그것에서 들호박을 따서 옷자락에 채워 가지고 돌아왔습니다.

> 엘리사가 다시 길갈에 이르니 그 땅에 흉년이 들었는데 선지자의 제자들이 엘리사의 앞에 앉은지라 엘리사가 자기 사환에게 이르되 큰 솥을 걸고 선지자의 제자들을 위하여 국을 끓이라 하매 한 사람이 채소를 캐러 들에 나가 들포도덩굴을 만나 그것에서 들호박을 따서 옷자락에 채워가지고 돌아와 썰어 국 끓이는 솥에 넣되 그들은 무엇인지 알지 못한지라 (왕하4:38-39)

들포도덩굴(wild vine)이란 야생으로 자란 포도덩굴을 말합니다. 들호박(wild gourd)이란 오렌지 비슷한 열매인 들외를 말합니다. 그런데 들포도덩굴에서 들호박을 땄다는 말이 앞뒤가 맞지 않습니다. 하지만 전체적인 문맥으로 볼 때 들판에서 쉽게 볼 수 있는 야생 덩굴에서 호박 비슷한 열매를 발견하여 몇 개 땄다고 보는 것이 좋겠습니다. 그 제자는 그것이 뭔지도 모른 채 대충 썰어 솥에 넣고 국을 끓였습니다.

야채 죽이라도 먹으려나 하는 마음으로 제자들이 모여 들었습니다. 그런데 그 맛이 독해서 먹을 수가 없었습니다. 그러자 엘리사는 가루를 가져오라고 지시합니다. 아마도 밀가루나 어떤 곡식 가루였을 것입니다. 모두들 굶고 있었는데 밀가루나 곡식가루를 어디서 났는지 모르겠습니다. 귀한 분이 오시면 드시게 하기 위해 아주 적은 양을 따로 챙겨놓았을 수도 있습니다. 아무튼 그 가루를 솥에 던지니 신기하게도 독이 사라졌습니다. 먹을 것이 없었던 당시의 절박했던 상황을 읽을 수 있는 대목입니다. 물론 배부르게 먹을 수 있는 상황은 아니었을 것입니다. 어떻게 입에 풀칠이나 하는 정도였을 것으로 추측합니다.

그 때입니다. 제자들이 이름도 모르는 이상한 국을 먹고 있던 바로 그 때, 바알 살리사에서 한 사람이 도착하였습니다. 바알 살리사(Baal Shalishah)란 '살리사의 주인'이라는 뜻입니다. 사울이 잃어버린 암나귀들을 찾아 나섰던 땅이 바로 살리사였습니다(삼하9:4). 바알의 제사장의 딸이었던 아합의 부인 이세벨의 영향을 받아 그 앞에 '바알'이라는 이름이 붙어서 '바알 살리사'라고 불렸던 것으로 추정됩니다. 길갈과는 그리 멀지 않은 곳입니다.

누구인지는 모르지만 바알 살리사에서 온 사람은 처음 만든 떡 곧 보리떡 이십 개와 또 채소를 자루에 담아가지고 왔습니다. 처음 만든 떡이란 그 해 보리농사를 해서 그 첫 수확으로 만든 떡이라는 뜻입니다. 이것을 하나님의 사람 엘리사에게 가지고 온 것입니다. 어려울 때였는데 채소도 담아가지고 왔다고 하니 그 정성이 보통이 아니었습니다.

그 귀한 것을 받은 엘리사는 "무리에게 주어 먹게 하라"고 지시합니다. 그러자 옆에 있던 사환, 아마도 엘리사 옆에서 늘 수종을 들던 게하시라는 종이 퉁명스럽게 받아칩니다. "내가 어찌 이것을 백 명에게 주겠나이까?" 게하시가 백 명이라고 말한 것으로 보아 당시 선지학교에는 100여 명의 학생들이 있었던 모양입니다.

사환 게하시는 보리떡 스무 개 가지고는 어림도 없다고 생각했습니다. 그 양이 넉넉하지 않다는 것입니다. 하지만 엘리사는 단호했습니다. "무리에게 주어 먹게 하라 여호와의 말씀이 그들이 먹고 남으리라 하셨느니라"(왕하4:43). 사환은 꼼짝 못하고 엘리사의 말대로 제자들에게 나누어 주었습니다. 그런데 말씀하신 대로 먹고 남았습니다. 몇 명인지는 모르지만 모두들 먹고 남았다는 사실이 중요합니다.

> 그가 그들 앞에 주었더니 여호와께서 말씀하신 대로 먹고 남았더라
> (왕하4:44)

보리떡 이십 개로 먹고 남았다는 이 이야기의 구조는 벳새다

광야에서의 그것과 비슷합니다. 하나님의 말씀을 듣기 위해 모여 있는 백성들을 어떻게든 먹이고 싶으셨던 예수님의 심정과 굶주려 지쳐 가고 있는 제자들에게 먹을 것을 제공하고 싶었던 엘리사의 마음은 조금도 다르지 않습니다. 이 많은 사람들을 먹이려면 이백 데나리온의 떡이 필요하다고 너스레를 떨었던 제자들이나 어찌 이것을 백 명에게 주겠냐며 펄쩍 뛰었던 사환의 모습 역시 다르지 않습니다.

하지만 하나님께서는 하나님의 사람을 통해 하나님의 사랑하시는 백성들을 배불리 먹이셨습니다. 하나님의 사람 엘리사를 통해 보리떡 이십 개로 둘러앉은 제자들을 배불리 먹이셨고, 하나님의 아들 예수 그리스도를 통해 보리 떡 다섯 개로 장정만 오천 명을 먹이셨습니다. 엘리사 이야기는 "먹고 남았더라"고 끝이 나고 예수님의 이야기는 "그 남은 조각을 열두 바구니에 거두니라"(눅 9:17)라는 말로 마무리합니다. 두 이야기 모두 다 배불리 먹고 남은 것이 있었다는 것을 강조하고 있습니다.

"배불리 먹었다"는 말처럼 훈훈한 말이 또 있을까 싶습니다. 다이어트 때문에 먹지 않는 이들은 모르겠지만 먹을 것이 없어서 못 먹는 이들에게 배불리 먹는 것이야말로 최고의 축복일 것입니다. 성경도 배불리 먹는 것이 이스라엘 백성에게 허락하신 하나님의 은총임을 강조합니다.

너희는 내 규례를 행하며 내 법도를 지켜 행하라 그리하면 너희가 그 땅에 안전하게 거주할 것이라 땅은 그것의 열매를 내리니 너희가 배불리 먹고 거기 안전하게 거주하리라 (레25:18-19)

내가 너희에게 철따라 비를 주리니 땅은 그 산물을 내고 밭의 나무는 열매를 맺으리라 너희의 타작은 포도 딸 때까지 미치며 너희의 포도 따는 것은 파종할 때까지 미치리니 너희가 음식을 배불리 먹고 너희의 땅에 안전하게 거주하리라 (레26:4-5)

네가 채우지 아니한 아름다운 물건이 가득한 집을 얻게 하시며 네가 파지 아니한 우물을 차지하게 하시며 네가 심지 아니한 포도원과 감람나무를 차지하게 하사 네게 배불리 먹게 하실 때에 (신6:11)

네 경내를 평안하게 하시고 아름다운 밀로 너를 배불리시며 (시147:14)

그리고 예수님의 어머니 마리아는 메시아의 탄생을 노래하며 "주리는 자를 좋은 것으로 배불리셨으며 부자는 빈 손으로 보내셨도다"(눅1:53)라고 찬양합니다.

세상 모든 사람들이 배불리 먹을 수 있으면 좋겠습니다. 배불리 먹되 혼자만 먹는 것이 아니라 모든 이들이 함께 먹을 수 있으면 더 좋겠습니다. 배불리 먹는 것도 좋지만 이웃을 배부르게 먹이는 것이 더 아름다운 일이기 때문입니다.

너희 중에 분깃이나 기업이 없는 레위인과 네 성중에 거류하는 객과 및 고아와 과부들이 와서 먹고 배부르게 하라 그리하면 네 하나님 여호와께서 네 손으로 하는 범사에 네게 복을 주시리라 (신14:29, 참조 신 26:12)

옛날 경주 땅에 살던 최 부자는 '사방 백리 안에 굶어 죽는 사람이 없게 하라, 특히 흉년에는 양식을 풀어라'고 가르쳤다고 합니다. 이렇게 베풀고 나눔의 정신이 있었기 때문에 경주 최 부잣집은 300년이 넘도록 만석꾼의 전통을 이어갈 수 있었던 것 같습니다.

그리스도이라면 주변을 세심하게 살펴야 합니다. 혹시 누가 굶고 있지 않은지, 헐벗은 사람은 없는지…. 우리 식구 먹기에도 모자라겠지만 콩 한 쪽이라도 나눌 수 있다면 좋겠습니다. 하나님께서 넉넉하게 채워주시리라 믿습니다.

요나답, 그 지독한 유언

우리가 레갑의 아들 우리 선조 요나답이 우리에게 명령한 모든 말을 순종하여 우리와
우리 아내와 자녀가 평생 동안 포도주를 마시지 아니하며 살 집도 짓지 아니하며
포도원이나 밭이나 종자도 가지지 아니하고 장막에 살면서 우리 선조 요나답이
우리에게 명령한 대로 다 지켜 행하였노라 (렘35:8-10)

1980년대 말, 서울의 어느 교회에서 부목사로 섬겼던 적이 있습니다. 교회 부근, 걸어서 갈 수 있는 거리에 꽤 유명한 삼계탕 집이 있었는데 역사도 오래 되었고 맛도 꽤 담백한 식당으로 점심 시간에는 줄을 서야 하는 식당입니다. 그런데 식당에 들어가 자리를 잡으면 따로 주문하지 않아도 인삼주가 나왔습니다.

부임하는 주일, 예배를 마치고 환영식을 하자는 장로님들과 함께 삼계탕 집에 갔습니다. 방에 들어가니 미리 준비된 식탁에는 인삼주가 담긴 하얀색 예쁜 병과 앙증맞은 잔들이 놓여 있었습니

다. 처음에는 예약을 하면서 교회라는 말을 하지 않았구나 하는 생각을 했습니다. 그런데 그게 아니었습니다. 예약을 하신 장로님께서 특별히 이야기해서 그 날은 인삼주가 더 많이 제공되었다고 합니다. 한 두 장로님들은 인삼주를 삼계탕에 부으셨습니다. "탕에 부으면 알코올은 다 날라 갑니다." 나머지 장로님들은 잔을 기울이셨습니다. "이 정도는 술도 아니야. 건강에도 좋지. 자! 한 잔씩 마시자고. 목사님도 드시고….."

목요일에 목사안수를 받고 곧바로 시골로 내려가 이삿짐을 쌌습니다. 토요일에 서울에 도착, 그리고 그 다음 날 부임인사를 했던 터였습니다. 안수 받고 사흘 만에, 안수위원들의 손끝에서 전해지는 그 뜨거움이 채 식지 않았을 때입니다. 성결, 열정, 비전 등등, 어린 목사의 푸르름이 막 피어오르고 있었는데 안수 받고 부임한 교회 첫 식탁에서 주(主)가 아니라 주(酒)를 만났습니다. 벌써 40년 넘는 세월이 흘렀습니다. 그 날, 목 넘김이 좋다고 하셨던 분들은 다 올라가셨을 것입니다.

성경에는 요나답이라는 사람이 두 명 등장합니다. 위대하다 못해 지독한 유언을 남긴 레갑의 아들 요나답, 그리고 간교한 자로 낙인이 찍힌 요나답이 있습니다. 간교한 자 요나답은 레갑의 아들 요나답보다 훨씬 옛날, 다윗 임금이 나라를 다스리던 때의 사람입니다.

기원전 990년 무렵입니다. 다윗의 아들 압살롬에게 다말이라는 아름다운 누이가 있었습니다. 그런데 배가 다른 오빠 암논이 다말을 사랑했습니다. 하지만 암논은 어떻게 할 줄을 모른 채 속만 까맣게 타들어갔습니다. 얼마나 간절했는지 그 울화로 말미암아 병이 들 정도였습니다(삼하13:2).

그런데 암논에게 가까운 친구가 하나 있었습니다. 그 자가 바로 요나답입니다. 다윗의 형 시므아의 아들로 심히 간교한 자였습니다. "암논에게 요나답이라 하는 친구가 있으니 그는 다윗의 형 시므아의 아들이요 심히 간교한 자라"(삼하13:3). 요나답은 암논을 찾아가 다말을 힘으로 눌러버리라고 꼬드깁니다. 성폭행을 하라는 것입니다. 요나답의 말에 용기를 얻은 암논은 다말을 유인하여 성폭행을 했고 이 이야기를 전해들은 친오빠 압살롬은 이를 갈기 시작합니다.

그렇게 2년이 흘렀습니다. 기회를 노리던 압살롬은 술자리를 만들어놓고 암논을 초청합니다. 암논이 세상모르고 취해 있을 때 압살롬은 사람들을 시켜 암논을 살해합니다. 아들이 죽었다는 소식을 들은 다윗이 자기의 옷을 찢고 땅에 드러누웠습니다. 주위에 모셔 섰던 신하들 역시 옷을 찢었습니다(삼하13:31). 옷을 찢는다는 것은 슬픔의 표시입니다. 하늘이 무너지는 슬픔을 당해 어찌할 줄을 모를 때 그것을 표시하는 방법으로 옷을 찢었습니다. 다윗과 신하들이 옷을 찢으며 황망해하고 있을 때 한 사람이 슬그머니 말을 건넵니다.

> 내 주여 젊은 왕자들이 다 죽임을 당한 줄로 생각하지 마옵소서 오직 암
> 논만 죽었으리이다 그가 압살롬의 누이 다말을 욕되게 한 날부터 압살
> 롬이 결심한 것이니이다 그러하온즉 내 주 왕이여 왕자들이 다 죽은 줄
> 로 생각하여 상심하지 마옵소서 오직 암논만 죽었으리이다 (삼하
> 13:32-33)

　이렇게 말하는 사람이 바로 요나답입니다. 요나답은 달면 삼키고 쓰면 뱉어내는 사람, 기회주의자, 이기주의자였습니다. 누구에게는 못된 방법을 일러주고 돌아서서는 아부를 늘어놓는 사람입니다. 요나답은 간교한 사람이었습니다.

　그렇다면 레갑의 아들 요나답은 어떠했을까요? 성경은 레갑 가문에 대해 겐 종족이라고 설명합니다(대상2:55). 겐 족속이 성경에 처음 등장하는 것은 하나님께서 아브라함과 언약을 세우실 때입니다. 아직 이삭이 태어나기 전, 하나님은 아브람에게 언약을 세워 이르시기를 애굽 강에서부터 큰 강 유브라데까지 기업으로 주시겠다고 하셨는데 그 때 겐 족속의 땅이 포함되었습니다. "내가 이 땅을 애굽 강에서부터 그 큰 강 유브라데까지 네 자손에게 주노니 곧 겐 족속과 그니스 족속과 갓몬 족속과 … 여부스 족속의 땅이니라 하셨더라"(창15:18-21).

그렇게 이스라엘에 포함된 겐 족속은 출애굽 당시 이스라엘과 함께 가나안으로 이주합니다. 성경은 모세의 장인 이드로가 겐 사람이라고 소개합니다(삿1:16). 그리고 드보라에게 쫓기던 가나안의 군대장관 시스라가 숨어들었을 때 잠들어 있는 시스라의 관자놀이에 말뚝을 박은 여인 야엘의 남편 가일이 또 겐 사람이었습니다(삿4:17).

요나답은 겐 족속에 속한 레갑의 아들입니다. 기원전 841년, 바알 신앙이 북이스라엘 왕국을 휘감고 있었습니다. 하나님은 예후라는 사람을 세워 왕을 제거하고 새로운 왕국을 만들 것을 명령하셨습니다. 예후는 하나님의 명령을 따라 왕족들을 포함하여 그 귀족들과 바알 우상을 섬기는 제사장들을 하나도 남기지 않고 제거하였습니다(왕하10:11). 심지어는 남쪽 유다 왕국에 속한 왕자 42명까지 모두 죽였습니다(왕하10:12-14).

하나님의 명령을 따라 생명을 걸고 달려가던 예후에게 여호나답이라는 사람이 찾아옵니다. 예후와 여호나답 두 사람은 안부를 묻고 서로의 마음을 확인합니다. 같은 목적, 같은 생각을 확인한 예후는 요나답의 손을 잡아 자기 병거에 태웁니다. 이 사람 여호나답이 곧 요나답입니다.

그러면 나와 손을 잡자 손을 잡으니 예후가 끌어 병거에 올리며 이르되
나와 함께 가서 여호와를 위한 나의 열심을 보라 하고 이에 자기 병거에

태우고 사마리아에 이르러 거기에 남아 있는 바 아합에게 속한 자들을 죽여 진멸하였으니 여호와께서 엘리야에게 이르신 말씀과 같이 되었더라 (왕하10:15-17)

이렇게 예후와 요나답은 뜻을 모아 하나님의 뜻을 이루어갔습니다. 예후가 큰 제사를 드리겠다며 바알의 남은 자들을 산당에 모아 놓고 한꺼번에 처형할 때도 요나답은 예후 곁에 머물며 주도적인 역할을 하였습니다(왕하10:23).

그런데 그것이 마지막이었습니다. 그 후 요나답이 어떻게 되었는지 성경은 아무 말도 하지 않습니다. 어쩌면 임금의 자리에 오른 예후 밑에서 꽤 중요한 관직 하나 정도는 차지했을 수도 있었습니다. 예후 곁에서 의견을 개진하며 예후 임금이 정도(正道)를 걷도록 충언을 했을 수도 있습니다. 하지만 하나 같이 추측일 뿐 구체적인 기록이 없습니다.

그렇게 240년 세월이 흘렀습니다. 그런데 레갑 사람들이 갑자기 등장합니다. 기원전 605년, 예레미야 선지자가 활동하던 때입니다. 유다 왕 요시야가 죽고 그의 아들 여호야김이 임금으로 있었는데 나라는 부정부패로 얼룩지고 사회 정의는 바닥을 치고 있었습니다. 물론 하나님을 찾는 사람도 없고 하나님 말씀에 대한 갈급함도 없었습니다.

속이 상하신 하나님께서 선지자 예레미야를 불러 말씀하십니다. "너는 레갑 사람들의 집에 가서 그들에게 말하고 그들을 여호와의 집 한 방으로 데려다가 포도주를 마시게 하라"(렘35:2). 하나님의 명령이 떨어지자 예레미야는 곧바로 레갑 사람들의 집에 가서 그 사람들을 여호와의 집으로 부릅니다. 예레미야는 그들을 한 방으로 안내하였습니다. 방에는 포도주가 가득한 종지와 술잔이 놓여 있었습니다. 예레미야는 레갑 사람들에게 마시라고 권합니다. 몇 명이나 있었는지, 어떤 이들이 들어왔는지는 모릅니다. 다만 이들은 예레미야가 권하는 술잔에 강력하게 반발합니다. 레갑 자손들이 하는 말입니다.

우리는 포도주를 마시지 아니하겠노라 레갑의 아들 우리 선조 요나답이 우리에게 명령하여 이르기를 너희와 너희 자손은 영원히 포도주를 마시지 말며 너희가 집도 짓지 말며 파종도 하지 말며 포도원을 소유하지도 말고 너희는 평생 동안 장막에 살아라 그리하면 너희가 머물러 사는 땅에서 너희 생명이 길리라 하였으므로 우리가 레갑의 아들 우리 선조 요나답이 우리에게 명령한 모든 말을 순종하여 우리와 우리 아내와 자녀가 평생 동안 포도주를 마시지 아니하며 살 집도 짓지 아니하며 포도원이나 밭이나 종자도 가지지 아니하고 장막에 살면서 우리 선조 요나답이 우리에게 명령한 대로 다 지켜 행하였노라 (렘35:6-10)

"레갑의 아들 우리 선조 요나답"이 바로 예후와 함께 나라를 구했던 바로 그 요나답입니다. 정확히 236년 전의 일입니다. 그 때 요나답이 자손들에게 지시하기를 영원히 포도주를 마시지 말라고 했다는 것입니다. 심지어 요나답은 집도 짓지 말고 평생을 장막에서 살라고 명령했습니다. 파종도 하지 말고 포도원을 소유하지 말라고 했습니다. 그래서 그 후손들은 요나답의 명령에 따라 집도 장만하지 않고 파종도 하지 않으며 살았습니다. 236년 동안 말입니다. 그런데 이제 와서 포도주를 마시라니 요나답의 후손들로서는 펄쩍 뛸 수밖에 없었습니다.

요나답의 후손들은 선조의 명령을 따라 오로지 하나님의 보호하심에 대한 절대적인 믿음으로 살았습니다. 나라에 우상숭배가 퍼지고 부정부패가 만연하자 이들은 신앙의 순결을 지키기 위해 한 동안 이스라엘 변방으로 피해 있었습니다. 하지만 바벨론 왕 느부갓네살의 공격이 시작될 무렵 반대로 신앙의 자유를 찾아 예루살렘으로 이주하였습니다(렘35:11). 어차피 집도 없이 장막에서 살았고 자기 소유의 포도원도 없었기에 홀가분하게 움직일 수 있었을 것입니다. 그들에게는 하나님의 인도하심이 전부였고 선조 요나답의 명령이 생명처럼 소중했을 뿐입니다.

레갑의 아들 요나답도 대단하지만 200년이 넘도록 그의 유훈(遺勳)을 생명같이 지키는 그 후손들도 대단합니다. 그 정도 세월이 지났으면 달리 생각할 수 있었을 것입니다. 구시대의 유물이니, 세상이 변했다는 식으로 얼마든지 뒤집어엎을 만도 한데 그 후손들은 그 지독한 유언을 지독하게 지켰습니다.

요나답의 후손, 즉 레갑 사람들의 반응을 지켜보시던 하나님께서 못내 섭섭하셨는지 예레미야에게 한 마디 하십니다.

레갑의 아들 요나답이 그의 자손에게 포도주를 마시지 말라 한 그 명령은 실행되도다 그들은 그 선조의 명령을 순종하여 오늘까지 마시지 아니하거늘 내가 너희에게 말하고 끊임없이 말하여도 너희는 내게 순종하지 아니하도다 내가 내 종 모든 선지자를 너희에게 보내고 끊임없이 보내며 이르기를 너희는 이제 각기 악한 길에서 돌이켜 행위를 고치고 다른 신을 따라 그를 섬기지 말라 그리하면 너희는 내가 너희와 너희 선조에게 준 이 땅에 살리라 하여도 너희가 귀를 기울이지 아니하며 내게 순종하지 아니하였느니라 레갑의 아들 요나답의 자손은 그의 선조가 그들에게 명령한 그 명령을 지켜 행하나 이 백성은 내게 순종하지 아니하도다 (렘35:14-16)

주(酒)를 가까이하고 세상 연락을 즐기는 성도들이 많아지고 있습니다. 심지어는 목사와 장로들 중에도 그런 이들이 적지 않다고 합니다. 신학적 견해가 다른 타교파 사람들이야 그렇다 치더라도 우리 성결인들 가운데에도 그런 이들이 있다고 하니 속이 편치 않습니다. 말씀대로 믿고 말씀 따라 사는 것이 믿음입니다. 보수적이라는 말을 들을 수 있을 것입니다. 하지만 아무리 생각해 보아도 신앙생활은 보수적으로 하는 것이 맞습니다.

얼마 전 모임이 있어 목사님들, 장로님들과 어울려 한정식을 하는 식당을 찾았습니다. 그런데 식탁에 술잔이 놓여 있었습니다. 조금 있으니 여직원이 주(酒)를 가지고 들어왔습니다. 직원은 반주(飯酒)하라고, 몸에 좋은 것이라고 너스레를 떨었습니다. 순간 동석했던 장로님 한 분이 손사래를 치며 받아 치셨습니다. "우리는 술을 마시지 않아요. 여기 오신 분들은 다 하나님을 믿는 분들입니다." 당당하게 외치는 모습이 그렇게 멋있을 수가 없었습니다. 그래서 제가 그 장로님을 좋아합니다.

조상의 가르침을 무조건 따르자는 것이 아닙니다. 하지만 부모의 가르침만큼은 따라야 한다고 생각합니다. 부모의 지시를 무시하고 부모를 존경하지 않는 젊은이들이 있습니다. 어디서부터 잘못된 것인지요? 모르기는 몰라도 그 책임은 우리 부모들에게 있다고 생각합니다. 평소에 진중하지 못하고 감정에 휘둘렸던 것이 문제가 아니었나 싶습니다. 실행에 옮기지 못하면서 큰소리만 쳤던 것이 문제였습니다. 이랬다저랬다 일관되지 못하게 떠들어댔던 것이 문제였습니다.

그래서 하는 말입니다. 요나답처럼 유언을 해도 지독하게 할 수 있으면 좋겠습니다. 200년이 넘도록 자자손손 존중될 수 있는 그런 유언 말입니다.

p
e
o
p
l
e

o f

G
o
d

2

롯, 바보 같은 인생을 살다

이에 롯이 눈을 들어 요단 지역을 바라본즉 소알까지 온 땅에 물이 넉넉하니 여호와께서
소돔과 고모라를 멸하시기 전이었으므로 여호와의 동산 같고 애굽 땅과 같았더라
그러므로 롯이 요단 온 지역을 택하고 동으로 옮기니
그들이 서로 떠난지라 (창13:10-11)

기구한 인생을 살았던 사람이 있습니다. 아버지가 일찍 돌아가
셔서 할아버지 밑에서 성장했고, 삼촌의 양육을 받았는데 삼촌을
따라 여기저기 떠돌아다니며 나그네로 살아야 했습니다. 전쟁 통
에 포로로 끌려가기도 했고, 마음 정하고 살던 동네가 불바다가
되는 바람에 도망을 쳐야 했습니다. 그 와중에 아내를 잃었습니
다. 마지막에는 갈 곳이 없어 동굴에서 살았습니다. 그런데 어느
날 술을 너무 마신 탓에 정신을 차리지 못하고 딸과 관계를 맺기
까지 했습니다. 그것도 큰딸과 작은딸을 거치며 이틀을 연속으로

그랬습니다. 그리고 홀연히 사라졌는데 어떻게 살다가 언제 죽었는지 아는 사람이 없습니다. 바보 같은 인생을 살았던 롯의 이야기입니다.

　창세기에 데라라는 사람의 족보가 소개되어 있습니다. 데라는 아브람, 나홀, 하란을 낳았습니다. 막내아들 하란은 두 형들에 비해 일찍 자녀를 낳았습니다. 하란의 아들이 롯입니다. 또 하란에게는 밀가라는 딸이 있었는데 삼촌 나홀의 아내가 되었습니다(창 11:29). 그리고 하란은 아버지 데라보다 일찍 세상을 떠납니다.
　데라는 이미 출가한 나홀을 놔둔 채 큰아들 아브람과 막내아들 하란의 아들 롯을 데리고 갈대아인의 우르를 떠나 하란[12]이라는 곳으로 이주하였습니다. 그곳에서 데라는 205세의 나이로 생을 마감합니다. 키워주신 할아버지마저 돌아가시자 롯은 어쩔 수 없이 큰삼촌 아브람과 일생을 같이 하게 되었습니다.
　어느 날 하나님께서 아브람을 부르셨습니다. "너는 너의 고향과 친척과 아버지의 집을 떠나 내가 네게 보여 줄 땅으로 가라"(창 12:1). 하나님의 부르심을 따라 아브람은 고향, 친척, 아버지의 집을 떠납니다. 그런데 조카 롯이 문제였습니다. 아버지가 없는

---

12) 그 동네 이름도 하란이다. 아마도 데라가 아들 하란을 추억하며 아들의 이름으로 하란이라 붙였을 가능성도 없지 않다.

롯을 버려둘 수는 없었습니다. 고민 끝에 아브람은 아내와 함께 롯을 데리고 하란을 떠납니다. 이 때 아브람은 75세였습니다.

가나안 땅에 도착하였습니다. 그런데 기근이 들었습니다. 상황이 어려워지자 아브람은 다시 아내와 롯을 데리고 애굽으로 내려갑니다. 애굽에서 아브람은 아내를 누이라고 속이고 난리를 겪은 끝에 애굽을 빠져나올 수 있었습니다. 애굽에서 나온 아브람은 네게브로 올라옵니다. 이때까지도 롯은 아브람 곁에 머물러 있었습니다. 시간이 흐르면서 롯도 많이 성장하여 어른이 되었습니다. 자기 앞가림 정도는 할 수 있게 된 롯은 자기 장막도 가지게 되었고 자기 소유의 짐승 떼도 거느렸습니다.

문제가 생겼습니다. 아브람의 가축과 롯의 가축이 함께 거하기에는 땅이 너무 비좁았던 것입니다. 아브람의 목자들과 롯의 목자들이 티격태격 싸우는 일이 잦아졌습니다. 보다 못한 아브람이 롯에게 제안을 합니다.

우리는 한 친족이라 나나 너나 내 목자나 네 목자나 서로 다투게 하지 말자 네 앞에 온 땅이 있지 아니하냐 나를 떠나가라 네가 좌하면 나는 우하고 네가 우하면 나는 좌하리라 (창13:8-9)

롯은 눈을 들어 요단 지역을 바라보고 너무 쉽게 선택합니다. 하지만 롯은 아브람의 제안을 너무 빨리 받아들였습니다. 좀 더 신중했어야 했는데 너무 성급했습니다. 더 큰 문제는 선택의 기준이 옳지 않았다는 것입니다. 롯이 보니 요단은 온 땅에 물이 넉넉했고 여호와의 동산 같고 애굽 땅과 같았습니다. 여호와의 동산은 롯에게는 늘 꿈에 그리던 최고의 낙원이었습니다. 잠깐이었지만 애굽에서 보았던 산과 들판을 여호와의 동산이라고 생각했습니다. 그래서 롯은 잠시의 망설임도 없이 여호와의 동산 같고 애굽 땅 같은 요단을 선택한 것입니다.

요단 지역으로 이동한 롯은 여기저기를 방황합니다. 창세기는 "그 지역의 도시들에 머무르며 그 장막을 옮겨 소돔까지 이르렀더라"(창13:12)고 그의 행적을 설명합니다. 정착하지 못하고 방랑했다는 뜻입니다. 더군다나 소돔이 어떤 곳입니까? 여호와 앞에 악하고 큰 죄인들로 가득한 도시 아닙니까? 물은 넉넉했고 환경도 좋았습니다. 조건이 좋으니 많은 사람들이 몰려들었고 자연스레 도시가 형성되었습니다. 그러나 사람이 많다 보니 소돔에는 죄악이 들끓고 있었습니다. 특별히 성범죄가 도를 넘어서고 있었습니다. 그곳에서 롯은 서서히 세속에 빠져 들어갑니다.

롯이 돌아설 수 있는 기회는 있었습니다. 롯이 소돔에 거주하고 있었을 때 여러 도시국가들이 동맹을 해서 전쟁을 일으켰습니다. 치열한 싸움 끝에 소돔 왕 베라가 이끄는 동맹군이 패전하였고 소돔에 거주하고 있던 롯은 사로잡혔습니다(창14:12).

이 소식을 들은 삼촌 아브람이 가만히 있지 않았습니다. 아브람은 집에서 길리고 훈련된 자 318명[13]을 거느리고 이스라엘 북쪽 끝 단(Dan)까지 쫓아갔습니다. 그리고 국경을 넘어 다메섹 왼편 호바까지 먼 길을 올라갔습니다. 그렇게 삼촌 아브람은 조카 롯을 구출하는데 성공합니다.

사태를 수습한 아브람은 자기 집으로 돌아갑니다. 롯은 아브람과 작별하고 자기 거처가 있던 소돔을 찾아갑니다. 만약 이 때 롯이 소돔으로 가지 않고 아브람을 쫓아갔다면 어떻게 되었을까요? 아브람이 조카 롯을 꽁꽁 묶어 헤브론으로 데려갔더라면 롯의 인생은 어떻게 되었을까요?

롯이 돌아설 수 있는 기회는 또 있었습니다. 전쟁이 있은 후 대략 15년 정도의 세월이 흘렀을 무렵입니다. 아브람의 이름이 아브라함으로 바뀌었습니다(창17:5). 그동안 소돔의 죄악은 점점 심해졌고 하나님께서는 결국 소돔을 심판하기로 작정하셨습니다. 하나님은 먼저 아브라함을 찾아가 내년 이 맘 때가 되면 아들을 낳을 것이라고 약속하셨습니다. 그리고 소돔에는 사자들을 보

---

13) 집에서 길리고 훈련된 자는 돈으로 사온 용병(傭兵)과는 차이가 있다. 그들은 아브람에게 가면 보호받을 수 있다고 생각했기 때문에 자의에 의해서 아브람을 찾아온 사람들이다. 318명은 적은 숫자가 아니다. 충성을 약속한 자들이 많이 모여들 정도로 아브람은 꽤 부유하고 영향력 있는 사람이었다는 것을 짐작할 수 있다.

내 심판하시겠다고 말씀하십니다.

뜻밖의 소식을 접한 아브라함은 하나님을 붙들고 애원을 합니다. 소돔 성읍에 의인 오십 명이 있다면 그래도 멸하시겠냐는 말을 시작으로 십 명까지 마치 흥정하듯 이야기가 이어집니다. 아브라함이 소돔을 포기하지 못했던 것은 그곳에 조카 롯이 살고 있었기 때문입니다.

저녁 무렵 두 천사가 소돔에 도착합니다. 두 천사는 마침 성문에 앉아 있던 롯을 만납니다(창19:1). 롯은 무슨 생각이 들었는지 나그네들을 향해 엎드려 절을 하고 집으로 초청합니다. 물론 나그네들은 하나님께서 보내신 사자들이었습니다. 롯의 요청에 대해 하나님의 사자들은 사양을 합니다. 하지만 롯은 꽤 적극적이었습니다. 결국 하나님의 사자들은 롯을 따라 갔습니다. 하나님의 사자들을 집으로 모신 롯은 식탁을 베풀고 무교병을 구어 대접을 합니다. 당시로서는 대단히 품위 있고 융숭하게 대접을 한 것입니다.

그 날 밤이 깊었습니다. 그런데 소돔 남자들이 떼를 지어 나타났습니다. 노소를 막론하고 남자들은 롯의 집을 에워싸고 손님을 이끌어내라며 난동을 부렸습니다. 그들과 상관하겠다는 것인데 여기서 '상관'이라는 성관계를 뜻합니다. 남자들이 남자들과 관계하겠다고 하는 것입니다. 동성연애(homosexuality)입니다.[14] 게다가 여러 남자들이 한꺼번에 달려들었으니 보통 심각한 상황이 아니었습니다.

그런데 롯의 반응이 놀랍습니다. 롯은 소돔 남자들을 만류합니다. 우리 집을 찾아온 손님들이니 그들에게는 아무 일도 하지 말라고 간청을 합니다. 대신 자기의 두 딸을 내주겠다고 합니다. 사위는 정해졌지만 아직 남자를 가까이 하지 않은 딸들이라며 롯은 목소리를 높였습니다. 상황이 묘하게 흘러가자 하나님은 사자들을 통해 롯과 그 딸들을 보호하십니다. "그 사람들이 손을 내밀어 롯을 집으로 끌어들이고 문을 닫고 문 밖의 무리를 대소를 막론하고 그 눈을 어둡게 하니 그들이 문을 찾느라고 헤매었더라"(창 19:10-11).

소돔 사람들도 악하지만 롯 역시 정상이 아닙니다. 자기 집에 찾아온 손님들을 보호하기 위해 대신 자기 딸을 내주겠다니 있을 수 없는 일입니다. 소돔에서 몇 년 사는 동안 롯은 자기도 모르는 사이 소돔의 향락 문화에 물이 들었던 모양입니다. 그래도 그렇지, 이것은 아닙니다. 소돔의 문화가 그랬다 할지라도 받아들이지 말았어야 했습니다. 소돔 사람들도 잘못이지만 넘어서는 안 될 선을 넘은 롯은 더 나빴습니다.

---

14) 지금도 영어권에서는 'sodomy, sodomite'란 단어가 사용되고 있다. 소돔 사람, 소돔 출신, 소돔 사람 같다고 하는 뜻이다. 그런데 이 말은 동성연애에 빠진 사람, 특별히 항문섹스를 즐기는 남자들을 빗대어 말할 때 사용된다. 소돔이 얼마나 지저분했는지 생각만 해도 끔찍하다.

그 죄악이 심히 무거웠던 소돔은 결국 하나님의 심판을 받게 됩니다. 하나님께서 유황과 불을 소돔과 인근에 있던 성읍 고모라에 비같이 내려 성들과 온 들과 성에 거주하는 모든 백성들을 다 엎어 멸하셨습니다(창19:24-25). 그런데 하나님은 아브라함을 생각하시고 롯과 그 가족들은 살려주셨습니다. 다만 롯의 아내는 소돔을 빠져나오다가 뒤를 돌아보는 바람에 소금 기둥이 되었습니다.

롯은 두 딸들을 데리고 인근에 있는 소알이라는 작은 성읍으로 피신하였습니다. 그리고 얼마 지나지 않아 두 딸들과 함께 소알을 빠져나와 작은 굴에 거주합니다. 그런데 이 굴에서 있어서는 안 되는 일이 또 벌어졌습니다.

롯의 입장에서는 속이 탔을 것입니다. 정붙이고 살던 도시 소돔이 불에 탔고 아내도 잃었습니다. 하루하루 살아가는 것이 쉽지 않았을 것입니다. 롯의 딸들 역시 당황했습니다. 앞이 캄캄했습니다. 어머니도 돌아가셨고 결혼을 준비하고 있던 남자들도 죽었습니다. 이 상황에서 두 딸들은 참으로 엄청난 계획을 세웁니다.

> 큰 딸이 작은 딸에게 이르되 우리 아버지는 늙으셨고 온 세상의 도리를 따라 우리의 배필 될 사람이 이 땅에는 없으니 우리가 우리 아버지에게 술을 마시게 하고 동침하여 우리 아버지로 말미암아 후손을 이어가자 (창19:31-32)

배필 될 사람이 없다고 하는 생각부터 잘못이었습니다. 왜냐하면 아브라함이 살고 있던 헤브론이 멀지 않았기 때문입니다. 40Km, 아침 일찍 출발하여 빨리 걸으면 해 떨어지기 전에 갈 수 있는 거리입니다. 제 정신이었다면 소돔이 불에 탔을 때 롯은 두 딸을 데리고 소알이 아니라 아브라함이 있는 헤브론으로 갔어야 했습니다. 딸들 역시 어떻게 해서라도 아버지를 설득해서 아브라함을 찾아갔어야 했습니다.

어쩌면 소알 성읍에도 사람들이 살고 있었고 상대할 만한 남자들이 있었을 것입니다. 찾아보지도 않고, 기다려보지도 않고 어찌 그렇게 행동할 수 있었는지요? 설령 남자가 없다손 치더라도 아버지를 상대로 관계를 맺는 것은 옳지 않았습니다. 남편 없이 혼자 살면 뭐가 문제입니까? 대를 이어가는 것이 뭐 그리 대단하다고 그 난리를 쳐야 한다는 말입니까?

롯도 그렇습니다. 그 와중에 술을 먹고 취해 잠이 들었습니다. 얼마나 마셔대고 취했는지 누가 품에 안기는지조차 모를 정도였습니다. 하루도 아니고 이틀을 연속으로 그렇게 마셔댔습니다. 결국 딸들은 임신을 합니다. 두 딸 모두 아들을 낳았는데 하나는 모압 족속을 이루었고 또 하나는 암몬 족속의 시조가 됩니다. 모압과 암몬은 지금 이스라엘과 극렬하게 대치하고 있는 이슬람 국가들입니다. 그 날 그 일만 아니었으면 세계 역사는 사뭇 달라졌을 것이 분명합니다.

그 후 롯이 어떻게 살다가 어떻게 죽었는지는 기록이 없습니다. 다만 예수님은 하나님의 심판의 날을 설명하시면서 롯이 살던 시대를 예로 드셨습니다.

> 또 롯의 때와 같으리니 사람들이 먹고 마시고 사고팔고 심고 집을 짓더니 롯이 소돔에서 나가던 날에 하늘로부터 불과 유황이 비 오듯 하여 그들을 멸망시켰느니라 (눅17:28-29)

한 마디로 롯은 먹고 마시고 사고팔고 심고 집을 지으며 정신없이 살다가 소리 없이 사라졌습니다. 언제 어떻게 죽었는지 성경은 관심도 없습니다. 그런데 뜻밖에도 사도 베드로가 그의 편지에서 롯을 거론합니다.

> 소돔과 고모라 성을 멸망하기로 정하여 재가 되게 하사 후세에 경건하지 아니할 자들에게 본을 삼으셨으며 무법한 자들의 음란한 행실로 말미암아 고통당하는 의로운 롯을 건지셨으니 (벧후2:6-7)

먹고 마시고 즐기며 살았던 도시에서 롯은 나름 신실하게 살기 위해 노력했다는 것입니다. 그래서 베드로는 "고통당하는 의로운 롯"이라고 했습니다. 하나님께서 유황과 불로 심판하실 때 롯과 그의 가족들을 구해내신 것은 그가 의로운 사람이었기 때문이라고 설명합니다. 아브라함이 고집했던 의인 10명 가운데 최소한

한 명이었을 수도 있습니다.

롯은 어린 시절 삼촌 아브라함을 통해 하나님을 배웠습니다. 하지만 소돔을 선택하면서 조금씩 변질되기 시작했고 하나님과 서서히 멀어져 갔습니다. 먹고 마시고 향락에 빠져 살던 롯은 하나님을 잃어버렸고 하나님의 사자들이 심판을 이야기할 때도 하나님을 구하지 않았습니다. 하나님의 특별한 은총을 입은 사람임에도 불구하고 롯의 삶에는 하나님이 없었습니다. 오로지 세상 향락에 대한 욕망뿐이었고 술과 여자만 가까이 했을 뿐입니다.

참 불쌍한 사람입니다. 좀 더 좋았을 수 있었는데, 믿음으로 살 수 있었을 텐데 하는 아쉬움이 남습니다. 애굽에서 나왔을 때, 롯은 아브라함을 떠나지 말았어야 했습니다. 포로에서 풀려났을 때, 롯은 아브라함에게 돌아갔어야 했습니다. 아이 성으로 피했을 때, 롯은 굴속으로 숨어들어갈 것이 아니라 하나님을 찾았어야 했습니다.

남의 이야기가 아닙니다. 하나님께서 우리에게 무슨 신호를 보내실 때가 있습니다. 그 때 우리는 서둘러 하나님을 찾아야 합니다. 쉽지 않은 일입니다. 깨어 기도하는 수밖에 다른 방도가 없는 것 같습니다.

이삭, 대화가 필요해

그 아들들이 그의 태 속에서 서로 싸우는지라 그가 이르되 이럴 경우에는 내가 어찌할꼬 하고
가서 여호와께 묻자온대 여호와께서 그에게 이르시되 두 국민이 네 태중에 있구나
두 민족이 네 복중에서부터 나누이리라 이 족속이 저 족속보다 강하겠고
큰 자가 어린 자를 섬기리라 하셨더라 (창25:22-23)

지하철을 타고 가다 보면 쉽게 보는 장면입니다. 친구로 보이
는 두 젊은이가 나란히 앉아 있습니다. 그들은 아무 말도 하지 않
고 휴대폰을 만지작거립니다. 그들이 나눈 이야기는 "어! 다 왔
다, 내리자"가 전부입니다.

많은 젊은이들이 얼굴을 맞대는 대신 휴대폰이라는 작은 상자
를 통해 대화합니다. 그것도 길게 쓰는 것이 귀찮으니 선생님이
'샌님'이 되고 버스 카드 충전이 '버카충'으로 줄어든 것은 옛날이
야기입니다. '남아공'이 무슨 뜻인지 아십니까? '복세편살,' '애빼

시'는 무슨 뜻입니까? '남아서 공부나 해라,' '복잡한 세상 편하게 살자,' '애교 빼면 시체'라는 뜻입니다.

부부 사이에 대화가 사라졌습니다. 어느 단체에서 조사한 바에 따르면 하루에 대화하는 시간이 30분이 되지 않는다는 부부가 전체의 40%를 넘었습니다. 30분에서 한 시간 정도 대화한다는 부부는 22%였습니다. 그런데 그 30분도 서로에게 집중하는 대신 TV를 켜놓고 이야기를 나눈다고 합니다.

몇 년 전, 독일에서 이혼하는 부부들을 조사했습니다. 1년 중에 언제 이혼하는지를 물었습니다. 놀랍게도 여름휴가를 다녀오고 곧바로 이혼청구 소송을 내는 경우가 전체의 30%를 넘었습니다. 전문가들은 그 원인을 평소에 대화가 없던 부부들이 휴가를 가서 며칠 동안 함께 지내면서 그동안 쌓였던 상처들이 곪아 터지는 것이라고 진단했습니다. 코로나 때문에 중국의 어느 도시는 도시 전체를 봉쇄하였는데 봉쇄가 풀리자 이혼 소송을 청구하는 부부가 평소보다 배나 늘었다고 합니다. 봉쇄 기간 동안 법원에 나올 수 없었기 때문이겠지만 부부가 함께 머물면서 부부싸움이 많아졌다는 분석도 있습니다.

2006년에 시작하여 2008년까지 「대화가 필요해」라는 개그가 유행한 적이 있습니다. 식탁에 앉아 상대방은 거들떠보지 않고 자기 생각만 하고 있는 두 부부의 모습을 그린 코너입니다. 함께 밥을 먹으면서도 대화하지 않는 부부의 모습을 보면서 우리 부부를 보는 것 같다는 생각을 하기도 했습니다.

대화가 필요한 부부를 성경에서 찾는 것은 어려운 일이 아닙니다. 우선 아브라함과 사라 부부도 대화가 없었습니다. 기근을 피해 애굽으로 내려가면서 아브라함은 사라에게 아내라고 하지 말고 누이라고 하자고 말합니다(창12:11-13). 사라 역시 남편의 말에 무언(無言)의 동의를 했습니다. 덕분에 이것저것 얻기는 했지만 이때부터 두 사람의 대화가 사라졌습니다.

그 후 몇 차례, 자식 문제로 사라가 아브라함에게 퉁퉁거리는 장면이 등장합니다(창16:2,5, 21:10). 하지만 그럴 때마다 아브라함은 단답형으로 대답합니다. 오히려 중요한 일, 예컨대 조카 롯과 작별할 때나 100세의 나이에 이삭을 낳을 때, 심지어는 모리아 산에 가서 아들 이삭을 번제로 드릴 때에도 두 사람 사이에는 대화가 없었습니다.

아브라함의 아들 이삭은 어땠을까요? 이삭은 나이 40이 되록 장가를 가지 못했습니다. 어머니 사라가 죽은 지 약 3년이 지났습니다. 아브라함의 나이 137세, 보다 못한 아브라함은 메소포타미아로 사람을 보내 여자를 하나 데려오도록 조치를 취합니다. 그렇게 해서 들어온 여인이 리브가입니다(창25:20).

성경은 이삭이 어머니를 장례한 후에 비로소 위로를 얻었다고 전합니다(창24:67). 리브가가 도착하자 이삭은 어머니가 쓰시던 장막에 신혼살림을 차립니다. 이삭이 왜 자기의 장막이 아니라 돌아가신 어머니의 장막에서 첫날밤을 맞은 것인지 모르겠습니다. 그 장막이 좀 더 넓고 편안했을 가능성이 있습니다. 어쩌면 그만큼 어머니를 생각하는 마음이 애틋했기 때문일 수도 있었을 것입니다. 지나친 추측일 수도 있겠지만 리브가를 통해 어머니에 대한 사랑을 대신 찾으려고 했을 가능성도 없지 않습니다.

그런데 결혼하고 20년이 지나도록 아이가 생기지 않았습니다. 그래서 이삭은 하나님께 기도를 하기 시작했고 하나님은 이삭의 기도를 들으셨습니다. 드디어 아내 리브가가 임신을 했습니다. 그런데 놀랍게도 하나가 아니었습니다. 태중에서 두 녀석이 싸웠습니다. 아마 뱃속에서 이리 치고 저리 치고 야단이 났던 모양입니다. 리브가는 어떻게 하면 좋을지 몰라 하나님께 나아가 물었습니다. 그런데 하나님께서 놀라운 이야기를 꺼내십니다.

> 두 국민이 네 태중에 있구나 두 민족이 네 복중에서부터 나누이리라 이 족속이 저 족속보다 강하겠고 큰 자가 어린 자를 섬기리라 (창25:23)

동생이 으뜸이 되고 형은 나중이 된다는 하나님의 계시입니다. 둘인 것은 문제가 아닌데 동생이 윗사람이 된다는 사실은 당시로서는 감히 상상하기 어려웠습니다.

여기서부터 이삭과 리브가 사이에 묘한 갈등이 시작됩니다. 40

세 늦은 나이에 결혼하고 결혼한 지 20년 만에 아이가 생겼으면 두 부부의 사랑은 그 어느 때보다도 뜨거워졌을 것입니다. 더군다나 하나님을 경외하는 사람으로서 하나님으로부터 놀라운 계시를 받았기에 두 부부는 머리를 맞대고 상의해야 했습니다. 그런데 큰 자가 어린 자를 섬길 것이라는 하나님의 말씀에 대해 이삭과 리브가 사이에 대화가 없습니다.

두 가지 가능성이 있습니다. 먼저 리브가가 이 사실을 남편 이삭에게 알렸는데 이삭이 리브가의 말을 묵살했을 가능성이 있습니다. 아버지로서 이삭은 큰아들이 작은아들 밑으로 들어간다는 것을 받아들일 수 없었습니다. 그래서 이삭은 의도적으로 큰아들 에서를 더 끔찍하게 생각했습니다. 하지만 리브가는 하나님의 말씀을 무시할 수 없었습니다. 그래서 나중에 태어난 야곱을 더 많이 사랑했습니다(창25:28).

또 다른 가능성은 리브가가 이 사실을 의도적으로 숨겼을 것이라는 생각입니다. 남편에게 알리지 않고 리브가는 혼자 마음에 새기고 있었다는 것입니다. 남편은 아무 것도 모르고 큰아들 에서를 좋아합니다. 아버지로서 당연했습니다. 하지만 리브가는 하나님으로부터 들은 말씀이 있기에 작은아들 야곱을 애지중지할 수밖에 없었습니다.

시간이 흘러 에서와 야곱이 사리를 분별할 나이가 되었습니다. 어느 날 이삭이 큰아들 에서를 따로 불렀습니다. 이제 죽을 날이 가까웠으니 늦기 전에 맛있는 음식을 먹고 아들을 위해 축복하겠다고 말합니다.

> 내가 이제 늙어 어느 날 죽을는지 알지 못하니 그런즉 네 기구 곧 화살통과 활을 가지고 들에 가서 나를 위하여 사냥하여 내가 즐기는 별미를 만들어 내게로 가져와서 먹게 하여 내가 죽기 전에 내 마음껏 네게 축복하게 하라 (창27:2-4)

그런데 이삭과 에서가 대화하는 것을 리브가가 엿들었습니다. 가슴이 뛰었습니다. 작은아들이 더 큰 자가 되어야 하는데 아버지가 큰아들을 축복한다고 하니 가만히 있을 수 없었습니다.

리브가는 염소를 잡아 서둘러 요리를 하고 큰아들의 방에 들어가 에서의 옷을 가지고 나와 작은아들에게 입힙니다. 염소 새끼의 가죽을 야곱의 손과 목의 매끈매끈한 곳에 입히고 자기가 만든 별미를 야곱의 손에 들려 이삭에게 들여보냅니다. 어머니의 사주를 받은 야곱은 형 에서의 목소리까지 흉내 내며 아버지를 속입니다.

왜 이런 어처구니없는 일이 벌어져야 했습니까? 이삭이 첫째가 둘째를 섬기게 된다는 하나님의 계획을 듣고 이를 묵살했다는 것은 평소 이삭의 믿음으로 볼 때 쉽게 납득이 가지 않습니다. 아마 이삭은 이 사실을 모르고 있었을 것입니다. 리브가가 이야기하지 않았기 때문입니다.

리브가는 모든 것을 숨겼습니다. 야곱의 나이를 역순으로 계산하면 야곱이 아버지를 속여 축복을 받은 것은 70세가 넘어서의 일입니다.[15] 70년 이상 이런 사실도 모르고 살았던 이삭은 바보 같은 삶을 산 것입니다. 반대로 리브가로서도 편치만은 않았을 것입니다. 70년 넘도록 남편에게 알리지 않은 채 가슴에 묻어두고 산다는 것이 쉬운 일은 아니었습니다. 다른 것도 아니라 아들의 운명에 대한 하나님의 뜻이었는데 말입니다. 리브가, 독해도 보통 독한 여자가 아니었습니다.

이삭과 리브가 부부 사이 대화가 부족했습니다. 평소 내성적이었던 이삭의 태도가 그 원인이었습니다. 아버지가 만든 번제단 위에 결박을 당하면서도 아무 소리 하지 않았던 이삭입니다. 오랜 동안 어머니를 잊지 못하고 속으로 앓기만 하다가 어머니 침상에서 신혼 초야를 치르는 사람이었습니다. 나이가 들어 별미를 먹고

---

15) 이 문제에 대해서는 계산이 필요하다. 요셉은 17살에 애굽으로 팔려가 30세에 총리가 되고 9년이 지났을 때 비로소 아버지 야곱을 만났다. 이 때 요셉은 39세가 되었고, 야곱은 130세(창47:9)였다. 따라서 야곱은 91세에 요셉을 낳았다는 계산이 가능하다. 야곱이 밧단아람으로 이주한지 20년이 지났을 무렵 요셉이 태어났다. 따라서 야곱이 아버지를 속이고 장자의 축복을 받은 것은 적어도 70세가 넘었을 때의 일이 된다. 리브가는 에서와 야곱을 낳은 후 70년 동안 남편에게 아무 이야기도 하지 않고 있었다. 그 후에도 리브가가 남편에게 털어놓았다는 기록이나 정황은 찾아볼 수 없다. 둘째가 첫째가 될 것이라는 하나님의 말씀에 대해 리브가는 죽을 때까지도 침묵하고 있었던 것으로 보인다.

아들을 축복하고자 할 때도 아내와 상의조차 하지 않았던 위인이었습니다.

리브가에게도 문제가 있었습니다. 메소포타미아에서 시집을 왔으니 문화적 충격이 만만치 않았습니다. 그래도 그렇지 그 중요한 일을 남편과 상의도 하지 않은 것은 잘못된 행동이었습니다. 부부 사이에 대화가 없으니 혼자 결정하고 혼자 행동하고, 급기야는 엿듣고 결국 남편을 속이는 희대의 사기극을 만들어내고 말았습니다.

큰아들 에서는 속은 것을 깨닫고 동생을 죽이겠다고 작정을 합니다. 이 사실을 눈치 챈 리브가는 또 한 번의 음모를 꾸밉니다. 형이 화가 많이 났으니 당분간 피해 있으라고 지시를 합니다. 상황이 어려워지자 리브가는 어렵게 입을 뗐습니다. 남편 이삭에게 제대로 된 며느리를 구해야겠다며 야곱을 밧단아람으로 보내자고 제안합니다. 참고로 브엘세바에서 밧단아람까지는 800Km가 넘는 먼 길입니다.

앞에서는 이렇게 말하고 돌아서서는 다르게 말하는 리브가의 모습에서 오히려 측은함이 느껴집니다. 대화도 없었고 대화의 기술도 부족했습니다. 그리고 리브가와 함께 140년 세월을 함께 했던 이삭 역시 마음을 조금 더 열고 살았으면 좋았을 텐데 하는 아쉬움이 남습니다.

남 이야기할 것이 없습니다. 이삭과 리브가의 모습은 대화가 턱없이 부족한 우리 부부의 자화상입니다. 대화하는 시간도 없고, 혹 대화를 하더라도 서로의 눈을 보지 않습니다. TV를 향해 말하고 아내의 말조차 TV 소리에 묻혀 있습니다.

옛날에는 거실에 응접세트라는 것이 있었습니다. 1인용 두 개에 3인용 의자가 하나 있었습니다. 그리고 가운데 탁자가 있어서 거기에 과일이며 찻잔을 올려놓고 함께 나누었습니다. 서로를 마주 보았습니다. 물론 대화도 제법 진지했습니다. 그런데 요즘 우리 거실에는 3-4인용 소파 하나만 기다랗게 있을 뿐입니다. 모두 한 방향으로 앉습니다. 옆에 앉지만 마주 보지 않습니다. 그 앞에는 우리 시대의 주인공인 TV가 놓여 있습니다. 당연히 대화가 없고 대화를 하더라도 눈은 TV를 떠나지 않습니다.

저희 부부가 그렇습니다. 두 아들들을 장가보내 놓고 나서는 진중하게 이야기를 나누는 일이 줄어들었습니다. 아내의 눈동자를 언제 보았는지 기억조차 나지 않습니다. 식사를 하면서도 눈은 TV에 가 있습니다. 이제부터라도 정신을 차리고 잘 해야 하겠습니다. 오늘 당장 집에 들어가는 대로 아내를 꼭 끌어안고 눈을 마주치며 사랑한다고 말하겠습니다.

세상을 읽은 여인 라합

이는 너희가 애굽에서 나올 때에 여호와께서 너희 앞에서 홍해 물을 마르게 하신 일과 너희가
요단 저쪽에 있는 아모리 사람의 두 왕 시혼과 옥에게 행한 일 곧 그들을 전멸시킨 일을
우리가 들었음이니라 우리가 듣자 곧 마음이 녹았고 너희로 말미암아 사람이 정신을
잃었나니 너희의 하나님 여호와는 위로는 하늘에서도 아래로는 땅에서도
하나님이시니라 (수2:10-11)

2021년 봄, 참 힘든 시간을 보내야 했습니다. 코로나19 기세
는 꺾일 줄 모르고 인도와 미얀마에서 전해지는 소식들 역시 암울
하기만 했습니다. 정치 현장에서 들려오는 소식들, 특별히 여야
수뇌부의 이해할 수 없는 움직임에 마음이 편치 않았습니다.

4월과 5월, 국무총리를 비롯해 몇몇 장관들이 교체되었습니
다. 청와대는 그 후보들을 발표했는데 뒷이야기가 무척이나 시끄
러웠습니다. 어느 장관 후보의 부인은 남편의 외교관 특권을 이용
하여 엄청난 양의 도자기들을 밀반입했고, 또 어떤 장관 후보는

공무로 외국에 나가면서 딸을 데리고 나가 문제가 되었습니다. 또 하나, 유럽 어느 나라 대사의 부인이 옷가게에 들렀다가 종업원을 폭행하는 사건이 있었습니다. 남의 나라에 와서 무슨 행패인지, 그것도 지체 높으신 분이 저리도 모질게 행동했는지 이해할 수가 없습니다.

이런 이야기를 접하게 되면 불쑥 터져 나오는 소리가 있습니다. "이 사람들, 정신 나간 거야? 요즘 어떤 세상인데 정신 못 차리고 저 모양이야!"

혼란했던 시절, 세상에 흔들리지 않고 오히려 세상을 읽었던 여인이 있었습니다. 몸으로 살았던 여인, 기생 라합[16]입니다. 우리말 성경은 '기생'이라고 했지만 대부분의 영어 성경들은 라합을 '창녀'(prostitute)라고 소개하고 있습니다. 단순히 잠자리나 음식을 제공하기보다는 전문적으로 몸을 파는 매춘여성이었다는 뜻입니다.

---

16) 성경에서 라합이라는 단어는 종종 용(龍), 마귀, 혹은 원수 나라로 애굽을 지칭할 때 사용된다. 예를 들어 "그는 능력으로 바다를 잔잔하게 하시며 지혜로 라합을 깨뜨리시며"(욥26:12), "애굽의 도움은 헛되고 무익하니라 그러므로 내가 애굽을 가만히 앉은 라합이라 일컬었느니라"(사30:7)고 적고 있다. 따라서 성경을 읽는 자들은 앞 뒤 문맥을 통해 라합이 누구를 이야기하고 있는지 분간해야 한다. 감사하게도 그리 어려운 작업은 아니다.

라합 이야기는 기원전 1,406년으로 거슬러 올라갑니다. 모세가 죽자 여호수아가 그 뒤를 이었습니다. 백성들 앞에 선 여호수아는 이스라엘 백성들을 인솔하여 싯딤에 도착합니다. 아카시아 나무들이 많았기 때문에 사람들은 '아카시아의 성읍'이라는 뜻으로 싯딤이라고 불렀습니다. 싯딤에서 서쪽으로 약 18Km를 가면 종려나무 성읍 여리고가 있습니다. 그리고 여리고를 지나 약 30Km를 더 가면 거기가 바로 예루살렘입니다.

싯딤에 도착한 여호수아는 두 사람을 선발하여 "그 땅과 여리고를 엿보라"(수2:1)고 명령을 내립니다. 여리고까지 반나절이면 충분했습니다. 여리고에 도착한 정탐꾼들은 우선 기생 라합의 집에 몸을 숨겼습니다. 기생 라합은 여리고 성 입구 어딘가에서 나그네들에게 편의를 제공하고 몸을 팔아 생계를 유지하고 있었을 것입니다.

고고학 자료에 의하면 여리고 성은 내성(內城)과 외성(外城)으로 둘러싸여 있었습니다. 여리고 성벽은 그 높이가 6-8m에 이르고 그 두께가 4-5m에 이르는 옹벽이었습니다. 당시 여리고의 면적은 32㎢ 정도, 서울 관악구 면적이 약 30㎢라고 하니 비슷하다고 보면 되겠습니다. 그 안에 대략 700명에서 1,000명 정도가 살고 있었습니다.

여리고의 외성과 내성 사이에 작은 공간이 있었는데 라합은 그곳에서 영업을 하고 있었을 것입니다. 교통의 요지였던 여리고는 늘 오고가는 이들로 북적거렸습니다. 이들 여행자들은 음식과 잠 자리를 찾아 기생의 집을 이용했고, 라합은 그들을 통해 밖에서 벌어지고 있는 일들을 어느 정도 접할 수 있었습니다.

어느 날이었습니다. 라합의 집에 처음 보는 두 남자가 들어왔 습니다. 차림새도 어색했고 말투도 조금 달랐습니다. 그 자리에 있던 어떤 사람이 두 사람을 발견하고 여리고 왕에게 신고를 했습 니다. 그는 그냥 수상한 자들이라고 하지 않고 "이스라엘 자손 중 의 몇 사람"(수2:2)이라고 했습니다. 첫눈에 발각이 된 것으로 보 아 두 정탐꾼은 위장조차 제대로 하지 않았던 모양입니다.

긴장하고 있던 여리고 왕은 보고를 받자마자 곧바로 군사들을 현장으로 보냅니다. 라합의 집에 도착한 군사들은 "네게로 와서 네 집에 들어간 그 사람들을 끌어내라"(수2:3)고 다그쳤습니다. 하지만 라합은 당황하지 않았습니다. 거칠게 바닥을 살아왔던 경 험들이 그녀를 지혜롭게 만들었을 것입니다.

군사들이 들이닥치기 전, 낌새를 알아차린 라합은 이미 정탐꾼 들을 지붕에 벌여놓은 삼대에 숨겼던 터였습니다. 그리고 군사들 에게는 적당한 말로 둘러댑니다.

맞습니다. 두 사람이 저에게 오기는 했지만 저는 그들이 어디서 왔는지 몰랐습니다. 어두워져서 성문이 닫힐 무렵에 그자들이 떠났는데 어디로 갔는지는 모르겠습니다. 서두르십시오. 쫓아가면 잡을 수 있을 것입니

다 (수2:4-5, 메시지성경)

군사들이 떠나자 라합은 지붕에 올라가 정탐꾼들에게 중요한
이야기를 꺼냅니다(수2:9-13). 라합은 먼저 그동안 이스라엘 백
성들 가운데 하나님께서 하셨던 일들을 정확하게 이야기합니다.
하나님께서 이스라엘 백성들을 애굽에서 이끌어내셨고, 홍해 물
을 마르게 하셨으며 요단 저쪽에 있는 아모리 사람의 두 왕 시혼
과 옥을 전멸시킨 일을 알고 있다, 그래서 우리 모두 두려움에 떨
고 있다고 털어놓습니다.

이어 라합은 "하나님 여호와는 위로는 하늘에서도 아래로는 땅
에서도 하나님이시라"(수2:11)고 말합니다. 한 걸음 더 나아가 여
호와는 천지를 창조하시고 세상 모든 역사를 주관하시는 하나님
이시라고 고백합니다. 계속해서 라합은 정탐꾼들과 거래를 시작
합니다. 정탐꾼들을 선대했으니 이제는 그 대가를 달라는 것입니
다. 그것도 자기 하나만 아니라 부모와 남녀 형제들, 그리고 그들
에게 속해 있는 모든 이들의 목숨을 살려내라고 요구합니다.

정탐꾼들 입장에서는 마다할 이유가 없었습니다. 당장 목숨이
위태로웠으니 말입니다. 그렇게 하겠다는 약속을 받아낸 라합은
창문에 줄을 내려 정탐꾼들을 탈출시킵니다. 그리고 정탐꾼들에
게 산으로 도망하여 사흘 동안 숨어 있다가 세상이 조용해지면 그
때 돌아가라고 말합니다. 추격대에게 발각될 지도 모른다고 판단

했기 때문입니다. 라합의 깊은 마음을 엿볼 수 있는 대목입니다.

한 마디로 기생 라합은 세상 돌아가는 것을 정확히 짚어낸 여인이었습니다. 라합은 남들이 웅성거릴 때 고개를 끄덕였고, 모두들 두려워 떨고 있을 때 기회가 왔다며 주먹을 쥐었습니다. 결정적으로 이상한 남자들이 들어왔을 때 라합은 인생에 딱 한 번뿐인 기회를 잡았습니다.

하나님께서 세상 역사를 주관하신다는 것을 몰랐다면 라합은 오히려 정탐꾼들을 붙들어둔 채 자기가 먼저 신고했을 것입니다. 군사들이 쳐들어왔을 때 지붕 위로 눈짓 한 번만 했어도 충분했습니다. 그냥 선 채로 소리만 질렀어도 상을 받았을 것이고 그렇게 하면 그녀의 '영업'은 탄탄대로를 걸을 수 있었을 것입니다.

놀랍게도 세상을 읽었던 라합의 지혜를 히브리 기자는 믿음이라고 치켜세우고 있습니다. "믿음으로 기생 라합은 정탐꾼을 평안히 영접하였으므로 순종하지 아니한 자와 함께 멸망하지 아니하였도다"(히11:31). 더 놀라운 것은 믿음에 있어서 그 행함을 강조한 야고보가 그 예로 라합을 거론하고 있다는 사실입니다.

이로 보건대 사람이 행함으로 의롭다 하심을 받고 믿음으로만은 아니니라 또 이와 같이 기생 라합이 사자들을 접대하여 다른 길로 나가게 할 때에 행함으로 의롭다 하심을 받은 것이 아니냐 영혼 없는 몸이 죽은 것 같

이 행함이 없는 믿음은 죽은 것이니라 (약2:24-26)

세상을 읽은 라합 이야기를 하다 보니 불현듯 떠오르는 장면이 있습니다. 예수님께서 베다니 나병환자 시몬의 집에서 식사하고 계셨을 때의 일입니다. 가룟 유다가 예수님을 팔아버리기 직전, 그러니까 예수님께서 십자가에 달리실 날이 임박했을 때입니다. 한 여자가 매우 귀한 향유 한 옥합을 예수님의 머리에 부어드렸습니다.

이 모습을 지켜보고 있던 제자들이 분개하며 호들갑을 떱니다. "무슨 의도로 이것을 허비하느냐? 이것을 비싼 값에 팔아 가난한 자들에게 줄 수 있었겠도다"(마26:8-9). 하지만 예수님은 단호하셨습니다. 평소 자신을 위해서는 아끼고 또 아끼셨던 분 아닙니까? 머리 둘 곳도 없이 사셨던 참 청빈하고 겸손하셨던 주님이셨습니다. 그런데 예수님의 입에서 벼락같은 말씀이 떨어졌습니다.

> 너희가 어찌하여 이 여자를 괴롭게 하느냐 그가 내게 좋은 일을 하였느니라 가난한 자들은 항상 너희와 함께 있거니와 나는 항상 함께 있지 아니하리라 이 여자가 내 몸에 이 향유를 부은 것은 내 장례를 위하여 함이니라 내가 진실로 너희에게 이르노니 온 천하에 어디서든지 이 복음이 전파되는 곳에서는 이 여자가 행한 일도 말하여 그를 기억하리라 하시니라 (마26:10-13)

여인은 예수님을 알았습니다. 예수님께서 누구신지, 무엇 때문에 오셨는지, 그리고 어디로 가시는지 여인은 정확히 읽고 있었습니다. 바보 같은 제자들이 누가 높으냐를 따지고 있을 때, 제자 중하나가 예수님을 원수들에게 넘기기 위해 기회를 보고 있을 때, 여인은 십자가에 달리시는 그 날이 임박했음을 정확히 읽어내고 예수님의 장례를 준비하였습니다.

라합 이야기에서 빠트린 것이 하나 있습니다. 신약성경 첫 번째 책 마태복음은 예수 그리스도의 계보를 설명하며 라합을 언급합니다. "살몬은 라합에게서 보아스를 낳고"(마1:5)라고 적었습니다. 이어 보아스는 오벳을, 오벳은 이새를, 그리고 이새는 다윗왕을 낳았습니다. 그러니까 라합은 다윗 임금의 고조할머니가 되는 것입니다. 그리고 더 내려가면 그 혈통에서 예수님께서 탄생하십니다.

기생 라합, 참 연약한 여인이었지만 지혜롭고 강한 여인이었습니다. 나그네들에게 몸을 팔아서 가족의 생계를 책임져야 했던 라합입니다. 하지만 라합은 세상을 읽었고 세상 역사의 주관자를 인정하였습니다. 예수님의 머리에 향유를 부어드렸던 여인처럼, 라합의 이야기 역시 복음이 전파되는 곳이라면 어디든지 아름다운 향기로 남을 것입니다.

눈이 강한 남자 삼손

삼손이 여호와께 부르짖어 이르되 주 여호와여 구하옵나니 나를 생각하옵소서 하나님이여
구하옵나니 이번만 나를 강하게 하사 나의 두 눈을 뺀 블레셋 사람에게
원수를 단번에 갚게 하옵소서 하고 삼손이 집을 버틴 두 기둥 가운데
하나는 왼손으로 하나는 오른손으로 껴 의지하고 (삿16:28-29)

　　우리는 눈을 통해 세상을 보고 보는 것을 통해 세상을 배워 나
갑니다. 따라서 세상을 보되 똑바로 보고 봐야 할 것만 제대로 보
아야 합니다. 헛것을 본다든지 못 볼 것을 본다든지 하면 인생이
험악해질 수밖에 없습니다. 제목 「눈이 강한 남자」에서 눈은 목
(目), 영어로 'eye'입니다. 삼손을 눈이 강한 남자라고 말하는 이
유는 그가 눈에 보이는 것에 유달리 민감했기 때문입니다.

　　먼저 눈이 강한 남자 삼손의 출생부터 정리하는 것이 좋겠습니
다. 단 지파의 가족 중에 마노아라는 이름을 가진 사람이 소라 땅

에 살고 있었습니다. 마노아를 소개하며 성경은 "그의 아내가 임신하지 못하므로 출산하지 못하더니"(삿13:2)라고 말합니다.

기원전 1,075년 무렵입니다. 이스라엘 사람들은 하나님 보시기에 악을 행하고 있었습니다. 모두들 먹고 마시고 장가 들고 시집가는 일에 정신이 팔려 있었습니다. 이스라엘의 지도자라 하는 사사들마저도 '아이 낳기 열풍'에 빠져 있었습니다. 삼손보다 조금 앞서 살았던 입산이라는 사사는 아들 삼십 명과 딸 삼십 명을 두었고(삿12:9), 입산의 뒤를 이어 사사가 된 압돈에게는 아들이 사십 명, 손자가 삼십 명이 있었습니다(삿12:14).

하지만 마노아는 세상 풍조에 휩쓸리지 않았습니다. 한 남자가 여러 여인들을 거느리던 시절입니다. 아내들을 많이 거느리고 자식들을 많이 낳아야 성공한 사람이라는 인정을 받았습니다. 아내가 많지 않으면 그저 그런 사람입니다. 임신하지 못하는 여인들은 얼굴 들고 다니기 어려웠고 아내가 자식을 낳지 못하면 남자들은 다른 여인들을 아내로 맞이했습니다.

놀랍게도 마노아는 그렇게 살지 않았습니다. 아내가 임신을 못했지만 다른 여인을 구하지 않았습니다. 자식이 없으면 없는 대로 주어진 일에 최선을 다하며 사랑하는 아내와 더불어 행복하게 살았던 사람이 바로 마노아입니다.

그런데 어느 날, 마노아의 아내에게 여호와의 사자가 나타났습니다. 여호와의 사자는 마노아의 아내에게 임신하여 아들을 낳을 것이라는 말을 전합니다. 여호와의 사자는 그날이 이를 때까지 포도주와 독주를 마시지 말며 어떤 부정한 것도 먹지 말 것을 지시합니다. 사자는 장차 태어날 아들에 대해서 중요한 문제를 이야기합니다.

> 보라 네가 임신하여 아들을 낳으리니 그의 머리 위에 삭도를 대지 말라
> 이 아이는 태에서 나옴으로부터 하나님께 바쳐진 나실인이 됨이라 (삿
> 13:5)

아들을 낳을 것인데 그 아이는 하나님께 바쳐진 나실인이 된다는 것입니다. '나실인'(Nazirite)이란 '거룩하게 된, 분리된 사람'이라는 뜻입니다. 이스라엘 사람이라면 누구나, 남자이든 여자이든, 나실인의 서약을 할 수 있었습니다. 나실인의 서약(a vow of separation to the Lord)을 하면 자기 몸을 구별하여 하나님께 드려야 했습니다. 나실인이 지켜야 할 조항들에 대해 하나님께서 모세에게 하신 말씀입니다.

> 포도주와 독주를 멀리하며 포도주로 된 초나 독주로 된 초를 마시지 말
> 며 포도즙도 마시지 말며 생포도나 건포도도 먹지 말지니 자기 몸을 구
> 별하는 모든 날 동안에는 포도나무 소산은 씨나 껍질이라도 먹지 말지
> 며 그 서원을 하고 구별하는 모든 날 동안은 삭도를 절대로 그의 머리에
> 대지 말 것이라 자기 몸을 구별하여 여호와께 드리는 날이 차기까지 그

는 거룩한즉 그의 머리털을 길게 자라게 할 것이며 자기의 몸을 구별하
여 여호와께 드리는 모든 날 동안은 시체를 가까이 하지 말 것이요 그의
부모 형제자매가 죽은 때에라도 그로 말미암아 몸을 더럽히지 말 것이
니 이는 자기의 몸을 구별하여 하나님께 드리는 표가 그의 머리에 있음
이라 자기의 몸을 구별하는 모든 날 동안 그는 여호와께 거룩한 자니라
(민6:3-8)

세 가지로 요약할 수 있겠습니다. 첫째, 포도주와 독주를 마시
지 말 것, 둘째, 머리를 자르지 말 것, 셋째, 어떠한 경우에도 시
체를 가까이 하지 말 것입니다.

여호와의 사자로부터 놀라운 소식을 들은 마노아의 아내는 곧
바로 남편에게 이야기합니다. 그런데 남편에게 말을 전하는 과정
에서 작은 실수가 있었습니다. 하나님의 사자는 아이가 태에서 나
옴으로부터 하나님께 바쳐진 나실인이 된다고 했습니다. 그런데
마노아의 아내는 "이 아이는 태에서부터 죽는 날까지 하나님께 바
쳐진 나실인이 됨이라 하더이다"(삿13:7)라고 말했습니다. 태에
서부터 나실인이 되는 것은 맞지만 죽는 날까지 나실인으로 살아
야 한다는 말을 더해 버린 것입니다.

규정에 따르면 나실인은 서약한 날이 지나면 다시 평민으로 돌
아올 수 있었습니다. 서약 기간이 끝나 평민으로 돌아오면 포도주
도 마실 수 있고, 머리도 자르고, 지인들의 장례식에도 참여할 수
있었습니다. 그런데 삼손의 어머니는 "죽는 날까지"라는 말을 더

해버렸습니다. 나실인으로 태어나 나실인으로 살던 삼손은 어머니의 말대로 죽을 때까지 나실인으로 살게 된 것입니다. 부모의 말 한 마디가 자식의 운명을 가름하는 것을 볼 수 있습니다.

　삼손은 나실인으로 태어났습니다. 본인의 의사와는 상관없이, 부모의 뜻도 아니라 하나님의 뜻에 따라 나실인으로 태어나 나실인으로 살아야 했습니다. 친구들과는 다르게 머리는 늘 길게 하고 다녔고, 모두들 포도주에 취해 있을 때 삼손은 포도주는 물론 포도 씨나 껍질조차도 손에 만져보지 못한 채 청년이 되어 갔습니다. 경건한 부모님들로부터 많은 이야기를 들었을 것입니다. 뭐 하지 마라, 그거 하면 안 된다, 하나님께서 원하시는 일이 아니다 등등 귀에 못이 박히도록 많은 말을 들었습니다.

　먹지도 마시지도 못하고, 손으로 만지지도 못하고, 남들처럼 머리를 꾸미지도 못하며 살아오던 삼손은 청년기로 접어들면서 눈(目)이 강해지기 시작합니다. 정확한 나이는 모르겠지만 정황으로 볼 때 10대 후반, 혹은 20대 초반이었을 것입니다. 혼자 세상을 다니기 시작한 삼손의 눈에 블레셋 사람의 딸들 중에서 한 여자가 눈에 들어왔습니다. 눈으로 본 것입니다(삿14:1).

　삼손은 부모님에게 한 여자를 보았다며 그를 맞이하여 아내로 삼게 해달라고 간청을 합니다. 경건한 부모님들로서는 나실인으로 살아가는 아들이 이방 여인과 결혼하는 것을 찬성할 수가 없었습니다. 하지만 자식 이기는 부모 없다고 마노아와 그의 아내는 삼손을 따라 여인을 보기 위해 블레셋 딤나로 내려갑니다.

딤나에 이르렀을 때 삼손은 그곳에 있는 포도원을 지나가게 되었습니다. 의도적으로 간 것은 아니고 아마 지나는 길 옆 어디에 포도원이 있었을 것입니다. 포도 씨나 껍질조차도 손에 대지 않았던 삼손이니 포도원에 들어가지는 않았을 것입니다. 그런데 '젊은 사자'가 나타나 으르렁거렸습니다. 삼손은 그 사자를 염소 새끼를 찢는 것 같이 찢었습니다.

그리고 얼마 후, 삼손은 딤나의 여인을 만나러 가는 길에 그 사자의 주검을 보고 거기에 있는 꿀을 떠서 먹었습니다. 그리고 부모님에게도 가져다 드렸습니다. 그런데 삼손은 부모에게 그 꿀을 어디서 어떻게 얻었는지에 대해서는 말하지 않습니다. 성경은 삼손이 부모에게 말하지 않았다는 사실을 두 차례에 걸쳐 꼭 짚어내고 있습니다.

그가 손에 아무것도 없이 그 사자를 염소 새끼를 찢는 것 같이 찢었으나
그는 자기가 행한 일을 부모에게 알리지 아니하였더라 (삿14:6b)

그의 부모에게 이르러 그들에게 그것을 드려서 먹게 하였으나 그 꿀을
사자의 몸에서 떠왔다고는 알리지 아니하였더라 (삿14:9b)

삼손이 부모에게 말하지 않은 이유가 있었습니다. 나실인으로

서 삼손은 시체를 가까이 하지 말아야 했기 때문입니다. 그런데 삼손은 사자를 찢어 죽였습니다. 며칠 뒤에는 그 사자의 주검에서 꿀을 챙겨 먹었고 그 꿀을 부모에게 가져다 드렸습니다. 딤나 포도원을 지날 때에도 삼손은 당당했을 것입니다. 그 때까지 머리에 삭도를 대지 않았습니다.

포도주를 마시고 흥청거렸다면, 머리에 삭도를 대서 맵시를 냈다면 금세 탄로가 났을 것입니다. 이런 것들은 사람들의 눈에 보이기 때문입니다. 하지만 혼자서 슬그머니 수풀 속에 들어가 사자를 죽이고 그 몸에서 무언가를 취하는 것은 얼마든지 감출 수 있는 일이었습니다. 삼손의 입장에서는 사자를 죽여 그 몸에서 꿀을 좀 가져왔다고 굳이 부모에게 말할 이유가 없었습니다. 말했으면 한 마디 들었을 것입니다.

삼손을 눈이 강한 남자라고 하는 이유는 그가 보이는 것에 급급했고, 반대로 누가 볼까봐 전전긍긍했기 때문입니다. 한 번은 삼손이 기생을 보고 마음을 빼앗깁니다(삿16:1). 블레셋 가사에서 있었던 일인데 기생, 즉 창녀를 보자 그 미모에 반한 삼손은 넘어서는 안 될 선을 넘습니다. 포도주도 마시지 않고 시체도 만지면 안 되는 나실인이 이방 나라 창녀와 몸을 섞은 것입니다. 나실인이, 더군다나 원수 나라 블레셋 한 복판에서, 이방 여인, 그것도 창녀와 그렇게 되었습니다.

얼마 후에 삼손은 소렉 골짜기의 들릴라라는 여인에게 마음을 빼앗깁니다. 들릴라가 귀찮게 하자 삼손은 자기의 힘의 근원이 머리카락에 있다는 사실을 실토합니다. 결국 삼손은 머리카락이 잘리고 두 눈이 뽑히고 옥에서 맷돌을 가는 신세로 전락합니다. 그리고 어느 날, 블레셋 사람들이 자기들의 수호신 다곤에게 큰 제사를 드릴 때 그 앞에 불려나갑니다. 그동안 삼손의 머리카락이 어느 정도 자랐을 때의 일입니다.

삼손은 다곤 신전의 두 기둥 사이에 섰습니다. 그리고 삼손은 마지막이라며 하나님께 도우심을 구합니다.

> 주 여호와여 구하옵나니 나를 생각하옵소서 하나님이여 구하옵나니 이
> 번만 나를 강하게 하사 나의 두 눈을 뺀 블레셋 사람에게 원수를 단번에
> 갚게 하옵소서 (삿16:28)

멋있기도 하고 안타깝기도 합니다. "한 번만 더 저를 기억해 주시고"라는 공동번역의 설명이 심금을 울립니다. 그런데 여기 눈이 강한 남자의 마지막 절규가 있습니다. 원수 블레셋 사람들을 언급하면서 "나의 두 눈을 뺀 블레셋 사람"이라고 표현합니다. 또다시 눈(目)이 강조되고 있습니다. 눈에 보이는 것에 끌려 다니다가 결국에는 눈이 뽑혀 아무 것도 보지 못하는 신세로 죽음을 맞이하는 삼손은 마지막까지 눈을 뺀 자들을 향한 복수심에 끓어올

랐습니다.

인류 최초의 범죄 현장도 보는 것 때문에 시작되었습니다. "여자가 그 나무를 본즉 먹음직도 하고 보암직도 하고 지혜롭게 할 만큼 탐스럽기도 한 나무인지라"(창3:6). 본 것까지는 좋았는데 보고 난 다음 엉뚱한 생각을 한 것이 문제였습니다. 그래서 사도 요한은 보는 것을 조심하라고 경고합니다. "이는 세상에 있는 모든 것이 육신의 정욕과 안목의 정욕과 이생의 자랑이니 다 아버지께로부터 온 것이 아니요 세상으로부터 온 것이라"(요일2:16).

욥은 자신의 의로움을 주장하면서 친구들에게 "젊은 여인을 음탕한 눈으로 바라보지 않겠다고 나 스스로 엄격하게 다짐하였다"(욥31:1, 새번역)라고 말합니다. 예수님께서도 "음욕을 품고 여자를 보는 자마다 마음에 이미 간음하였느니라"(마5:28)고 경고하셨습니다. 오죽하면 예수님께서 눈을 빼고 천국에 가라고 하셨겠습니까? "만일 네 오른 눈이 너로 실족하게 하거든 빼어 내버리라 네 백체 중 하나가 없어지고 온 몸이 지옥에 던져지지 않는 것이 유익하며"(마5:29).

눈을 떴다면 이제는 무엇을 보느냐가 중요합니다. 또 무엇을 보았다면 그 본 것에 대해 어떻게 반응하느냐가 인생을 좌우합니다. 눈뜬장님으로 살 수는 없습니다. 그렇다고 봐서는 안 될 것을 보며 세상에 취해 사는 것은 옳지 않습니다. 제대로 보고 올바로 볼 수 있기를 소망합니다.

　나아가 하나님의 사람은 보이지 않는 것을 볼 수 있어야 합니다. 보이지 않는 것을 보는 자들은 영생에 이르게 될 것입니다. "우리가 주목하는 것은 보이는 것이 아니요 보이지 않는 것이니 보이는 것은 잠깐이요 보이지 않는 것은 영원함이라"(고후4:18). 바울이 전하는 말씀을 가슴 깊이 새기며 십자가를 바라봅니다.

참 용감한 여인 룻

네가 함께 하던 하녀들을 둔 보아스는 우리의 친족이 아니냐 보라 그가 오늘 밤에 타작마당에서
보리를 까불리라 그런즉 너는 목욕하고 기름을 바르고 의복을 입고 타작마당에 내려가서
그 사람이 먹고 마시기를 다 하기까지는 그에게 보이지 말고 그가 누울 때에 너는
그가 눕는 곳을 알았다가 들어가서 그의 발치 이불을 들고 거기 누우라
그가 네 할 일을 네게 알게 하리라 (룻3:2-4)

이스라엘 백성이 가나안에 정착한 이후부터 왕이 세워지기까지
그 시기를 사사시대라고 부릅니다. 나라도 없고 왕도 없던 시절,
사사들이 등장하여 백성들을 다스리고 나라를 지켰습니다. 그런
데 난세(亂世)였던 이 시기에 이스라엘 역사에 길이 남을 여인들
이 등장합니다. 이 여인들은 남자들이 세상을 주관하던 시절, 남
자들의 틈바구니 속에서 나라를 구하고 하나님의 나라를 섬겼습
니다. 조금의 망설임 없이 그들을 '용감한 여인'이라 부르고 싶습
니다.

사사시대를 살았던 용감한 여인들 가운데 그 첫째는 누가 뭐라 해도 여선지자 드보라입니다. 기원전 1,200년 무렵, 하솔에 통치 기반을 갖고 있던 가나안 왕 야빈은 철 병거 900대를 앞세워 이스라엘을 20년 동안 괴롭혔습니다. 암울했던 시절, 랍비돗의 아내 드보라는 하나님의 부르심을 받아 선지자로 살고 있었습니다. 그런데 하나님은 여선지자 드보라를 사사로 세우십니다.

> 그 때에 랍비돗의 아내 여선지자 드보라가 이스라엘의 사사가 되었는데
> 그는 에브라임 산지 라마와 벧엘 사이 드보라의 종려나무 아래에 거주
> 하였고 이스라엘 자손은 그에게 나아가 재판을 받더라 (삿4:4-5)

선지자의 책무는 하나님의 말씀을 받아 백성들에게 전하는 일이었습니다. 사사는 하나님의 말씀대로 살도록 백성들을 가르치고 문제가 발생하면 하나님의 말씀에 근거하여 백성들을 재판하는 일을 했습니다. 다시 말해 이스라엘에 왕이 세워지기 전 백성들을 통치했던 사람이 바로 사사(Judge)입니다. 그런데 선지자였던 드보라가 사사로 부름을 받은 것입니다.

드보라는 문제를 가지고 오는 백성들을 재판했습니다. 어느 날, 드보라에게 나라를 구하라는 새로운 사명이 주어집니다. 엄청난 명령이었지만 드보라는 말씀에 순종하여 아비노암의 아들 바락과 함께 납달리와 스불론 자손 만 명을 인솔하여 다볼 산[7]으

로 올라갑니다. 이스라엘 백성들이 모인다는 정보를 입수한 가나
안의 군대장관 시스라는 재빨리 움직였습니다. 병거 900대와 군
사들을 하로셋학고임에서부터 기손 강으로 모았습니다(삿4:13).
하지만 하나님은 드보라의 편이셨습니다. 하나님은 시스라와 그
의 모든 병거를 드보라와 바락의 손에 넘겨주셨고 전쟁은 이스라
엘의 승리로 끝납니다(삿4:14-15). 드보라는 나라를 구한 용감
한 여인이었습니다.

가나안 전쟁에서 또 한 명의 용감한 여인이 등장합니다. 병거
와 군사들을 잃어버린 군대장관 시스라는 피곤한 몸을 이끌고 겐
족속 헤벨이라는 사람의 집을 찾았습니다. 평소 시스라와 좋은 관
계를 유지하고 있었던 헤벨의 아내 야엘은 밖으로 나가 시스라를
영접하였습니다. "나의 주여 들어오소서 내게로 들어오시고 두려
워하지 마소서"(삿4:18)라고 청하며 야엘은 자기 장막으로 안내
하여 우유를 대접하였습니다. 환대를 받은 시스라는 지친 몸을 침

---

17) 다볼 산(Mt. Tabor)은 갈릴리 바다 남서쪽 16Km, 이스르엘 골짜기 가운데 위
치한다. 해발 588m로 중절모자 모양을 한 약간 가파른 산이다. 예수님의 용
모가 변화하신 곳이 바로 다볼이라고 말하는 학자들이 많다. 시인은 "하늘이
주의 것이요 땅도 주의 것이라 세계와 그 중에 충만한 것을 주께서 건설하셨
나이다 남북을 주께서 창조하셨으니 다볼과 헤르몬이 주의 이름으로 말미암
아 즐거워하나이다"(시89:11-12)라고 노래한다.

상에 던집니다. 야엘이 이불을 덮어주자 시스라는 긴장을 풀고 이내 깊은 잠에 빠져들었습니다.

그런데 야엘이 돌변합니다. 시스라가 잠든 것을 확인한 야엘은 장막 말뚝을 가지고 손에 방망이를 들고 시스라가 누워 있는 침상으로 다가갔습니다. 그리고 야엘은 그의 관자놀이에 말뚝을 박습니다. 얼마나 세게 내리쳤는지 말뚝이 관자놀이를 꿰뚫고 땅에 박힐 정도였습니다. 시스라의 얼굴에서 피가 튀었을 것입니다. 평범한 여인 야엘은 군대장관 시스라를 그렇게 죽였습니다(삿 4:21).

군사들을 인솔하여 전투의 현장에 앞장섰던 드보라는 대단한 여인이었습니다. 또 잠들어 있는 장군의 침상에 올라가 그 관자놀이에 말뚝을 때려 박는 야엘 역시 용감했습니다. 그런데 용감한 여인이 또 있습니다. 모압 여인 룻입니다.

룻 이야기를 하기 위해서는 그의 시어머니 나오미부터 살펴보아야 합니다. 세상 그 누구보다 파란만장한 인생을 살았던 여인이 나오미입니다. 구약성경 룻기는 나오미가 유다 베들레헴에서 살고 있었다고 소개합니다. 흉년이 들었습니다. 남편 엘리멜렉은 가족들을 데리고 모압 지방으로 이주를 합니다. 나오미 역시 남편을 따라 고향을 떠납니다. 말론과 기룐이라는 두 아들이 있었는데 10대 중후반이었을 것으로 추정됩니다.

모압에 거류하면서 나오미의 인생에 어둠이 내리기 시작합니다. 갑자기 남편 엘리멜렉이 죽었습니다. 타향에서 사는 것도 힘든데 남편이 가버렸습니다. 남편 없이 척박한 삶을 살던 나오미는 고생 끝에 두 아들들을 결혼시킵니다. 모압 여인들을 며느리로 맞았는데 그 하나는 오르바, 또 하나는 룻이었습니다. 그런데 어찌된 영문인지 두 아들들 역시 갑자기 세상을 떠납니다. 남편 죽고 이어서 아들 둘이 죽었습니다. 그것도 한꺼번에 잃은 것입니다. 나오미가 모압에 거주한지 10년도 되지 않아 이 비극적인 일들이 일어났습니다.

혼자 남은 나오미는 결국 고향 베들레헴으로 돌아가기로 결단을 내립니다. 베들레헴을 떠날 때는 남편의 결정을 따랐지만 이제는 자기 스스로 결단을 내려야 했습니다. 더군다나 남편과 두 아들은 없고 모압 여인 둘만 남았습니다. 나오미까지 세 사람 모두 미망인 신세였습니다.

모압을 떠나기 전에 나오미는 며느리들을 집으로 돌려보내기로 마음을 먹습니다. 이방에서의 삶을 경험했던 나오미는 며느리들이, 더군다나 남편도 없이 타국에 가서 사는 것이 쉽지 않다는 것을 알고 있었기 때문입니다. 고향 이스라엘로 돌아가면 두 며느리들은 이방 여자들이라고 멸시를 당할 것이 분명했습니다. 결국 나오미는 며느리들에게 친정으로 돌아가라고 명령합니다. 시어머니의 지시에 큰며느리 오르바는 자기 집으로 돌아갑니다. 하지만 작은며느리 룻은 고집을 부렸습니다.

내게 어머니를 떠나며 어머니를 따르지 말고 돌아가라 강권하지 마옵소
서 어머니께서 가시는 곳에 나도 가고 어머니께서 머무시는 곳에서 나
도 머물겠나이다 어머니의 백성이 나의 백성이 되고 어머니의 하나님이
나의 하나님이 되시리니 어머니께서 죽으시는 곳에서 나도 죽어 거기
묻힐 것이라 만일 내가 죽는 일 외에 어머니를 떠나면 여호와께서 내게
벌을 내리시고 더 내리시기를 원하나이다 하는지라 (룻1:16-17)

할 수 없이 나오미는 둘째 며느리 룻을 데리고 베들레헴으로 돌
아옵니다. 나오미가 베들레헴에 도착할 무렵, 사람들은 보리 추
수를 시작하고 있었습니다. 10년 전 흉년이 들어 베들레헴을 떠
났는데 돌아오는 시점이 보리를 추수하고 있을 때라는 것이 묘한
대조를 이루고 있습니다.

나오미는 먹고 살아야 했습니다. 그런데 얼굴 들고 다니는 것
이 쉽지 않았습니다. 할 수 없이 이삭이라도 주으라고 며느리 룻
을 가까운 밭으로 내보냈습니다. 고부간에 같이 나올 수도 있었을
텐데 나오미는 왜 밭에 나오지 않고 집에 머물렀는지 조금은 치사
해 보입니다. 이방 여인 룻은 부끄러움을 무릅쓰고 베는 자를 따
라 가며 이삭을 주웠습니다. 여기저기 기웃거리다가 우연히 보아
스에게 속한 밭으로 들어갑니다. 보아스는 시아버지 엘리멜렉의
친족 가운데 하나였습니다.

우연히 보아스의 밭에 들어갔는데 그 때 마침 보아스가 현장을 돌아보기 위해 나타났습니다. '우연히' 그리고 '마침'이라는 말 그대로 그 타이밍이 절묘하게 맞아떨어지고 있습니다. 우연히, 그리고 마침, 그렇게 룻은 보아스를 만납니다.

> 룻이 가서 베는 자를 따라 밭에서 이삭을 줍는데 우연히 엘리멜렉의 친족 보아스에게 속한 밭에 이르렀더라 마침 보아스가 베들레헴에서부터 와서 (룻2:3-4)

보아스는 룻에게 지나칠 정도로 친절을 베풀었습니다. 먹을 것을 제공하고 물도 마시게 하고, 베는 자를 따라 다니며 떨어진 이삭을 줍지 말고 곡식 단 사이에서 줍도록 배려하였습니다. 심지어는 일군들에게 곡식 다발에서 조금씩 뽑아버려 룻이 마음껏 주울 수 있도록 하라는 지시까지 내렸습니다(룻2:14-16).

그렇게 시간이 흘렀습니다. 보리와 밀 추수를 마치기까지 룻은 보아스의 배려로 이삭을 주우며 시어머니를 모시고 큰 불편함 없이 살았습니다. 보통 보리 추수는 4월 중순에 시작되고 밀 추수는 그보다 대략 2주 정도 늦게 시작됩니다. 보리와 밀을 추수하는 작업은 대략 7주 정도면 마칠 수 있었습니다. 따라서 넉넉하게 계산하면 두 달 가까이 룻은 보아스의 밭에서 이삭을 주우며 생계를 유지할 수 있었습니다.

나오미는 생각이 깊어졌습니다. 추수하는 일이 끝나고 있었기에 나오미로서는 더 이상 지체할 수 없었습니다. 결단할 때가 온 것입니다. 아마도 나오미는 며칠을 생각하고 또 고민했을 것입니다. 모든 지혜를 동원하여 돌아가는 상황을 면밀히 살폈습니다. 드디어 나오미는 보아스가 가까운 친척으로 기업을 무를 자[18] 중의 하나라는 사실을 알아냈습니다(룻2:20). 그리고 일이 많아지는 날, 보아스가 집으로 가지 않고 타작마당에서 잘 것이라는 예측을 하게 됩니다(룻3:2). 그리고 이 예측은 정확하게 맞아 떨어졌습니다.

나오미는 용기를 냅니다. 참 어려운 결정입니다. 나오미는 시어머니로서 며느리에게 하기 힘든 말을 꺼냅니다.

보라 그가 오늘 밤에 타작 마당에서 보리를 까불리라 그런즉 너는 목욕하고 기름을 바르고 의복을 입고 타작 마당에 내려가서 그 사람이 먹고 마시기를 다 하기까지는 그에게 보이지 말고 그가 누울 때에 너는 그가

---

18) '기업 무를 자'(the kinsman-redeemer)는 일반적으로 친척을 뜻한다. 좁혀 말하면 결혼한 남자가 자식이 없이 죽었을 때 그의 동생이 형수와 결혼하여 대(代)를 이어나가는 것을 기업을 무른다고 했다. 만약 동생이 없으면 가까운 친척에게 대를 이어나가는 책임과 권한이 주어졌다. 그 촌수(寸數)가 가까운 사람일수록 기업을 무를 책임이 더 컸다. 만약 그 책임이 있는 자가 그 책임을 이행하지 않으면 사람들은 그의 발에서 신을 벗기고 그의 얼굴에 침을 뱉으며 그 집을 향해 "신 벗김 받은 자의 집"이라고 불렀다(신25:7-10).

눕는 곳을 알았다가 들어가서 그의 발치 이불을 들고 거기 누우라 그가
네 할 일을 네게 알게 하리라 (룻3:2-4)

어떻게 이런 생각을 할 수 있었는지요? 세상에 어느 시어머니
가 혼자 된 며느리에게 예쁘게 꾸미고 외간 남자의 이불 속에 들
어가라고 지시를 할 수 있겠는지요? 나오미는 무서운 여인이었습
니다. 집요하고 치밀했습니다. 그리고 용감했습니다.

룻은 시어머니의 무서운 지시에 저항할 수가 없었습니다. 시어
머니가 시키는 대로 목욕을 하고 기름을 바르고 옷을 갈아입고 그
남자의 이불속으로 몸을 던집니다. 목욕을 하면서, 화장을 하면
서, 옷을 갈아입으면서 룻은 어떤 생각을 했을지 상상하기 쉽지
않습니다. 나오미도 그렇지만 룻도 대단한 여인이었습니다. 두
여인의 용감함이 하늘을 찌를 듯합니다.

싸움의 선봉에 서서 '돌격 앞으로!'를 외치는 여사사 드보라, 손
에 말뚝과 방망이를 들고 적장(敵將)의 관자놀이를 내리치는 야
엘, 그리고 며느리를 단장시켜 외간남자의 침소에 들여보내는 나
오미, 또 그 말에 순종하여 외간남자의 발치 이불을 들고 몸을 눕
히는 룻, 이들은 하나같이 용감한 여인들이었습니다.

충격적인 만남이 있었던 그 날 밤, 보아스와 룻 사이에는 아무
일이 없었습니다. 룻은 그의 발치에 새벽까지 누워 있다가 사람이

알아보기 어려울 때에 일어나 서둘러 집으로 돌아갔습니다. 집에 돌아와 있었던 일들을 보고하자 나오미는 뜻밖에 차갑게 반응합니다.

> 내 딸아 이 사건이 어떻게 될지 알기까지 앉아 있으라 그 사람이 오늘 이 일을 성취하기 전에는 쉬지 아니하리라 (룻3:18)

나오미는 냉정했습니다. 무섭도록 차갑고 정확했습니다. 기다려 보라고 했던 나오미의 예측대로 보아스가 움직이기 시작했습니다. 보아스로서는 더 가까운 친척이 있었기 때문에 그에게 선택할 수 있는 기회를 주어야 했습니다. 다행히 그가 기업을 무르지 않겠다고 하자 보아스는 적법한 절차에 따라 룻을 아내로 맞이합니다.

보아스와 룻 사이에 아들이 태어났는데 나오미에게 아들이 태어났다 하여 그 이름을 오벳이라고 지었습니다(룻4:17). 이 오벳의 아들이 이새이고 이새의 아들이 다윗입니다. 그러니까 룻은 다윗의 증조할머니가 되는 셈입니다. 마태복음은 예수님의 족보를 이야기하면서 룻의 이름을 정확히 밝힙니다.

> 보아스는 룻에게서 오벳을 낳고 오벳은 이새를 낳고 이새는 다윗 왕을 낳으니라 (마1:5-6)

두려움을 모르며 기운차고 씩씩한 것을 용감하다고 말합니다. 우리 시대 모든 여인들이 환경에 주눅 들지 않고 용감했으면 좋겠습니다.

사울, '가오' 잡다 끝난 인생

사울이 패전하매 활 쏘는 자가 따라잡으니 사울이 그 활 쏘는 자에게 중상을 입은지라 그가
무기를 든 자에게 이르되 네 칼을 빼어 그것으로 나를 찌르라 할례 받지 않은 자들이
와서 나를 찌르고 모욕할까 두려워하노라 하나 무기를 든 자가 심히 두려워하여
감히 행하지 아니하는지라 이에 사울이 자기의 칼을 뽑아서 그 위에
엎드러지매 무기를 든 자가 사울이 죽음을 보고 자기도 자기
칼 위에 엎드러져 그와 함께 죽으니라 (삼상31:3-5)

「베테랑」이라는 영화가 있었습니다. 2015년에 개봉된 영화로 류승완 감독이 메가폰을 잡았습니다. 당시 이름만 들으면 다 아는 어느 재벌의 실제 이야기를 기반으로 제작되었다고 해서 많은 관심을 불러일으켰던 영화입니다.

영화 「베테랑」에서 재벌3세 조태오(유아인 扮)는 사건을 조용히 덮어달라는 뜻으로 담당 형사 서도철(황정민 扮)에게 명품 가방을 보냅니다. 가방 안에는 현금 다발이 가득 들어있었습니다. 광역 수사대 소속 특수강력사건담당 서도철 형사는 가방을 받아 들고

물끄러미 내려다봅니다. 마음이 흔들릴 수밖에 없는 유혹이었습니다. 하지만 덤덤하게 말합니다. "우리가 돈이 없지 가오가 없냐?" 결국 서도철은 조태오를 체포하고 사건을 종결합니다.

'가오'는 폼(form)을 뜻하는 속된 말입니다. 일본에서 온 말로 가오(かお)는 얼굴(顔)이라는 뜻입니다. 넓은 의미에서 가오는 표정, 체면, 염치라는 의미를 담고 있습니다. 따라서 가오를 잡는다는 것은 체면을 차리기 위해 폼을 잡는다는 말입니다. 바가지를 긁는 아내에게 남편이 "애들 보는 앞에서 내 가오 좀 살려 달라."고 말합니다. 여기서 가오는 체면에 가깝습니다. 서도철 형사가 나지막한 소리로 하는 말, "우리가 돈이 없지 가오가 없냐?"라는 말은 체면을 넘어 자존심, 그리고 명예를 지키고자 하는 선언이었습니다.

성경에도 보면 가오 잡는 사람들이 등장합니다. 그 중에 하나가 사울입니다. 사울은 가오 잡으며 역사에 나타났다가 가오 잡다가 인생을 끝낸 사람입니다. 성경은 사울을 "그의 이름은 사울이요 준수한 소년이라 이스라엘 자손 중에 그보다 더 준수한 자가 없고 키는 모든 백성보다 어깨 위만큼 컸더라"(삼상9:2)라고 소개합니다. 외형적으로 사울은 키도 크고 외모도 꽤 준수한 사람이었다는 것입니다. 대신 성격적으로 사울은 소극적이고 내성적인 면이 강했습니다.

하루는 암나귀들을 잃어버린 아버지 기스가 사울에게 나귀들을 찾아오라고 지시합니다. 아버지의 명령에 따라 사울은 사환을 데리고 길을 나섭니다. 꽤 넓은 지역을 찾아 헤매었습니다. 에브라임 산지와 살리사 땅으로 두루 다녔습니다. 숩 땅에 이르자 사울은 아버지가 걱정하시겠다며 사환에게 그만 돌아가자고 말합니다. 하지만 사환은 가까운 곳에 하나님의 사람이 있으니 가서 물어보자고 제안을 합니다. 그러자 사울은 하나님의 사람에게 드릴 것이 없는데 어떻게 가겠냐며 머뭇거립니다(삼상9:7). 빈손으로는 갈 수 없다는 것입니다. 여기서 체면을 문제 삼는 사울의 '가오 잡기'가 살짝 나타납니다.

사환은 은 한 세겔의 사분의 일이 있다며 사울을 재촉합니다. 뭐라도 있다 하니 사울은 사환에게 이끌려 하나님의 사람이 머물고 있는 성읍으로 올라갑니다. 이 하나님의 사람이 바로 사무엘입니다. 사무엘은 하나님의 지시를 받아 기름을 준비하고 사울이 오기를 기다리고 있었습니다. 사울이 도착하자 사무엘은 사울의 머리에 기름을 부어 왕으로 세웁니다. 이스라엘의 첫 번째 왕이 세워지는 역사적 순간입니다.

사울이 왕이 되자 하나님께 감동된 유력한 자들이 사울을 따르기 시작했습니다. 그런데 어떤 불량배는 뒤에서 "이 사람이 어떻게 우리를 구원하겠느냐?"(삼상10:27)며 멸시하고 예물을 바치지 않았습니다. 개역개정 성경은 불량배를 단수, 즉 한 사람으로 기록하고 있는데 히브리 원문에 보면 복수로 되어 있습니다. 사울을 탐탁하게 여기지 않은 불량배들이 꽤 많았다는 뜻입니다. 하지만 사울은 아무 말도 하지 않고 잠잠했습니다. 기분은 상했지만 내색을 하지 않았습니다. 속으로는 부글부글 끓어도 겉으로는 아무렇지도 않은 척하는 내향적인 성격을 그대로 보여주고 있습니다. 가오 잡는 모습이 또 한 차례 등장하는 대목입니다.

속으로는 기분이 상해도 겉으로는 아무 내색조차 하지 않았던 사울입니다. 성격적으로 부딪히는 것이 싫었기 때문입니다. 남들이 뭐라고 하는 것이 싫었습니다. 싫은 소리 듣는 것도 싫었지만 싫은 소리 하는 것은 더 싫었습니다. 누가 뭐라고 하면 그 앞에서는 아무렇지도 않게 행동하지만 속으로는 달랐습니다. 사울은 이렇게 가오를 잡기 위해 전전긍긍하는 사람이었습니다.

가오를 잡는 사울의 성격이 극명하게 나타난 사건이 있었습니다. 왕이 되고 대략 20년 정도 흘렀을 때입니다. 기원전 1,030년, 하나님은 사무엘을 통해 사울에게 아말렉을 공격하라는 명령을 내립니다. "지금 가서 아말렉을 쳐서 그들의 모든 소유를 남기지 말고 진멸하되 남녀와 소아와 젖 먹는 아이와 우양과 낙타와 나귀를 죽이라"(삼상15:3).

하나님의 명령에 순종하여 사울은 군대를 일으켰습니다. 하나님께서 친히 일으키신 전쟁이었기에 승리는 당연했습니다. 이기고 지는 것이 문제가 아니었습니다. 성경은 사울이 어디서 싸워 어떻게 이겼는지에 관하여 자세한 기록을 생략합니다. 대신 성경은 사울이 하나님의 말씀에 얼마나 순종하였느냐 하는 문제에 초점을 맞춥니다. 안타깝게도 사울은 하나님의 말씀에 순종하지 않았습니다. 결정적으로 사울은 모든 것을 진멸하라는 하나님의 명령을 어기고 짐승 가운데 좋은 것들을 살려두었습니다.

하나님의 사람 사무엘이 전장(戰場)을 찾아옵니다. 사무엘을 보자 사울은 우쭐대며 말합니다.

> 당신은 여호와께 복을 받으소서 내가 여호와의 명령을 행하였나이다 (삼상15:13)

전쟁에서 승리했다고 하지 않고 하나님의 명령을 행하였다고 큰소리치는 것이 신기합니다. 사울도 무엇이 중요한지는 알고 있었나 봅니다. 하지만 사무엘은 냉정했습니다. 설레발치는 사울에게 사무엘이 차갑게 묻습니다. "그러면 내 귀에 들려오는 이 양의 소리와 내 귀에 들리는 소의 소리는 어찌됨이니이까?"(삼상15:14) 사무엘이 몰아붙이자 사울이 둘러댑니다. 백성들이 끌어온 것일 뿐 자기로서는 할 일 다 했다는 것입니다. 더군다나 당신의 하나님 여호와께 제사하려고 남겨둔 것이니 뭐가 문제냐고 따지고 들었습니다.

화가 난 사무엘은 "순종이 제사보다 낫고"(삼상15:22)라며 사울을 강하게 몰아칩니다. 사울은 다급해졌습니다. 기가 죽은 사울은 죄를 범했음을 인정합니다. 그런데 사울은 자신의 잘못은 인정하면서도 핑계를 댑니다. 하나님의 말씀을 어긴 것은 백성들이 두려워 그들의 말을 듣지 않을 수 없었다며 나약하기 그지없는 말을 늘어놓습니다.

그런데 여기서 사울의 돌출행동이 나타납니다. 바로 그 것, 가오 잡는 버릇이 나타난 것입니다. 자신의 죄는 인정하면서도 백성들이 보고 있으니 체면, 즉 가오를 세워 달라, 아랫사람들 보는 앞에서 큰소리치지 말고 자기와 함께 가서 하나님께 경배하자고 애원을 합니다.

사울이 이르되 내가 범죄하였을지라도 이제 청하옵나니 내 백성의 장로들 앞과 이스라엘 앞에서 나를 높이사 나와 함께 돌아가서 내가 당신의 하나님 여호와께 경배하게 하소서 하더라 (삼상15:30)

하나님 앞에 죄인이지만 사람들 앞에서만은 체면을 유지하고 싶었던 사울입니다. 그래서 사울은 백성들과 이스라엘의 장로들 앞에서 자기를 높여달라고 사정합니다. 가오를 잡는 전형적인 모습입니다. 가오를 잃지 않고 싶어 하는 자존심, 한 마디로 일그러진 자존심입니다.

가오를 잡으려고 하는 또 하나의 사건이 있었습니다. 기원전 1,010년, 블레셋과 전쟁이 발발했습니다. 사실 그렇게 큰 싸움이 아니었는데 하나님이 함께 하시지 않으니 사울과 이스라엘은 힘 한 번 제대로 써보지 못하고 밀렸습니다.

도망치는 사울을 블레셋의 활 쏘는 자가 따라붙었습니다. 활시위가 당겨졌고 활에 맞은 사울은 죽음의 문턱에 이릅니다. 죽음을 직감한 사울은 무기를 들고 자기를 따르는 자에게 명령을 내립니다.

> 그가 무기를 든 자에게 이르되 네 칼을 빼어 그것으로 나를 찌르라 할례 받지 않은 자들이 와서 나를 찌르고 모욕할까 두려워하노라 하나 무기를 든 자가 심히 두려워하여 감히 행하지 아니하는지라 이에 사울이 자기의 칼을 뽑아서 그 위에 엎드러지매 무기를 든 자가 사울이 죽음을 보고 자기도 자기 칼 위에 엎드러져 그와 함께 죽으니라 (삼상31:4-5)

할례 받지 않은 자들에게 죽는 것이 싫다며 무기를 든 자에게 칼로 찌르라는 것입니다. 무기를 든 자가 머뭇거렸습니다. 그러자 다급해진 사울은 칼을 뽑아 그 위에 엎드려 스스로 죽음을 맞이합니다. 40년 동안 이스라엘을 통치했던 왕이 그렇게 죽었습니다. 전장(戰場)에서 싸우다가 장렬하게 죽었습니다. 장엄한 죽음입니다. 할례 받지 않은 이방인에게 모욕을 당하지 않겠다고 하는 사울의 기개가 하늘을 찌르는 것 같습니다.

그런데 이 장면에서 생각이 많아집니다. 사울은 할례 받지 않은 자들이 달려 들어 칼로 찌르고 모욕하는 것이 두려웠습니다. 그 고통도 고통이지만 모욕당하는 것이 싫었습니다. 내용적으로는 전사(戰死)입니다. 적군이 쏜 화살에 맞아 죽은 것입니다. 하지만 사울은 칼을 뽑아 그 위에 엎드려 죽었습니다. 따라서 자결(自決)입니다.

죽어 보지 못해서 잘 모르겠지만 이래 죽으나 저래 죽으나 마찬가지 아닌가 싶습니다. 보통 사람의 눈으로 볼 때 할례 받지 못한 자들에게 죽기 싫다고 버티는 모습 역시 죽음 앞에서 가오 잡는 것으로밖에는 보이지 않습니다.

역사적으로 이스라엘 사람들은 어떻게 죽느냐, 누구의 손에 죽느냐 하는 것을 많이 따졌나 봅니다. 사사시대 기드온의 아들 아비멜렉도 내전(內戰)을 치르는 중에 망대 위에서 여인이 던진 맷돌에 두개골이 깨지는 부상을 입었습니다. 죽음을 직감한 아비멜렉은 무기를 든 청년을 급히 불러 자기를 죽이라고 명령을 내립니다. "사람들이 나를 가리켜 이르기를 여자가 그를 죽였다 할까 하노라"(삿9:54). 죽음 앞에서조차 가오를 잡는 어처구니 없는 모습입니다.

사실 가오를 잡는 것은 사울만의 일이 아닙니다. 우리 안에도 '가오 잡이'는 늘 있는 일입니다. 저도 종종 가오를 잡기 위해 애를 쓰고 있습니다. 이런 일이 있습니다. 새벽기도회가 끝났는데 목사이기에 일찍 일어서는 것이 민망할 때가 있습니다. 성도들이 뭐라 하는 것 같습니다. '목사님이라면 더 오래 기도해야 하는 거 아냐? 적어도 한 시간 이상은 기도하셔야지, 목사님인데….' 그래서 때로는 늦도록 기도하시는 권사님이 미워질 때가 있습니다. 또 목사라는 체면 때문에 헌금을 하고 사역도 체면 때문에 하는 경우가 있습니다. 화가 나지만 내색조차 하지 못하고 속으로만 끙끙 앓습니다. 이런 모습들은 사실 서울의 '가오 잡이'와 크게 다르지 않습니다. 아니 서울보다 더 심한 지도 모르겠습니다. 자유로워야 하는데 말처럼 쉽지가 않습니다.

가오는 곧 체면입니다. 체면이란 남을 대하기에 떳떳한 도리나 얼굴을 말합니다. 체면을 차리기 위해서는 얼굴을 잘 다듬어야 하고 표정도 잘 관리해야 합니다. 체면치레에서 '치레'란 잘 손질하여 모양을 내거나 무슨 일에 실속 이상으로 꾸미어 드러낸다는 뜻입니다. 체면은 잘 가꾸기만 하면 됩니다. 굳이 없는 것을 있는 것처럼, 조금 있는 것을 많이 있는 것처럼 꾸밀 필요가 없습니다. 속에 있는 것을 있는 그대로 솔직하게 보여주는 사람이 건강한 사람입니다.

조용히 십자가에 달리신 예수님을 생각합니다. 만약 예수님께서 가오를 잡으셨으면 성육신도 없었고 십자가 사건도 없었을 것입니다. 감사하게도 예수님은 가오를 잡으려 하지 않으셨습니다. 하늘 보좌를 버리시고 낮고 천한 모습으로 이 땅에 오셨고, 부끄러움과 고난을 온 몸으로 받으시며 십자가에서 죽으셨습니다.

> 그는 근본 하나님의 본체시나 하나님과 동등됨을 취할 것으로 여기지 아니하시고 오히려 자기를 비워 종의 형체를 가지사 사람들과 같이 되셨고 사람의 모양으로 나타나사 자기를 낮추시고 죽기까지 복종하셨으니 곧 십자가에 죽으심이라 (빌2:6-8)

자기를 낮추시고 죽기까지 복종하셨습니다. 그래서 우리는 그를 구주 예수 그리스도라고 부르며 섬기고 있습니다.

영화 「베테랑」에서 열혈형사 서도철은 "우리가 돈이 없지 가오가 없냐?"라고 말합니다. 물론 가오가 어느 정도 필요할 수는 있습니다. 하지만 지나치면 안 됩니다. 적어도 '폼생폼사'하는 일은 없어야 하겠습니다. 사울처럼 가오 잡다가 인생을 끝내는 바보 같은 인생이 아니기를 바랍니다.

므비보셋, 인생역전 드라마를 쓰다

다윗이 그에게 이르되 무서워하지 말라 내가 반드시 네 아버지 요나단으로 말미암아
네게 은총을 베풀리라 내가 네 할아버지 사울의 모든 밭을 다 네게 도로
주겠고 또 너는 항상 내 상에서 떡을 먹을지니라 하니 그가
절하여 이르되 이 종이 무엇이기에 왕께서 죽은 개
같은 나를 돌아보시나이까 하니라 (삼하9:7-8)

인생 바닥을 살던 사람이 열심히 노력해서 최고의 자리에 올라
가는 것을 인생역전이라고 합니다. 폴 포츠(Paul Potts)라는 영
국인 역시 인생역전을 일구어낸 사람 가운데 하나입니다. 폴 포츠
는 어려서부터 친구들에게 '왕따'를 당하며 바닥 인생을 살았습니
다. 그의 인생은 불운의 연속이었습니다. 노래를 좋아했지만 교
통사고로 쇄골을 다쳐 의사로부터 다시는 노래할 수 없다는 진단
을 받았습니다. 휴대폰 세일즈맨으로 취직을 했는데 일이 꼬이면
서 수 천 만원 상당의 카드빚을 떠안아야 했습니다. 하지만 폴 포

츠는 노래 부르기를 포기하지 않았고, 우연히 「Britain's God Talent」라고 하는 TV 오디션 프로그램에 출연하는 행운을 잡았습니다. 37세 늦은 나이였지만 폴 포츠는 대상을 받으며 세계적인 가수로 인생을 역전합니다.

또 하나의 드라마 같은 인생이 있습니다. 1954년 미국 미시시피의 시골 마을에서 태어난 이 여성은 9살 때부터 주변 남자들에게 성폭행을 당했습니다. 엄마의 남자친구, 심지어는 사촌오빠와 삼촌에게까지 폭행을 당했습니다. 그러다가 임신을 하게 되었고 아버지가 누군지도 모르는 아들을 낳았는데 태어난 지 두 주 만에 아이를 잃었습니다. 마음에 깊은 상처를 입은 이 여성은 집을 뛰쳐나와 마약을 하고 폭식을 하며 폐인이 되어갔습니다. 다행히 어느 가정에 입양이 되면서 삶의 가치를 깨닫게 된 이 여성은 19살에 방송국에 취직을 합니다. 방송국에서 일하면서 서서히 그 이름을 알리기 시작한 이 여성은 지금은 세계에서 가장 영향력 있는 여성으로 우뚝 섰습니다. 토크쇼의 여왕 오프라 윈프리(Oprah Winfrey)의 이야기입니다.

폐지를 모아 근근이 살다가 길에서 주운 그림 한 장으로 수십억 원을 벌었다는 할머니, 뒷골목 주먹패였다가 프로모터의 눈에 띄면서 세계 챔피언이 된 권투선수, 가정부로 취업하여 성실히 일하다가 주인 남자의 사랑을 받고 훗날 영국 총리의 부인이 된 여인 등등, 이런 이들의 삶을 일컬어 인생역전이라고 부릅니다.

인생역전 드라마를 성경에서 찾을 때 가장 먼저 떠오르는 인물이 요셉입니다. 요셉은 17살 때 꿈을 꾸었는데 꿈 이야기를 했다가 형들에게 미움을 사서 이스마엘 상인들에게 팔립니다. 애굽으로 끌려 내려온 요셉은 다시 보디발이라고 하는 애굽 황제의 친위대장 집에 종으로 팔렸습니다. 그 후 요셉은 주인마님을 겁탈하려 했다는 누명을 뒤집어쓰고 성범죄자가 되어 옥에 갇히게 됩니다. 하지만 평소 꿈 해석을 잘 하던 요셉은 기적적으로 애굽 황제 바로의 꿈을 해석하여 줍니다. 그리고 그 공로를 인정받아 애굽 전국을 다스리는 총리에 자리에 오릅니다. 나이 30세, 13년 고생 끝에 요셉은 노예와 죄수의 삶을 털어내고 인생역전을 이루어냈습니다.

인생역전을 이룬 최고의 인물이 있습니다. 바로 므비보셋이라는 사람입니다. 므비보셋은 왕자의 신분으로 최고의 삶을 살다가 눈물겹도록 처절한 바닥 인생으로 떨어졌습니다. 그러다가 다시 왕궁에 들어와 평생 임금의 식탁에서 먹는 복을 누린 사람입니다.

므비보셋의 할아버지가 사울, 아버지는 요나단이었습니다. 역대기의 기록에 보면 원래 이름이 므립바알(Merib-Baal)이었습니다(대상8:34). '바알의 영웅, 바알에게 사랑받는 자'라는 뜻입니다. 그런데 그 뜻이 불편했는지 므비보셋, 즉 '부끄러움을 해치는 자'라는 이름으로 바뀌었습니다.

기원전 1,011년 무렵, 이스라엘이 블레셋과의 전쟁에서 패했을 때 므비보셋은 다섯 살 어린아이였습니다. 길보아 산 전투에서 할아버지 사울과 아버지 요나단이 죽습니다. 패전의 소식을 들은 유모가 어린아이 므비보셋을 안고 황급히 도망을 치다가 떨어뜨리는 바람에 므비보셋은 두 다리를 절게 되었습니다(삼하4:4).

　사울이 죽자 그 뒤를 이어 다윗이 왕의 자리에 오릅니다. 이때가 기원전 1,010년, 왕위에 올랐지만 할 일이 많았습니다. 이스라엘과 유다의 전쟁이 있었고 블레셋과의 전쟁도 계속되고 있었습니다. 하나님의 도우심에 힘입어 전세(戰勢)를 안정시킨 다윗은 예루살렘에 왕도(王都)를 마련하고 빼앗겼던 언약궤를 찾아오는데 성공합니다.

　안정을 찾게 된 다윗은 비로소 요나단과의 우정을 떠올립니다. 장인이기도 했던 사울과는 불편했지만 그의 아들 요나단과는 아주 각별한 정을 나누었던 두 사람이었습니다. 두 사람이 작별할 때 요나단은 자기 가족들을 살펴줄 것을 부탁했고 다윗은 이를 굳게 약속했었습니다(삼상20:12-16). 그 때 했던 약속을 떠올리며 다윗은 사울의 종이었던 시바를 불러 사울의 집에 남은 자가 있는지 묻습니다. 시바는 "요나단의 아들 하나가 있는데 다리 저는 자니이다"(삼하9:3)라고 대답을 합니다.

　'다리 저는 자'라는 것은 아무 쓸모없는 사람이라는 뜻입니다. 장애자들은 인간 대접을 받지 못하던 시대였습니다. 율법에서도

육체적으로 흠이 있는 자들이 하나님께 나아오는 것을 제한하고 있었습니다. "누구든지 흠이 있는 자는 가까이 하지 못할지니 곧 맹인이나 다리 저는 자나 … 여호와께 화제를 드리지 못할지니 그는 흠이 있은즉 나와서 그의 하나님께 음식을 드리지 못하느니라"(레21:18-21). 더군다나 다리 저는 자에 대해서 그 미워하는 마음이 더 컸던 다윗입니다.

> 그 날에 다윗이 이르기를 누구든지 여부스 사람을 치거든 물 긷는 데로 올라가서 다윗의 마음에 미워하는 다리 저는 사람과 맹인을 치라 하였으므로 속담이 되어 이르기를 맹인과 다리 저는 사람은 집에 들어오지 못하리라 하더라 (삼하5:8)

다리 저는 자, 그것도 두 발을 모두 절었던 므비보셋의 삶은 바닥에서도 바닥이었습니다. 다섯 살 어린 나이에 불구자가 되었고 부모도 없이 남의 집에 얹혀 사는 신세였습니다. 더군다나 패전한 왕의 자손이었고 정권마저 바뀌었으니 제대로 숨도 쉬지 못했습니다.

사울의 종이었던 시바는 다윗에게 므비보셋이 로드발 암미엘[19]

---

19) 성경에는 단 지파에서 파송된 정탐꾼 암미엘(민13:12), 성전 문지기 암미엘(대상26:5)이 등장한다. 또 솔로몬의 아내 밧세바의 아버지가 암미엘이다(대상3:5). 밧세바의 아버지 암미엘이 로드발 사람 마길의 아버지와 동일인물일

의 아들 마길의 집에 살고 있다고 보고합니다(삼하9:4). 이 말이 지체 없이 나오는 것으로 보아 시바는 므비보셋과 연락을 하고 지냈던 모양입니다. 길르앗 주변의 작은 마을 로드발(Lodebar)은 문자적으로 '목초가 없는 곳'이란 뜻입니다. 사람이 살기에 좋지 않은 황무지였기 때문입니다. 암미엘의 아들 마길은 훗날 다윗이 압살롬에게 쫓겨 도망칠 때 다윗에게 음식과 편의를 제공했던 사람들 가운데 한 명입니다.[20]

므비보셋의 행방을 확인한 다윗은 사람을 보내 그를 왕궁으로 불러들입니다. 므비보셋의 입장에서 보면 두렵고 떨리는 일이었을 것입니다. 다윗을 죽이려했던 사울의 손자였고 더군다나 두 다리를 절었습니다. 보통 같으면 성문 밖에 버려졌던 신세였습니다. 길가에 버려져 굶어 죽어도 누구 하나 거들떠보지 않던 시절이었습니다. 그런 사람이 왕의 부름을 받았습니다.

두렵고 떨리는 마음으로 므비보셋은 왕 앞에 나아갑니다. 땅에 엎드렸습니다. 성경은 그가 엎드려 절을 했다고 기록하는데 실상

수도 있다. 그렇다면 마길은 솔로몬의 외삼촌이 되고 다윗에게는 처남이 된다. 하지만 이를 입증할 만한 다른 기록이 없기 때문에 단정하기는 어렵다. 어쨌거나 로드발 암미엘의 아들 마길은 참 좋은 사람이었다. 오갈 데 없는 므비보셋을 보살폈고 쫓기고 있는 다윗을 정성을 다해 섬겼으니 말이다.

[20] 사무엘하17:27은 암미엘의 아들 마길을 로데발 사람이라고 소개하고 있는데 로드발이나 로데발은 같은 지역으로 보는 것이 좋을 것이다.

은 절을 했다기보다는 엎드린 채 고개도 들지 못하고 부들부들 떨고 있었을 것입니다. 다윗은 그렇게 떨고 있는 므비보셋의 이름을 부릅니다. 무서워하지 말라며 따뜻한 말을 건넵니다. 그리고 이어 다윗은 그 누구도 예상치 못한 말을 꺼냅니다.

> 무서워하지 말라 내가 반드시 네 아버지 요나단으로 말미암아 네게 은총을 베풀리라 내가 네 할아버지 사울의 모든 밭을 다 네게 도로 주겠고 또 너는 항상 내 상에서 떡을 먹을지니라 (삼하9:7)

이 말을 들은 므비보셋은 아찔했을 것입니다. 생각하지도 못했습니다. 당장 옥에 가두라고 해도 그만이고 칼로 치라고 해도 어쩔 수 없는 신세였기 때문입니다. 그런데 다윗은 은총을 베풀고 밭도 주고 왕의 식탁에서 함께 먹자고 제안을 합니다. 정신을 차린 므비보셋은 "이 종이 무엇이기에 왕께서 죽은 개 같은 나를 돌아보시나이까?"라고 말합니다. 숨을 죽이고 기어들어가는 목소리로 말했을 것입니다.

그렇습니다. 므비보셋은 죽은 개 같은 처지였습니다. 원수의 자손이었고 두 다리를 절었습니다. 모든 것을 잃어버리고 목초도 없는 황무지에서 살던 자였습니다. 다윗을 만난 것이 몇 살 때였는지는 정확하지 않지만 밧세바가 등장하기 이전이었던 것으로 미루어볼 때 므비보셋의 나이 스물 살 정도, 아니면 더 안쪽이었을 것입니다. 그동안 유년기, 소년기, 청소년기를 므비보셋은 사는 것 같지 않게 살았습니다. 그 어린나이에 부모도 없이 남의 집에서, 뭐가 뭔지도 모른 채 다리를 절뚝거리며 하염없는 삶을 살아야 했던 므비보셋이었습니다.

그런데 지금 므비보셋은 왕의 식탁에 초청을 받고 있습니다. 그것도 한 끼 두 끼가 아니라 소위 '평생회원권'을 받은 것입니다. 게다가 할아버지 사울이 소유하고 있던 재산까지 물려받게 되었습니다. 나중에는 결혼도 해서 미가라고 하는 아들도 얻었습니다.

> 므비보셋은 왕자 중 하나처럼 왕의 상에서 먹으니라 (삼하9:11)
> 므비보셋이 항상 왕의 상에서 먹으므로 예루살렘에 사니라 그는 두 발을 다 절더라 (삼하9:13)

반전도 이런 반전이 없을 것입니다. 죽은 개 같은 자가 평생을 왕의 식탁에서 먹는 것이야말로 인생역전 드라마 가운데 최고일 것입니다.

요셉과는 조금 다른 면이 있습니다. 요셉은 종으로 있을 때나 죄수로 살았을 때나 성실하게 일했습니다. 주인 여자의 유혹에도 흔들리지 않았습니다. 요셉이 총리가 된 것은 어찌 보면 그의 선행과 신실함에 대한 보상이었습니다. 그런데 므비보셋은 한 일이 아무 것도 없었습니다. 어느 날 갑자기 군인들이 들이닥쳤습니다. 영문도 모른 채 붙들려와 왕 앞에 엎드렸을 뿐입니다. 그런데 왕의 식탁에서 항상 먹으라는 초청을 받았습니다. 집주소가 로드발에서 예루살렘으로 바뀌었습니다. 빈털터리가 한 때 임금이었던 할아버지의 재산을 물려받았습니다.

인생역전의 실마리를 풀어준 사람이 바로 다윗이었습니다. 다윗은 므비보셋의 아버지 요나단과의 약속을 기억하고 은총을 베풀었습니다. 므비보셋은 아무 것도 한 것이 없었습니다. 다윗의 말대로 그것은 오로지 '은총'이었을 뿐입니다. 그 은총으로 말미암아 황무지에서 예루살렘 왕궁으로 옮겨졌고 남의 밑에서 눈칫밥을 먹던 인생이 "왕자 중 하나처럼"(삼하9:11) 왕의 식탁에서 당당하게 먹는 인생으로 바뀌었습니다. 부모도 없이 남의 집에 얹혀 살던 인생이 왕이었던 할아버지의 재산을 모두 물려받음으로 부자가 되고 주인이 되었습니다.

"아버지 요나단으로 말미암아 네게 은총을 베풀리라"(삼하9:7)는 다윗의 말을 생각하다 보니 바울이 로마에 보낸 편지의 한 구절이 스쳐지나갑니다. 바울은 "이제 우리로 화목하게 하신 우리 주 예수 그리스도로 말미암아 하나님 안에서 또한 즐거워하느니라"(롬5:11)라 했고, 계속해서 "우리 주 예수 그리스도로 말미암아 영생에 이르게 하려 함"(롬5:21)이라고 선포합니다. 또 바울은 "그 기쁘신 뜻대로 우리를 예정하사 예수 그리스도로 말미암아 자기의 아들들이 되게 하셨으니"(엡1:5)라고 했습니다.

므비보셋이 아버지 요나단으로 말미암아 다윗의 은총을 입었다면 우리는 우리 구주 예주 그리스도로 말미암아 하나님의 은혜를 입었습니다. 므비보셋은 평생을 예루살렘에서 살게 되었지만 우리는 하나님 나라에서 영생을 누리게 되었습니다. 므비보셋은 할아버지 사울의 재산을 물려받았지만 우리는 세상 모든 것의 주인이신 하나님의 나라를 상속받게 되었습니다. 므비보셋은 왕의 식탁에서 먹게 되었지만 우리는 주님의 식탁에서 먹게 되었습니다. 므비보셋은 평생을 먹었지만 우리는 주님의 식탁에서 영원토록 먹게 될 것입니다.

이제 생각해 보니 최고의 인생역전 드라마를 쓰고 있는 것은 므비보셋이 아니라 바로 우리들입니다. 죄와 허물로 인해 죽을 수밖에 없었지만 예수 그리스도 말미암아 영생을 얻었으니 이만한 인생역전 드라마가 또 어디 있겠습니까? 주님의 식탁에서 영원히 먹도록 허락하신 하나님을 찬양합니다.

다윗의 여인 편력

그의 하나님 여호와께서 다윗을 위하여 예루살렘에서 그에게 등불을 주시되 그의 아들을 세워
뒤를 잇게 하사 예루살렘을 견고하게 하셨으니 이는 다윗이 헷 사람 우리아의 일 외에는
평생에 여호와 보시기에 정직하게 행하고 자기에게 명령하신
모든 일을 어기지 아니하였음이라 (왕상15:4-5)

동서양을 막론하고 최고 권력자 주변에는 여인들이 많았습니다. 여인들이 많았던 것은 그 권력과 힘을 여과 없이 보여주는 상징적인 면이 있었기 때문입니다. 이스라엘 최고의 성군으로 알려진 다윗도 마찬가지였습니다. 권력이 있었기 때문에 그것을 과시라도 하듯 다윗은 여인들을 계속해서 불러들였습니다.

과연 다윗에게는 어떤 여인들이 있었을까 하는 질문을 던져봅니다. 그리고 이 여인들은 왕궁의 역사에 어떤 영향을 끼쳤을까 하는 문제를 살펴보고자 합니다.

다윗을 이야기하기 전에 바로 앞에 있었던 임금 사울을 살펴볼 필요가 있습니다. 이스라엘의 초대 임금이었던 사울은 아무 준비도 없이 임금이 되었습니다. 임금의 자리에 오를 때 왕궁도 없었고 호위병도 없었습니다. 나라의 조직은 물론 법조문도 없었습니다. 아무 것도 없던 시절, 갑자기 왕위에 오른 사울은 40년 동안 이스라엘을 이끌어갑니다.

모든 것이 어설픈 나머지 여유가 없었을 것입니다. 그 때문인지 사울에게는 여인들이 없었습니다. 성경에는 아히마아스의 딸 아히노암이 사울의 아내였다고 짤막하게 소개합니다(삼상 14:49-50). 사울은 아히노암에게서 요나단을 포함하여 3남2녀를 얻었습니다. 그리고 세월이 흐른 뒤 사울은 첩을 하나 두게 됩니다. "사울에게 첩이 있었으니 이름은 리스바요 아야의 딸이더라"(삼하3:7). 사울은 첩 리스바와의 사이에서 아들 둘을 얻었습니다(삼하21:8). 사울에게는 이들 두 여인이 전부였습니다.

그렇다면 다윗은 어떠했을까요? 사울에 이어 왕위에 오른 다윗은 주변에 여러 여인들을 두었습니다. 사울과는 성향이 달랐을 수도 있었고 나라가 많이 안정되었기 때문에 여유도 있었을 것입니다. 다윗이 여인들을 좋아했다고 해도 과언이 아닙니다. 여인들이 많다 보니 그만큼 가족 관계가 복잡했습니다.

다윗은 임금의 자리에 오른 후 헤브론에서 7년 6개월, 그리고 예루살렘에서 33년 동안 이스라엘과 유다를 통치하였습니다. 헤 브론에 머물 때는 상대적으로 전쟁이 계속되었고 왕권도 든든하 지 않았습니다. 그럼에도 불구하고 다윗은 헤브론에 있을 때 이미 여섯 명의 여인들을 거느렸고 여러 아들들을 낳았습니다. 성경은 다윗의 아내와 아들들의 이름을 세세하게 소개합니다.

> 다윗이 헤브론에서 아들들을 낳았으되 맏아들은 암논이라 이스르엘 여
> 인 아히노암의 소생이요 둘째는 길르압이라 갈멜 사람 나발의 아내였던
> 아비가일의 소생이요 셋째는 압살롬이라 그술 왕 달매의 딸 마아가의
> 아들이요 넷째는 아도니야라 학깃의 아들이요 다섯째는 스바댜라 아비
> 달의 아들이요 여섯째는 이드르암이라 다윗의 아내 에글라의 소생이니
> 이들은 다윗이 헤브론에서 낳은 자들이더라 (삼하3:2-5)[21]

물론 그 이전에 조강지처 같은 아내가 하나 있었습니다. 바로 사울의 딸 미갈입니다. 다윗이 골리앗을 물리치고 전쟁의 영웅으 로 추앙받기 시작할 때 사울에게서 상으로 받은 여인입니다(삼상 18:21). 미갈은 다윗을 사랑했고 다윗을 위해 참 헌신적이었습 니다. 사울이 전령들을 보내 다윗을 죽이려고 했을 때 그 침상에 우상을 가져다가 누이고 염소 털로 엮은 것을 그 머리에 씌워놓고

---

21) 똑같은 내용이 역대기에도 소개되고 있다. 다만 아비가일의 아들의 이름을
역대기 기자는 다니엘이라고 적었다(대상3:1).

다윗을 피신시킨 여인이 바로 미갈입니다(삼상19:11-14).

이 일 후에 다윗은 도망을 쳤고 화가 난 사울은 딸 미갈, 즉 다윗의 아내 미갈을 갈림에 사는 라이스의 아들 발디에게 줍니다(삼상25:44). 도망을 쳐야 하는 신세였지만 아내 미갈을 데리고 가지 못한 것은 다윗에게 아쉬움으로 남습니다. 상황이 아무리 급해도 조강지처는 데리고 갔어야 했습니다. 다윗이 미처 챙기지 못한 까닭에 미갈은 이 남자 저 남자를 넘나들며 참 기구한 인생을 살게 됩니다.

나라의 절반을 장악하고 있던 다윗이 헤브론에서 그 세력을 점점 키워가고 있을 때의 일입니다. 사울의 아들 이스보셋이 나라의 반쪽을 이끌고 있었는데 군사령관 아브넬이라고 하는 장군이 눈치를 보다가 다윗에게 전령을 보내 언약을 맺자고 손을 내밉니다. "내 손이 당신을 도와 온 이스라엘이 당신에게 돌아가게 하리이다"(삼하3:12). 이 말을 전해들은 다윗은 비로소 미갈을 찾습니다.

> 다윗이 이르되 좋다 내가 너와 언약을 맺거니와 내가 네게 한 가지 일을 요구하노니 나를 보러올 때에 우선 사울의 딸 미갈을 데리고 오라 그리하지 아니하면 내 얼굴을 보지 못하리라 (삼하3:13)

사울에게 쫓겨 도망 다니던 10년, 그리고 헤브론에서 사울의 추종자들과 내전을 치르던 7년, 적어도 17년 이상 다윗은 미갈을 찾지 않았습니다. 그동안 미갈은 다른 남자에게 넘겨져 가정을 이루고 살았습니다. 당연히 자녀들도 있었을 것입니다. 그렇게 20년 가까운 세월이 지났는데 이제 와서 다윗은 그 여인 미갈을 찾기 시작합니다.

여인들이 없어서 미갈을 찾은 것이 아니었습니다. 어쩌면 오랜 시간 사울에게 쫓긴 것이 서러워서 그 보상으로 미갈을 찾은 것일 수도 있습니다. 하지만 미갈의 입장에서 보면 너무 잔인했습니다. 사랑했던 사람에게 버림을 받고 간신히 마음 정하고 살고 있는데 이제 와서 오라고 하면 어떻게 하자는 것입니까?

어느 날 갑자기 사람들이 쳐들어왔습니다. 미갈은 말 한 마디 못하고 끌려 나왔습니다. 사랑하는 가족들과 생이별을 해야 했습니다(삼하3:15-16). 처량하게 끌려가는 아내를 남편 발디엘은 바후림[22]까지 따라오며 엉엉 울었습니다. 그 장면이 너무 애처롭습니다. 아내를 빼앗긴 발디엘이 너무 불쌍합니다.

미갈의 기구한 운명은 이것이 끝이 아니었습니다. 나라를 차지한 다윗은 여호와의 궤를 예루살렘 성에 메어오면서 너무 좋아 덩

---

22) 바후림은 예루살렘 근처 스코푸스 산 동쪽에 있는 마을로 알려져 있다. 압살롬의 반역으로 다윗이 예루살렘을 빠져나가고 있을 때 시므이란 자가 나타나 다윗을 저주했던 곳이다(삼하16:5). 또한 다윗의 부하 요나단과 아히마아스가 중요한 정보를 전달하기 위해 우물에 숨었는데 "바후림 어떤 사람의 집"(삼하17:18)이라고 적고 있다.

실덩실 춤을 추었습니다. 미갈은 이 모습을 창문 너머로 내다보고 있었습니다. 잠시 후 왕궁으로 돌아온 다윗을 향해 미갈이 싫은 소리를 합니다. "왕께서는 오늘 저속한 춤꾼처럼 여종들이 보는 앞에서 몸을 드러내며 참으로 훌륭하게 위엄을 떨치시더군요?"(삼하6:20, 메시지성경) 당시에는 춤을 추는 것은 노예들, 그 중에서도 여자들이나 하는 일이었기 때문입니다. 이 말을 들은 다윗은 하나님 앞에서 춤을 춘 것이라며 벌컥 화를 냅니다. 그리고 미갈을 저주하는데 그 저주로 인해 미갈은 평생 자식을 보지 못합니다(삼하7:23).

다윗의 여인들 가운데 빼놓을 수 없는 여인이 하나 있습니다. 바로 밧세바입니다. 충신 우리아 장군의 아내 밧세바, 다윗의 뒤를 이어 임금의 자리에 오른 솔로몬의 어머니입니다. 밧세바와 관련된 이야기는 너무 유명하여 굳이 반복할 필요가 없을 것 같습니다. 대신 확인해야 할 성경말씀이 있습니다.

그의 하나님 여호와께서 다윗을 위하여 예루살렘에서 그에게 등불을 주시되 그의 아들을 세워 뒤를 잇게 하사 예루살렘을 견고하게 하셨으니 이는 다윗이 헷 사람 우리아의 일 외에는 평생에 여호와 보시기에 정직하게 행하고 자기에게 명령하신 모든 일을 어기지 아니하였음이라 (왕상15:4-5)

이새는 다윗 왕을 낳으니라 다윗은 우리야의 아내에게서 솔로몬을 낳고 (마1:6)

다윗이 밧세바를 차지하는 과정이 틀렸다는 것입니다. 성경은 밧세바라는 이름을 기록하지 않고 대신 우리아의 일, 우리아의 아내라고 고집스럽게 표기하고 있습니다. 하나님의 사람 다윗이었지만 우리아의 아내와 얽힌 사건은 지울 수 없는 오점으로 영원히 남아 있습니다. 우리아의 아내만 아니었으면 참 좋았을 텐데, 왜 하필이면 그 날 밤 잠 안자고 돌아다녔는지, 어찌하다가 여인이 목욕하는 모습을 보게 되었는지, 차라리 두 눈 질끈 감고 돌아섰더라면 좋았을 텐데 하는 아쉬움이 강하게 남습니다.

여인 편력 다윗의 인생은 이것이 끝이 아니었습니다. 예루살렘에 자리를 잡으니 그 특유의 '바람기'가 또 다시 발동을 했습니다. 이미 헤브론에서 여섯 명의 아내가 있었는데 예루살렘에서도 다윗은 밧세바[23] 외에 여러 처첩들을 더 두었고 아들과 딸들을 계속 낳았습니다. 성경은 예루살렘에서 얻은 아들들의 명단을 정확하게 적어놓고 있습니다(삼하5:13-16, 대상14:3-7). 게다가 소실이 있었다고 기록합니다(대상3:9).[24]

---

[23] 역대기 기자는 "암미엘의 딸 밧수아"(대상3:5)라고 표기하고 있다. 이것은 "엘리암의 딸 밧세바"(삼하11:3)와 발음의 차이일 뿐이다. 또 성경은 우리아와 우리야를 구분하지 않는다. 굳이 따질 문제가 아니라고 본다.

[24] 개역개정은 "소실의 아들"이라고 기록하고 있다. 하지만 하나가 아니었다. 히브리 성경은 복수로 표기하는데 다윗에게는 여러 명의 첩들이 있었다는 뜻이다.

다윗의 여인들 목록에 올려야 할 여인이 또 있습니다. 수넴 여인 아비삭입니다. 다윗이 나이가 많아 이불을 덮어도 따뜻하지 않자 그 시종들이 다윗에게 구해준 젊은 여인입니다. 끌어안고 자면 따뜻해질 것이라는 이유였습니다(왕상1:2). 아비삭은 꽤 아름다운 여인이었습니다. 한 이불 속에서 같이 자는 일 외에도 다윗 옆에 머물며 시중을 들었습니다. 하지만 성경은 다윗이 잠자리는 같이 하지 않았다는 점을 힘주어 강조합니다. "이 처녀는 심히 아름다워 그가 왕을 받들어 시중들었으나 왕이 잠자리는 같이 하지 아니하였더라"(왕상1:4). 왕의 이야기에 이런 것까지 기록해야 하는지, 다윗이 잠자리를 안 한 것인지 못한 것인지 알다가도 모르겠습니다.

다윗의 아들 솔로몬이 임금의 자리에 오릅니다. 솔로몬 역시 40년 동안 이스라엘을 통치합니다. 그 누구보다도 막강한 세력을 가지고 있었고 나라도 안정되었습니다. 나라가 안정되고 편안했으니 여인들도 많았습니다. 놀랍게도 솔로몬 주변에 머물렀던 여인들에게 대해서는 자세한 설명이 없습니다. 어떤 여인이었는지, 그들 사이에 무슨 일이 있었는지 알려진 것이 없습니다. 아마도 너무 많아서 그 이름들을 열거하기조차 불가능했기 때문일 것입니다.

> 왕은 후궁이 칠백 명이요 첩이 삼백 명이라 그의 여인들이 왕의 마음을
> 돌아서게 하였더라 (왕상11:3)

후궁이 700명, 첩이 300명, 그런데 정실부인은 몇 명이었는지 기록이 없습니다. 궁금하기는 하지만 중요한 것은 그 다음 설명입니다. 여인들 때문에 솔로몬의 마음이 돌아섰다는 것입니다. 솔로몬은 나이가 들면서 여인들 품에서 벗어나지 못했습니다. 그래서 여인들에게 마음을 빼앗기고 결국에는 여인들이 섬기던 이방신들을 따라갔습니다.

머리를 스치는 말씀이 있습니다. 이스라엘 백성들이 애굽을 나올 때 하나님께서는 이미 이스라엘에 왕이 세워질 것을 아시고 모세에게 미리 알려주신 말씀입니다.

> 네가 네 하나님 여호와께서 네게 주시는 땅에 이르러 그 땅을 차지하고
> 거주할 때에 만일 우리도 우리 주위의 모든 민족들 같이 우리 위에 왕을
> 세워야겠다는 생각이 나거든 반드시 네 하나님 여호와께서 택하신 자를
> 네 위에 왕으로 세울 것이며 … 그에게 아내를 많이 두어 그의 마음이 미
> 혹되게 하지 말 것이며 자기를 위하여 은금을 많이 쌓지 말 것이니라 (신
> 17:14-17)

임금이 되더라도 재물에 눈이 어두워지지 말고 아내를 많이 두어 마음이 미혹되게 하지 말라는 경고입니다. 이 문제에 있어서

첫 임금 사울은 훌륭했습니다. 적어도 여인의 문제에 있어서 사울은 아내 한 명, 첩 하나뿐이었으니 말입니다. 그런데 다윗은 그 이름이 알려진 여인만도 8명, 거기에 첩들이 여러 명 있었습니다. 그 수가 많다 보니 형제간에 성범죄도 있었고 칼부림도 있었습니다. 급기야는 아들 하나가 다윗에게 칼을 겨누고 달려드는 쿠데타도 터졌습니다.

여인들 때문에 다윗의 머리가 복잡했다면 솔로몬의 경우에는 여인들 때문에 나라 전체에 우상숭배가 만연됩니다. 그로 인해 나라가 남북으로 갈라지고 말았습니다.[25)]

하나님의 말씀대로 다윗과 솔로몬은 여인들을 조심했어야 했습니다. 다윗에게 스멀스멀 다가왔던 여인 편력의 모습이 그 아들 솔로몬에게는 방탕함으로 이어졌습니다. 좀 더 신실하게 잘 할 수 있었을 텐데 하는 아쉬움이 남습니다.

예나 지금이나 똑같습니다. 하나님의 말씀대로 살아야 하는데 잠깐 소홀한 사이 나라도 약해지고 가정도 망가집니다. 세상 살면서 조심해야 하는 것이 하나둘이 아닙니다.

---

25) 참고로 솔로몬의 아들 르호보암은 아내 18명과 첩 60명을 두었고(대하11:21), 르호보암의 아들 아비야는 아내 14명을 거느렸다(대하13:21). 그 뒤를 이은 왕들에 대해서는 몇 명의 아내를 두었는지 기록이 없다. 여인이 없어서가 아니라 너무 많다 보니 성경 기자들도 포기한 모양이다.

엘리사, 따뜻한 사랑의 터치

엘리사가 집에 들어가 보니 아이가 죽었는데 자기의 침상에 눕혔는지라 들어가서는
문을 닫으니 두 사람 뿐이라 엘리사가 여호와께 기도하고 아이 위에 올라 엎드려
자기 입을 그의 입에, 자기 눈을 그의 눈에, 자기 손을 그의 손에 대고 그의 몸에
엎드리니 아이의 살이 차차 따뜻하더라 엘리사가 내려서 집 안에서 한 번
이리 저리 다니고 다시 아이 위에 올라 엎드리니 아이가 일곱 번
재채기 하고 눈을 뜨는지라 (왕하4:32-35)

"하이테크 하이터치(High Tech, High Touch)"라는 말이 있
습니다. 1982년 미국의 미래학자 존 나이스빗(John Naisbitt)
박사가 『Megatrend』라는 책에서 처음 사용한 말입니다. 그로부
터 17년이 지난 1999년, 나이스빗 박사는 다시 『High Tech,
High Touch』라는 책을 내놓습니다. 20년 전에 나온 책이지만 코
로나 시대를 지나면서 그 의미가 더 생생하게 다가오고 있습니다.

두 권의 책에서 나이스빗 박사는 과학이 발전하면서 우리사회
에 터치, 즉 접촉이 사라지고 있다고 지적하였습니다. 전자우편

이나 SNS와 같은 통신 매체들이 상용화되면서 연필과 종이가 사라지고 얼굴을 마주칠 일이 없다 보니 부하 직원의 어깨를 두드려 주면서 건네는 따뜻한 격려와 칭찬이 점점 사라지고 있다는 것입니다. 나이스빗 박사는 "삶에 더 많은 하이테크를 도입하면 할수록 우리는 더 많은 하이터치 균형을 찾아야 한다"라고 강조합니다. 다시 말해 고도의 과학문명 시대를 살고 있지만 인간답게 살아가기 위해서는 오히려 좀 더 따뜻하고 의미 있는 접촉이 있어야 한다는 말입니다.

상투적인 인사나 형식적인 악수 정도로는 정이 느껴지기 어렵습니다. 권투 경기를 시작하면서 두 선수가 악수를 하며 싱긋 웃기는 하지만 속은 타들어갈 것입니다. 정치인들이 반대편 사람들과 손을 잡고 사진을 찍지만 그 속은 여전히 부글부글 끓고 있는 경우가 많습니다. 남북회담도 그렇고, 노사간의 협상 테이블 역시 겉으로는 웃고 있지만 속으로는 피가 튀는 싸움이 이어질 뿐입니다.

'하이터치'란 의미 있고 사랑과 정(情)이 넘치는 접촉을 말합니다. 손을 한 번 만지더라도 사랑이 담겨 있고, 등을 한 번 쓰다듬더라도 거기에 깊은 애정이 담겨 있을 때 의미 있는 접촉, 즉 하이터치가 이루어집니다.

의미 있는 접촉에 관한 이야기들이 성경에는 여러 차례 소개되어 있습니다. 그 가운데 수넴 여인의 아들을 살려내는 엘리사의 사랑의 터치는 최고인 것 같습니다. 기원전 850년 무렵의 일입니다. 하나님의 사람 엘리사는 평소 아끼던 여인의 아들이 죽었다는 비보를 듣습니다. 엘리사는 우선 급한 대로 사환을 보내 현장을 보존하도록 지시를 합니다. 당시의 관습에 따르면 누가 죽으면 곧바로 장례를 치렀기 때문입니다. 장례를 치르지 말고 기다리라고 사환을 먼저 보냈던 이유입니다. 아무래도 엘리사보다야 사환의 달음박질이 훨씬 빨랐을 테니 말입니다.

사환의 뒤를 따라 도착한 엘리사는 서둘러 아이의 시신이 놓여 있는 다락방으로 올라갔습니다. 이미 아이의 몸은 싸늘하게 식어 있었습니다. 그런데 엘리사는 그 아이의 몸에 자기 몸을 눕힙니다. 자기의 입을 아이의 입에 대고, 자기 눈을 그의 눈에 대고, 그리고 손에는 아이의 손을 마주잡았습니다. 어느 정도 시간이 흘렀습니다. 엘리사 몸의 온기가 아이에게 전해지면서 아이의 몸이 차차 따뜻해지기 시작했습니다. 얼마 후, 엘리사는 잠시 숨을 고르기 위해 아이의 몸에서 내려와 집안을 이리저리 걸어 다녔습니다. 그리고 다시 아이의 몸에 올라 엎드렸습니다. 놀랍게도 아이는 재채기를 일곱 차례 하고는 눈을 떴습니다.

엘리사의 행동은 상식 밖의 일이었습니다. 율법에 따르면 죽은 자의 몸은 절대로 만지지 못하도록 되어 있었습니다. 죽은 자를 만지면 이레 동안 부정했습니다(민19:11). 제사장 같은 영적 지도자들은 어떠한 경우에도 죽은 자를 만지지 못하도록 엄격히 금지되어 있었습니다(레21:1). 물론 이런 조항들이 아니더라도 차갑게 식어버린 시신에 손을 대는 것은 선뜻 내키는 일이 아니었을 것입니다. 그런데 엘리사는 죽은 자의 몸에 자기 몸을 눕히고 입에 입을 대고 눈에 눈을 맞추었습니다. 병이 옮을 수도 있었고 구설수에 올라 자칫 예언자로서의 생명이 끝날 수도 있었습니다. 하지만 엘리사는 죽은 아이의 몸에 의미 있는 접촉을 시도하였습니다. 아이가 살아날 때까지 엘리사는 의미 있는 접촉을 이어갔습니다.

꼭 그렇게 해야만 했었을까 하는 의구심이 듭니다. 만약 살과 살을 대는 직접적인 접촉을 하지 않았다면 아이는 살아나지 못했을까요? 하나님께서 하시는 일인데 굳이 그렇게까지 부담스러운 행동을 해야만 했을까요? 하지만 엘리사의 행동은 분명 하나님의 마음을 감동시키기에 충분했을 것입니다. 평생을 하나님을 위해 헌신해 왔던 엘리사의 의미 있는 행동에 하나님도 모른 척 하실 수는 없으셨을 테니 말입니다.

죽은 자를 살려내는 의미 있는 접촉은 복음서에서도 읽을 수 있습니다. 예수님께서 나인이라는 성으로 올라가고 계셨습니다. 마침 한 여인이 외아들의 죽음을 서러워하며 장례 행렬을 따라 성을 빠져나오고 있었습니다. 여인은 과부였습니다. 외아들은 그의 삶의 전부였고 유일한 소망이었습니다. 그런데 그 아들이 죽은 것입니다. 여인은 슬픔으로 인해 몸부림치며 하염없이 울고 또 울었습니다.

성으로 올라가던 주님께서 장례 행렬을 만나셨습니다. 성경은 예수님께서 여인을 보셨다고 기록합니다. 여인을 보신 주님께서 갑자기 장례 행렬을 가로 막았습니다. 그리고 그 관에 손을 대셨습니다. 돌발적인, 하지만 엄숙한 예수님의 행동에 장례 행렬은 멈추었고 예수님은 조금도 지체함 없이 죽은 자에게 명령을 하십니다.

예수께서 이르시되 청년아 내가 네게 말하노니 일어나라 (눅7:14)

예수님께서 관에 손을 대셨습니다. 사실 관이라고 하지만 우리네 것처럼 뚜껑이 있지 않았고 그럴 듯한 천으로 덮여 있는 모양새가 아니었습니다. 대신 나무 가지 몇 개로 얼기설기 엮어서 만든 '들 것'에 불과했습니다. 거기에 죽은 자를 눕히고 잎사귀와 나무 가지 등으로 대충 덮어서 마을 밖으로 이동을 했습니다.

그런 관에 예수님께서 손을 대셨습니다. 관에 손을 대셨다는 말은 시신에 손을 대셨다는 말과 크게 다르지 않습니다. 예수님의 능력이라면 멀리 서서 명령만 내리셔도 죽은 자를 충분히 살려낼 수 있으셨을 것입니다. 하나님의 아들이신데, 아니 하나님이신데 해 아래 하지 못할 일이 무엇이 있겠습니까? 그럼에도 불구하고 예수님께서 관에 손을 대신 것은 그를 향한 사랑의 표현이셨습니다. 이런 것이 바로 의미 있는 접촉입니다. 그 의미 있는 접촉을 통해 예수님의 사랑이 죽은 자의 몸에 전달되었고 죽은 자가 살아났습니다.

예수님을 통해 사랑이 무엇인지 철저하게 훈련받았던 베드로 역시 의미 있는 접촉을 이어나갔습니다. 오순절 성령강림을 체험하고 변하여 새 사람이 된 베드로는 어느 날 오후, 기도를 하기 위해 성전으로 올라가고 있었습니다. 마침 그 때 성전 미문에 나면서부터 걷지 못하던 사람이 구걸을 하고 있었습니다. 그 모습을 지켜보던 베드로에게 측은한 마음이 들었습니다. 무엇이라도 주고 싶은 마음으로 뜨거워졌습니다. 하지만 가진 것이 없었던 베드로는 놀라운 선포를 합니다.

> 베드로가 이르되 은과 금은 내게 없거니와 내게 있는 이것을 네게 주노니 나사렛 예수 그리스도의 이름으로 일어나 걸으라 하고 오른손을 잡아 일으키니 발과 발목이 곧 힘을 얻고 (행3:6-7)

여기 우리를 놀라게 하는 장면이 있습니다. 베드로는 앉은뱅이에게 말로만 일어나라고 선포한 것이 아닙니다. 베드로는 앉은뱅이에게 일어나 걸으라고 선포하는 동시에 그의 오른손을 잡아 일으켰습니다. 이 땅에 태어나 한 번도 걸어본 적이 없는 사람입니다. 아마도 그의 다리는 아예 없었을 것입니다. 베드로는 근육도 없고 뼈대도 없는 사람, 어쩌면 다리의 흔적조차 없는 사람, 다리만 아니라 온 몸이 성한 데가 없는 사람, 더럽고 냄새 나는 그 사람의 손을 잡았습니다. 살짝 건드린 것이 아니라 손을 잡아 그 몸을 일으켜 세웠습니다.

똑같은 질문을 해 봅니다. 만약 베드로가 그 손을 잡아 일으키지 않았다면 어떻게 되었을까요? 나사렛 예수 그리스도의 이름만으로는 기적이 일어나지 않았을까요? 손을 잡아 일으켜 세워야만 앉은뱅이가 일어날 수 있었을까요? 그렇지 않습니다. 굳이 그렇게 하지 않더라도 기적은 얼마든지 가능했을 것입니다. 하나님께서 하시는 일이기 때문입니다. 하지만 베드로는 주님의 이름으로 선포하며 동시에 실제적인 사랑의 행위를 보여주었습니다. 따뜻한 사랑의 터치입니다.

그렇다면 사도 바울은 어떠했을까요? 제3차 전도여행을 하면서 바울은 드로아라는 도시에서 일주일을 체류하였습니다. 어느 날 사람들이 모인 자리에서 하나님의 말씀을 강론하였습니다. 그 다음날 떠나기로 되어 있었기 때문에 바울은 하나라도 더 가르치고 싶었을 것입니다. 바울의 설교는 밤늦도록 계속되었고 결국 창가에 걸터앉아 있던 유두고라는 젊은이가 졸음을 참지 못하고 3층에서 떨어져 죽었습니다(행20:9). 예배 시간에 말씀을 듣던 성도가 난간에서 떨어져 죽었으니 난리도 그런 난리가 없었을 것입니다.

모두들 발을 동동 구르고 있을 때 바울이 나섭니다. 바울은 아래층으로 내려가 몰려든 사람들을 물리치고 시신 위에 엎드렸습니다. 시신을 온 몸으로 끌어안았습니다. 바울은 그가 아직 죽지 않았다고 말합니다. 그 시간이 짧았기 때문에 아직 죽지 않았다고 할 수 있습니다. 하지만 사람들은 그가 죽었다고 했고 성경도 그를 일으켜보니 죽었다고 분명히 기록하고 있습니다. 3층에서 떨어졌으니 그 몸에 끔찍한 외상이 있고 피도 흘렀을 것입니다. 그런 사람을 바울은 끌어안았습니다. 그 몸을 안았다는 것이 바로 의미 있는 접촉입니다. 그렇게 해서 유두고라는 청년은 다시 살아났습니다.

오래 전 미국 위스콘신대학의 해리 할로우(Harry Harlow)라는 심리학교수가 재미있는 실험을 했습니다. 할로우 박사는 갓 태어난 새끼 원숭이가 터치에 어떻게 반응하는지 살펴보기 위해 두 마리의 가짜 어미 원숭이를 만들었습니다. 하나는 부드러운 보풀이 있는 따뜻한 감촉의 헝겊을, 다른 하나는 차갑고 딱딱한 철사를 감았습니다. 그리고 철사 모형의 어미 모형 가운데 우유 통을 집어넣었습니다. 부드러운 헝겊으로 만든 어미에게는 우유 통이 없었습니다.

일정 시간 동안 새끼 원숭이에게 먹이를 주지 않았습니다. 그리고 두 마리의 모형 어미들을 꺼내놓았습니다. 배가 고픈 새끼 원숭이는 처음에는 철사 어미에게 다가갔습니다. 거기에 우유 통이 있었기 때문입니다. 어느 정도 배가 채워지자 새끼 원숭이는 철사 어미를 떠나 따뜻하고 부드러운 헝겊 어미에게 접근했습니다. 새끼 원숭이는 반복적으로 배가 고플 때만 잠시 철사 어미에게 다가가고 나머지 시간은 헝겊 어미 주변에 머물렀습니다. 특히 우리 안에 공포 분위기를 조성하면 새끼는 헝겊 어미 옆에 찰싹 붙어서 떨어지지 않았습니다.

이 실험을 통해 얻는 교훈은 단순합니다. 새끼가 어미를 찾는 것은 일차적으로는 배고픔을 해결하기 위한 것이고 궁극적으로는 부드럽고 따뜻한 품을 그리워한다는 것입니다. 이 실험은 붉은 원숭이들을 상대로 한 것이지만 모든 포유동물들은 똑같다고 합니다. 사회적 욕구가 강한 사람들 역시 딱딱함보다는 부드러운 것을 좋아하고 부드러운 것에서 더 강한 안정감을 얻습니다. 따뜻하고 부드럽고 좀 더 푹신해야 사람 사는 맛이 난다는 말입니다.

요즘 우리 사회는 성범죄로 골머리를 앓고 있습니다. 군대, 학교, 회사 가릴 것 없이 성에 관련된 범죄가 끊어지지 않고 있습니다. 덕분에 세상이 많이 달라졌습니다. 학교에서는 남자 선생님이 여학생을 슬쩍 건드리기만 해도 구설수에 오릅니다. 목사 역시 교회 안에서 여자 아이들을 함부로 만지지 못합니다. 전에는 아이들이 목사를 보면 달려와 안기곤 했었습니다. 다 큰 중고등학교

여학생들도 목사에게 안아달라고 응석을 부리곤 했었습니다. 그런데 이제는 꼬마 아이들 얼굴에 손이라도 대면 그 엄마들이 먼저 난리입니다. 여자 성도와 악수를 하는 것도 조심스러워졌습니다. 의도에 상관없이 상대방이 성적 수치심을 느꼈다며 고발이라도 하면 낭패를 당하기 때문입니다.

그래서 하이터치가 더욱 그리워집니다. 단순한 건드림이나 형식적인 만짐이 아니라 사랑을 가득 담은 의미 있는 접촉이 그리운 것입니다. 엘리사처럼 죽은 자와 입을 맞추고 온 몸으로 끌어안는 정도는 아닐지라도 순수한 애정과 섬김의 마음으로 사람들을 다독거리고 끌어안고 싶습니다.

어머니가 섬기시는 교회의 담임목사님이 은퇴를 하시고 새 목사님이 오셨습니다. 몇 달이 지나 어머니에게 새 목사님과 어떻게 지내시냐고 물었습니다. 아들 목사의 질문에 팔순을 넘기신 어머니는 퉁명스럽게 입을 여셨습니다. "그냥 그래. 우리 늙은이들은 뒷방 신세야. 아직 손도 못 잡아보았다니까! 무슨 목사님이 그렇게 정나미가 없어!"

그 날 이후, 우리교회 어른들의 손을 잡기로 다짐을 하고 열심히 노력하고 있습니다. 나이 지긋한 할머니 성도들은 끌어안기도 합니다. 어느 날에는 예배를 마쳤는데 나이 지긋한 성도들께서 줄을 서서 기다리셨습니다. 목사 품에 한 번 안기고 가야 한 주간이 평안하다며 말입니다.

　연로하신 권사님들의 품에서 어머니의 사랑을 느낍니다. 어머니의 사랑을 넘어 어떤 때는 예수님의 사랑이 느껴지기도 합니다. 권사님들 역시 목사의 품에서 예수님의 사랑을 느끼실 수 있으면 좋겠습니다. 이 모두가 하이터치의 은혜이고 부드러움의 축복입니다.

요나와 하박국, 그 결정적 차이

그러나 요나가 여호와의 얼굴을 피하려고 일어나 다시스로 도망하려 하여 욥바로 내려갔더니
마침 다시스로 가는 배를 만난 지라 여호와의 얼굴을 피하여 그들과 함께
다시스로 가려고 배삯을 주고 배에 올랐더라 (욘1:3)

내가 내 파수하는 곳에 서며 성루에 서리라 그가 내게 무엇이라 말씀하실는지 기다리고
바라보며 나의 질문에 대하여 어떻게 대답하실는지 보리라 하였더니 (합2:1)

하나님의 인도하심이 이해가 되지 않을 때가 종종 있습니다. 하나님은 종종 하기 싫은 일을 하라고 하시고 준비도 되어 있지 않은데 급하게 몰고 가시기도 하십니다. 성령의 강력한 인도하심에 거역할 수는 없지만 그런 일을 당하면 목사의 좁은 마음은 요동을 칩니다. 왜 내게, 다른 사람도 많은데, 하필이면 지금 그 일을 하라 하시는지 모르겠습니다. 그래서 어떤 때는 성경 읽는 것이 두렵고 기도하는 것조차 무서워지기도 합니다.

이럴 때는 어떻게 해야 합니까? 하나님을 피해 도망을 쳐야 합

니까? 일대일로 만나 담판을 해야 합니까? 아니면 무조건 아멘 하고 순종해야 합니까? 이 문제에 답하기 위해 두 선지자 요나와 하박국에 대해 살펴보려고 합니다.

가드헤벨 출신 요나는 북왕국 이스라엘에서 활동한 선지자입니다. 여로보암 II세가 통치하고 있던 기원전 793-753년 무렵, 특별히 그 통치 후반기에 요나는 선지자로 살았습니다. 이 시절 이스라엘은 절대강국으로 부상하여 정치 경제적으로 큰 힘을 떨치고 있었습니다. 나라의 영토 역시 크게 확장되어 "하맛 어귀에서 아라바 바다"까지 이스라엘 역사상 가장 넓은 영토를 차지하고 있었습니다.

요나는 꽤 영향력 있는 선지자였습니다. 하나님은 나라의 영토가 확장될 것에 대해 요나를 통해 미리 알려주셨습니다. 정확한 연대는 알 수 없지만 내용만큼은 한 치의 오차도 없었습니다. 그만큼 요나는 하나님의 신실한 일군이었고 대단한 선지자였습니다.

> 이스라엘의 하나님 여호와께서 그의 종 가드헤벨 아밋대의 아들 선지자 요나를 통하여 하신 말씀과 같이 여로보암이 이스라엘 영토를 회복하되 하맛 어귀에서부터 아라바 바다까지 하였으니 (왕하14:25)

이 뿐만이 아닙니다. 예수님께서도 하나님의 나라를 선포하시면서 선지자 요나를 비중 있게 언급하십니다.

> 예수께서 대답하여 이르시되 악하고 음란한 세대가 표적을 구하나 선지
> 자 요나의 표적 밖에는 보일 표적이 없느니라 요나가 밤낮 사흘 동안 큰
> 물고기 뱃속에 있었던 것 같이 인자도 밤낮 사흘 동안 땅 속에 있으리라
> 심판 때에 니느웨 사람들이 일어나 이 세대 사람을 정죄하리니 이는 그
> 들이 요나의 전도를 듣고 회개하였음이거니와 요나보다 더 큰 이가 여
> 기 있으며 (마12:39-41)

"요나보다 더 큰 이"라는 말은 요나 역시 큰 사람이라는 것을 전
제하고 있다는 뜻입니다. 실제로 예수님께서 언급하셨던 선지자
는 이사야, 엘리야와 엘리사, 그리고 요나까지 네 사람뿐이었습니
다. 그만큼 요나는 이스라엘 역사에서 중요한 위치에 있었습니다.

성경에 하나님의 말씀을 거역한 선지자가 딱 한 명 등장합니다.
놀랍게도 바로 요나입니다. 선지자는 어떠한 경우에도 하나님의
명령에 순종해야 합니다. 하나님의 말씀에 순종하지 않으면 선지
자가 아닙니다. 예컨대 거의 동시대에 활동했던 선지자 이사야는
벌거벗고 다니라는 하나님의 말씀에 순종하여 3년 반 동안 벗은
몸으로 다녔습니다(사20:2-3). 호세아 선지자 역시 음란한 여인
고멜과 결혼하라는 하나님의 명령에 아무 소리 하지 않고 고멜을
아내로 맞아 아들을 낳고 살았습니다(호1:2-3).

그런데 요나는 선지자임에도 불구하고 니느웨로 가서 외치라고

하시는 하나님의 명령을 거역하고 하나님의 얼굴을 피해 도망을 칩니다. 니느웨로 가는 것이 싫었습니다. 요나 생각에 차라리 니느웨는 하나님의 심판을 받아 망해버리는 것이 더 좋았습니다.

니느웨는 사마리아에서 북동쪽으로 880Km에 위치한 신흥강국 앗수르의 수도였습니다. 고고학 자료에 의하면 니느웨 성벽은 그 너비가 15m, 높이가 30m에 달하는 난공불락의 요새였습니다. 앗수르 제국의 수도 니느웨는 삼일 길을 걸어야 할 정도로 큰 성읍이었습니다. 당시 앗수르 제국은 이스라엘에 눈독을 들이고 있었습니다. 이스라엘을 장악해야만 서쪽 지중해로 진출할 수 있었고 남쪽으로는 아프리카로 진격할 수 있었기 때문입니다. 요나가 원수 나라 니느웨가 망하는 것을 은근히 기대하는 것은 당연했습니다.

요나는 지난 20년 이상 하나님의 말씀을 전했습니다. 그동안 잘해 왔습니다. 하지만 니느웨로 가라는 하나님의 명령만큼은 받아들일 수 없었습니다. 이해가 되지 않았습니다. 그래서 요나는 하나님 앞에서 입을 다물어 버립니다. 하나님을 쳐다보지도 않습니다. 상대조차 하지 않습니다. "여호와의 얼굴을 피하려고"라는 표현은 하나님을 만나는 것조차 싫어하는 요나의 속 좁은 마음을 그대로 그려내고 있습니다.

하나님을 피해 요나는 니느웨와 반대 방향인 지중해 연안에 있는 욥바로 내려갔고, 거기서 다시스로 가는 배를 만나 뱃삯을 지

불합니다. 참고로 욥바는 사마리아에서 서쪽으로 56Km, 스페인 남부 해안에 있는 다시스는 적어도 3,500Km 이상 떨어져 있었습니다. 요나는 하나님의 얼굴을 피해 도망치고 또 도망을 칩니다. 배에 오른 후에도 요나는 배 밑층으로 내려가 잠을 청합니다. 하나님도 싫고 세상 돌아가는 것도 보기 싫었기 때문이었습니다.

가만히 계실 하나님이 아니셨습니다. 하나님은 바다 위에 큰 풍랑을 내리셨습니다(욘1:4). 풍랑을 잠재우기 위해 사공들은 요나를 바다에 던집니다. 요나가 바다에 던져지자 하나님은 큰 물고기를 예비하셔서 요나를 삼키게 하셨습니다(욘1:17). 그래도 선지자라고 요나는 물고기 뱃속에서 하나님을 찾습니다.

그런데 요나서 2장에 기록된 요나의 기도를 보면 문제가 있습니다. 첫째, 요나는 하나님을 찾았으나 뉘우침이 없었습니다. 선원들에게 자기가 하나님의 얼굴을 피하여 도망했기 때문에 풍랑을 만난 것이라고 고백했던 요나입니다. 하지만 정작 하나님 앞에서는 엉뚱한 이야기만 늘어놓고 있습니다. 불순종과 자신의 죄에 대해서는 한 마디도 언급하지 않고 오히려 자기가 당한 고난을 이야기할 뿐입니다. 요나는 주의 목전에서 쫓겨났다고 말하는데 쫓겨난 것이 아니라 도망을 친 것입니다.

둘째, 하나님 앞에서 요나는 여전히 자기 의(義)를 내세웁니다. "거짓되고 헛된 것을 숭상하는 모든 자는 자기에게 베푸신 은혜를 버렸사오나 나는 감사하는 목소리로 주께 제사를 드리며 나의 서원을 갚겠나이다"(욘2:8-9)라고 말합니다. 하나님의 말씀에 불순종한 것은 뒤로 밀어놓고 오히려 하나님을 경배한다고 너스레를 떨고 있는 것입니다. 자기 자랑만 늘어놓고 있는 바리새인들의 기도와 다르지 않습니다. "바리새인은 서서 따로 기도하여 이르되 하나님이여 나는 다른 사람들 곧 토색, 불의, 간음을 하는 자들과 같지 아니하고 이 세리와도 같지 아니함을 감사하나이다"(눅 18:11).

그럼에도 불구하고 하나님은 요나를 사랑하셨습니다. 요나를 물고기 뱃속에 넣으셨지만 물고기가 요나를 녹여버리지 못하도록 하나님은 요나를 3일 내내 붙들고 계셨습니다. 3일이 지나자 하나님은 물고기에게 요나를 육지에 토하라고 지시하셨습니다. 바다 한 가운데에 토했으면 요나는 살기 어려웠을 것입니다. 육지에 토하라고 말씀하시는 하나님은 사랑이십니다.

물고기 배에서 나온 후 요나는 드디어 니느웨로 갑니다. 니느웨에 도착한 요나는 하나님의 심판을 선포합니다. 용서와 회복에 대한 선포도 없이 저주만 쏟아놓았습니다. "사십 일이 지나면 니느웨가 무너지리라"(욘3:4). 사흘 동안 걸을 만큼 큰 성이었는데 요나는 하루 동안 다니면서 하나님의 뜻을 전했을 뿐입니다.

그런데 놀랍게도 니느웨 백성들은 사마리아에서 온 선지자의 갑작스런 경고에 굵은 베옷을 입고 재 위에 앉았습니다. "니느웨 사람들이 하나님을 믿고 금식을 선포하고 높고 낮은 자를 막론하고 굵은 베 옷을 입은지라"(욘3:5). 백성들의 이야기를 전해들은 니느웨 임금은 성안 모든 이들에게 굵은 베옷을 입고 먹지도 말고 마시지도 말고 악한 길에서 떠나 하나님을 찾으라고 명령을 내립니다. 한 술 더 떠 니느웨 임금은 짐승들도 똑같이 하라고 명령합니다. 짐승들에게 입혔을 베옷은 어떠했을까 궁금합니다.

니느웨 백성들이 악한 길에서 떠나자 하나님께서는 내리기로 했던 재앙을 거두셨습니다(욘3:10). 그러자 요나는 다시 부글부글 끓습니다. 하나님께서 하시는 일이 영 마음에 들지 않았습니다. 그래서 요나는 차라리 자기가 죽겠다고 고집하며 성질을 부립니다. 그것도 한 번이 아니라 두 번씩이나 말입니다(욘4:3, 8).

기원전 722년, 요나의 사건이 있은지 40년도 채 지나지 않아 북이스라엘 왕국은 앗수르에게 멸망을 당합니다. 그리고 앗수르 제국은 얼마 있다가 바벨론에 의해 멸망을 당합니다.

문제는 남쪽 유다 왕국이었습니다. 당시 유다 왕국은 외교 문제에 있어서 큰 위기를 맞고 있었습니다. 기원전 609년, 하나님 앞에 참 신실했던 임금 요시야가 므깃도 전투에서 전사했고(왕하 23:29), 586년에는 바벨론 왕 느부갓네살에 의해 예루살렘이 점령을 당했습니다(왕하25:1-7). 바로 이 어간에 선지자로 부름을 받은 사람이 하박국입니다. 대략 기원전 609-589년 사이의 일로 요나가 살던 시절에서 약 150년 정도의 시간이 흘렀을 때입니다.

하박국 선지자는 하나님의 백성들이 왜 고난을 당하여야 하는지 고민합니다. 하나님의 선택받은 백성인데 왜 이리 고생만 하고 힘들게 살아야 하는지 이해가 되지 않았습니다. 외적들의 침입이 끊이지 않았고 백성들은 높은 자나 낮은 자를 막론하고 하나 같이 썩어 가고 있었습니다.

> 여호와여 내가 부르짖어도 주께서 듣지 아니하시니 어느 때까지리이까 내가 강포로 말미암아 외쳐도 주께서 구원하지 아니하시나이다 (합1:2)

> 주께서는 눈이 정결하시므로 악을 차마 보지 못하시며 패역을 차마 보지 못하시거늘 어찌하여 거짓된 자들을 방관하시며 악인이 자기보다 의로운 사람을 삼키는데도 잠잠하시나이까 (합1:13)

하박국서는 선지자 하박국이 호소하면 하나님께서 응답하시는 방식으로 구성되어 있습니다. 하박국이 하소연합니다. "여호와여, 내가 언제까지 부르짖어야 주께서 들어주시겠습니까? … 악인이 의로운 자를 둘러싸고 있으므로 부정이 판을 치게 되었습니다"(합1:2-4, 현대인의성경). 하나님께서 대답하십니다. "… 그들이 바람처럼 휩쓸고 지나가지만 자기들의 힘을 신으로 삼고 있기 때문에 죄를 면할 수 없을 것이다"(합1:5-11). 그러자 하박국이 다시 목소리를 높입니다. "여호와여, … 그들이 칼로 계속 여러 민족을 무자비하게 죽여도 좋단 말입니까?"(합1:12-17)

하박국이 따지고 들었으니 하나님께서 한 마디 하실 차례였습니다. 그런데 하박국은 가만히 앉아 기다리고 있을 수 없었습니다. 하박국은 높은 곳을 찾아 올라갑니다. 성미가 급했던 모양입니다.

내가 내 파수하는 곳에 서며 성루에 서리라 그가 내게 무엇이라 말씀하실는지 기다리고 바라보며 나의 질문에 대하여 어떻게 대답하실는지 보리라 (합2:1)

불평에서 기다림으로 전환하는 극적인 순간입니다. 세상 돌아가는 것이 이해가 되지 않았고 하나님의 뜻을 받아들이기 싫었지만 하박국은 오히려 하나님 앞에 가까이 나아가 하나님을 찾고 있습니다.

요나는 입을 꾹 다물고 귀를 가리고 하나님의 얼굴을 피해 도망을 쳤습니다. 요나는 하나님께 묻지도 않고 따지지도 않았습니다. 하지만 하박국은 달랐습니다. 하나님의 얼굴을 피해 도망치는 대신 하박국은 하나님의 품을 파고 들었습니다. 하박국은 꼬치꼬치 따지고 의문을 제기하며 하나님의 대답을 기다립니다.

바로 이 점에서 두 선지자 요나와 하박국은 극명하게 갈립니다. 마음에 들지 않는다고 도망을 칠 것인가? 아니면 마음에 들지 않기 때문에 묻고 또 물어야 하는가? 오늘 우리가 풀어야 할 숙제입니다.

우리 주 예수 그리스도께서도 똑같은 문제를 놓고 고민하십니다. 십자가의 길을 걸어야 하는가, 고난을 받고 십자가에 달려 죽어야 하는가? 다른 길은 없는가? 몸부림치던 예수님도 결국에는 하나님의 뜻에 머리를 숙이셨습니다.

> 아버지여 만일 아버지의 뜻이거든 이 잔을 내게서 옮기시옵소서 그러나
> 내 원대로 마시옵고 아버지의 원대로 되기를 원하나이다 (눅22:42)

목사도 사람입니다. 그 누구보다도 연약한 존재입니다. 도망을 치고 싶을 때가 한 두 번이 아닙니다. 강단에 올라가는 것이 두렵고 목사라는 이유로 남달리 선을 행하여야 하는 부담도 싫습니다. 대놓고 달려들어 물어뜯고 싸우고 싶습니다. 그런데 그렇게 하지 못하니 그냥 투정을 부립니다. 속이 상해 그대로 울어버릴 때도 있습니다.

결국은 말씀으로 돌아와야 합니다. 요나처럼 도망을 쳐서는 안 됩니다. 하박국처럼 하나님을 향해 묻고 또 물어야 합니다. 성루를 찾아올라가 하나님을 기다려야 합니다. 예수님처럼 인간의 뜻은 내려놓고 하나님의 뜻을 이루기 위해 생명을 걸어야 합니다.

하나님의 뜻을 온전히 분별하기 위해 오늘도 끙끙거리며 '성루'를 찾습니다. 하나님께서 뭐라 하시는지, 하나님께서 무엇을 보여주실지 바라고 기다립니다.

절뚝이 야곱 (1)

밤에 일어나 두 아내와 두 여종과 열한 아들을 인도하여 얍복 나루를 건널새 그들을 인도하여
시내를 건너가게 하며 그의 소유도 건너가게 하고 야곱은 홀로 남았더니 어떤 사람이
날이 새도록 야곱과 씨름하다가 자기가 야곱을 이기지 못함을 보고 그가 야곱의
허벅지 관절을 치매 야곱의 허벅지 관절이 그 사람과
씨름할 때에 어긋났더라 (창32:22-25)

세상에 'before/after'라는 말이 있습니다. 전에는 어쨌는데 상
황이 바뀌어 지금은 이렇다는 말입니다. 주로 다이어트 프로그램
이나 미용에 관계된 상품 선전에서 많이 등장하는데 전과 후를 비
교하기 위한 것이라면 어디든 제한 없이 사용되는 것 같습니다.

야곱을 전과 후로 비교하면 재미있겠구나 하는 생각을 했습니
다. 야곱의 경우 비교의 기준은 밧단아람에서 돌아올 때입니다.
브엘세바를 떠나 밧단아람으로 향할 때의 야곱과 밧단아람에서
고향으로 돌아올 때의 야곱은 전혀 다른 모습입니다. 밧단아람에

서의 20년 생활이 그를 확연하게 바꾸어 놓은 것입니다.

야곱은 내면적으로 불안하고 덜 성숙된 사람이었습니다. 태어날 때도 혼자 남는 것이 싫어서, 또 형보다 뒤처지는 것이 싫어서 형의 발꿈치를 잡고 세상에 나온 사람입니다. 성장하면서도 야곱은 밖에 나가 뛰어다니거나 사람들과 어울려 일하는 것보다는 집 안에 혼자 머무는 것을 좋아했습니다. 어느 날 야곱은 밖에서 일하고 돌아온 형이 배고파할 때 팥죽 한 그릇으로 장자의 명분을 가로챘습니다. 형 에서가 장자의 명분을 가볍게 여긴 것이 문제였지만 어떻게든 더 많이 갖고 싶어 하는 야곱의 욕심 때문이었습니다. 솔직히 말해 치졸하고 간사한 야곱입니다.

야곱은 장가도 가지 못한 채 70년 세월을 살았습니다.[26] 밖에 나가지도 않고 집에서 살살 움직이는 야곱을 좋아할 여인들이 많지 않았을 것입니다. 그러던 어느 날, 아버지 이삭은 에서를 불러 죽을 때가 되었다며 별미를 만들어 오면 축복하겠다고 말합니다. 이삭이 하는 말을 엿들은 어머니 리브가는 둘째 아들 야곱을 불러 아버지를 속이고 이삭의 축복 기도를 가로챕니다.

---

26) 요셉의 생애를 계산해 보면 야곱은 91세가 되어 요셉을 낳았다. 밧단아람에서 20년 세월을 살았으니(창31:41) 고향을 떠날 때 야곱은 70세를 조금 넘겼을 것이라는 계산이 가능하다.

이 일로 인해 야곱의 인생이 소용돌이치기 시작합니다. 아버지로부터 만민의 섬김을 받고 형제들의 주인이 된다는 축복 기도를 받았지만 당장 들이닥친 것은 형 에서의 살기등등한 위협이었습니다. 두려움에 떨던 야곱은 결국 외삼촌, 즉 어머니 리브가의 오빠가 사는 밧단아람으로 먼 여행을 떠나기로 합니다. 어머니 치마자락 붙잡고 집안에서 살던 사람이 처음으로 집과 어머니 곁을 떠나게 된 것입니다.

어머니에게 대충 설명을 들었을 것입니다. 브엘세바에서 밧단아람까지 얼마나 먼 길인지, 중간 중간 어떤 지역을 통과해야 하는지, 저녁에 해가 떨어지면 어떻게 체온을 유지해야 하는지, 또 밧단아람에는 어떤 사람들이 살고 있는지 등등, 대충 설명을 듣고 생존에 필요한 몇 가지 것들을 챙겨 야곱은 브엘세바를 떠났습니다.

밧단아람까지 적어도 800Km, 안내자도 없이 그 먼 길을 걸으면서 야곱의 마음은 세 갈래 네 갈래로 찢어졌을 것입니다. 처음에는 밤이 오는 것이 춥고 무서웠지만 하루 이틀 지나자 무서움보다는 배고픔과 피곤함이 더 간절했을 것입니다. 배고픔보다는 외로움이 더 날카로웠을 것입니다.

삼일 정도를 걸었을 때입니다. 해가 떨어져 야곱은 돌 하나를 가져다가 베개로 삼고 잠을 청했습니다. 꿈을 꾸었습니다. 꿈에 보니 사닥다리가 땅 위에 서 있는데 그 꼭대기가 하늘에 닿았고 하나님의 사자들이 오르락내리락 하고 있었습니다. 야곱이 또 보니 사다리 위에 하나님이 계셨습니다. 놀랍게도, 그리고 감사하게도 하나님께서 야곱을 축복하십니다. 어디로 가든지 지켜주고 다시 고향으로 돌아오도록 하겠다는 약속을 해주셨습니다(창28:13-15). 아침이 되자 야곱은 베개로 삼았던 돌을 세워 기둥으로 삼고 기름을 부어드리며 서원합니다.

> 하나님이 나와 함께 계셔서 내가 가는 이 길에서 나를 지키시고 먹을 떡과 입을 옷을 주시어 내가 평안히 아버지 집으로 돌아가게 하시오면 여호와께서 나의 하나님이 되실 것이요 내가 기둥으로 세운 이 돌이 하나님의 집이 될 것이요 하나님께서 내게 주신 모든 것에서 십분의 일을 내가 반드시 하나님께 드리겠나이다 (창28:20-22)

그리고 야곱은 그 곳의 이름을 벧엘(Bethel)이라고 부릅니다. '하나님의 집'이라는 뜻인데 브엘세바에서 북쪽으로 85Km 정도 떨어진 지역입니다.

야곱은 다시 발걸음을 옮깁니다. 하나님을 만났으니 처음보다는 마음이 편안해졌을 것입니다. 그렇게 한 달 정도 걷고 걸어서 동방 사람의 땅에 도착합니다(창20:1). 동방 사람의 땅이 하란, 곧 밧단아람입니다. 야곱은 어느 우물곁에 이르렀는데 여기서 외삼촌 라반의 딸을 만납니다. 라반의 둘째 딸 라헬입니다. 외삼촌의 딸이란 사실을 확인한 야곱은 그에게 입을 맞추고 소리 내어 울었습니다(창29:11). 얼마나 외롭고 험한 길을 헤쳐 왔는지 그만 울음이 터진 것입니다.

밧단아람 외삼촌 집에서 새 인생이 시작되었습니다. 타향살이였고 얼마 후에는 처가살이를 하게 됩니다. 야곱은 많이 외로웠을 것입니다. 더군다나 곱고 아리따운 여인 라헬을 만났으니 칠십 먹은 총각의 마음에 불이 났을 것입니다. 라헬을 아내로 맞이한다는 마음에 7년을 며칠같이 보냈습니다. 드디어 첫날밤을 맞이했는데 놀랍게도 레아가 그 자리를 대신했고 그 때부터 일이 꼬이면서 야곱은 네 명의 여인들 사이에서 이리저리 끌려 다니는 신세로 전락합니다.

그럼에도 불구하고 야곱은 정신을 놓지 않았습니다. 유전공학적 기술을 동원하여 건강한 양들과 염소들로 재산을 증식하는데 성공합니다. 4명의 아내에게서 아들 열하나와 디나라는 딸도 하나 얻었습니다. "이에 그 사람이 매우 번창하여 양 떼와 노비와 낙타와 나귀가 많았더라"(창30:43)는 기록은 야곱이 밧단아람에서 성공했다는 사실을 보여줍니다. 밧단아람에서 사는 20년 동안 가정을 이루고 재산도 늘어 안정된 삶을 누리게 되었다는 뜻입니다. 하지만 안타깝게도 야곱의 삶에는 하나님이 없었습니다.

드디어 하나님께서 움직이셨습니다. 기다리다 못한 하나님은 야곱을 찾아오셔서 고향으로 돌아가라고 명령하십니다. "여호와께서 야곱에게 이르시되 네 조상의 땅 네 족속에게로 돌아가라 내가 너와 함께 있으리라 하신지라"(창31:3).

갑작스러운 하나님의 명령에 야곱은 깜짝 놀랐습니다. 하나님이 계시다는 사실에 정신이 번쩍 들었습니다. 야곱은 옛날 아버지 이삭에게 배웠던 하나님, 할아버지 아브라함에게 들었던 하나님을 회복하기 시작합니다.[27] 늦었지만 야곱은 세상을 하나님의 시선으로 바라보기 시작합니다. 말할 때마다 하나님을 언급합니다. 라헬과 레아를 불러 함께 가자고 제안하며 야곱은 힘들고 어려웠지만 "내 아버지의 하나님은 나와 함께 계셨느니라"(창31:5)고 말합니다. 외삼촌 라반이 품삯을 열 번이나 변경했지만 "그러나 하나님이 그를 막으사 나를 해하지 못하게 하셨으며"(창31:7)라고 고백합니다. 그리고 불같이 쫓아온 라반을 만난 자리에서 야곱은 억울한 심정을 이렇게 토해냅니다.

> 내가 외삼촌의 집에 있는 이 이십 년 동안 외삼촌의 두 딸을 위하여 십사 년, 외삼촌의 양 떼를 위하여 육 년을 외삼촌에게 봉사하였거니와 외삼촌께서 내 품삯을 열 번이나 바꾸셨으며 우리 아버지의 하나님, 아브라

---

27) 아브라함이 100세에 이삭을 낳고 175세를 살았다(창25:7). 이삭은 나이 60세에 야곱을 얻었다(창25:26). 따라서 야곱은 15살이 될 때까지 할아버지 아브라함 밑에서 살았다는 계산이 나온다. 이 기간 동안 야곱은 할아버지를 통해 하나님에 대해 많이 배웠을 것이라는 추정은 어렵지 않다.

함의 하나님 곧 이삭이 경외하는 이가 나와 함께 계시지 아니하셨더라면 외삼촌께서 이제 나를 빈손으로 돌려보내셨으리이다마는 하나님이 내 고난과 내 손의 수고를 보시고 어제 밤에 외삼촌을 책망하셨나이다 (창31:41-42)

하나님에 대한 기억들을 더듬으면서 귀향길에 오른 야곱에게 하나님의 사자들이 나타났습니다. "하나님의 사자들이 그를 만난지라"(창32:1)라는 말은 하나님께서 끈질기게 추격하며 보호했다는 뜻입니다. 그래서 야곱은 그 땅 이름을 마하나임(Mahanaim)이라고 불렀습니다. 마하나임은 "하나님의 군대"라는 뜻입니다.

마하나임의 보호를 받으며 야곱은 남쪽으로 발걸음을 옮깁니다. 가나안 땅에 들어설 무렵 형 에서가 400명을 거느리고 마주 오고 있다는 이야기가 들려왔습니다. 야곱은 심히 두렵고 답답했습니다(창32:7). 만일의 사태에 대비하여 사람들과 짐승 떼를 둘로 나누었습니다. 그래도 마음이 무거웠던 야곱은 하나님을 찾기 시작합니다. "내 조부 아브라함의 하나님, 내 아버지 이삭의 하나님 여호와여"(창32:9)로 시작한 야곱은 하나님께서 돌아가라 하셨기에 길을 나섰다고 말합니다. 그리고 은혜를 베풀어 자녀들을 바다의 모래 같이 셀 수 없게 하시겠다는 약속을 잊지 말아 달라고 당부합니다(창31:9-12).

가족들을 먼저 보내고 야곱은 얍복 나루에 홀로 남았습니다. 밤중에 어떤 사람을 만나 한 판 싸움을 벌입니다. 그 사람은 천사였습니다. 야곱은 축복하지 않으면 보내주지 않겠다고 천사를 붙들고 늘어졌습니다. 결국 '이스라엘'이라는 이름을 얻어내지만 격렬히 싸우는 바람에 야곱은 허벅지 관절을 다쳐 바람에 절뚝이가 되었습니다(창32:31-32).

드디어 절뚝이 야곱은 공포의 대상이었던 형 에서를 만납니다. 그런데 피를 나눈 형제라고 야곱과 에서는 서로 끌어안고 입을 맞춘 채 함께 울었습니다. 정신을 차린 에서가 사람들과 짐승 떼를 보고 누구냐고 묻습니다. 야곱은 "하나님이 주의 종에게 은혜로 주신 자식"(창33:5)이라고 짧지만 분명하게 대답합니다.

절뚝이 야곱의 말 속에 중요한 고백이 담겨 있습니다. 첫째, 야곱은 하나님이 주셨다는 것을 분명히 밝힙니다. 자기 스스로 이룬 것이 아니라 하나님이 주신 것이라는 고백입니다. 둘째, 야곱은 모든 것이 은혜라고 말합니다. 전에는 내가 고생해서, 내가 노력해서 얻은 것이라고 말했던 야곱입니다. 하지만 이제는 모든 공로를 하나님께 돌립니다. 셋째, 야곱은 형 앞에서 스스로 종이라고 자신을 낮춥니다. 야곱은 형을 주인이라고 인정하고 그 자리에서 몸을 일곱 차례나 땅에 굽혔습니다. 나아가 야곱은 형을 하나님으로 비유합니다.

내가 형님의 눈앞에서 은혜를 입었사오면 청하건대 내 손에서 이 예물을 받으소서 내가 형님의 얼굴을 뵈온즉 하나님의 얼굴을 본 것 같사오며 형님도 나를 기뻐하심이니이다 (창33:10)

하나님의 얼굴을 본 것이라고 말하는 야곱을 화술의 달인, 혹은 처세의 대가라고 빗대어 말하는 분들이 있습니다. 그도 그럴 것이 자칫 해코지를 할지도 모르는 이의 면전에서 그렇게 말하는 것은 대단한 언변이기 때문입니다. 하지만 있는 그대로 보는 것이 좋겠습니다. 20년 넘도록 타향살이를 했던 야곱, 그래도 하나님께서 부르셨기에 고향을 향해 발걸음을 옮깁니다. 얍복 나루에 혼자 남았을 때 천사와 씨름하다가 절뚝이가 되었습니다. 절뚝이가 되어 보니 지난 20년 동안 가정을 이루고 많은 재물을 소유한 것이 자기의 공로가 아니란 것을 알게 되었습니다. 걸음조차 제대로 걸을 수 없고 하나님이 한 번 혹하시는 순간 그것으로 인생이 끝난다는 사실을 깨달은 것입니다.

야곱은 가나안 땅에 들어와 세겜이라는 곳에 자리를 잡습니다. 땅을 사서 제단을 쌓고 그 이름을 '엘엘로헤이스라엘'(El Elohe Israel)이라고 불렀습니다(창33:20). '엘엘로헤이스라엘'이란 "하나님 이스라엘의 하나님"이라는 뜻입니다. 여기서 이스라엘은 민족의 이름이 아니라 얍복 나루에서 절뚝이가 되면서 받은 자신의 새 이름입니다. 다시 말해 하나님을 향해 '나의 하나님 야곱의 하나님'이라고 부르고 있는 것입니다. 놀랍지 않습니까? 지금까지는 할아버지 아브라함의 하나님, 아버지 이삭의 하나님을 불렀습니다. 하지만 이제 야곱은 '나의 하나님, 야곱의 하나님'이라 부르고 있습니다.

20년 전, 벧엘에서 하나님 앞에 조건을 달았던 야곱입니다. "하나님이 나와 함께 계셔서 내가 가는 이 길에서 나를 지키시고 먹을 떡과 입을 옷을 주시어 내가 평안히 아버지 집으로 돌아가게 하시오면"(창28:20-21)이라 했습니다. 조건에 맞으면 하나님을 하나님으로 모시겠다고 했습니다. 조건에 맞지 않으면 하나님으로 인정하지 않겠다는 뜻이었습니다. 밧단아람에서 야곱은 부자는 되었지만 하나님을 잃어버렸습니다. 전에는 건강했지만 돌아오는 길에 절뚝이가 되었습니다. 하지만 야곱은 드디어 하나님을 중심에 모십니다. '나의 하나님, 나 야곱의 하나님'이라고 부르는 것이 너무 아름답습니다.

정확히 삼 일 전, 2022년 10월 29일, 서울 이태원에서 참사가 일어났습니다. 할로윈데이를 즐기기 위해 몰려들었던 젊은이들이 좁은 골목길에서 압사를 당했습니다. 사망자가 수가 계속 늘어 156명이나 되었습니다. 중상자가 많다고 하니 이 숫자는 늘어날 것이라고 합니다. 어찌된 일인지, 어떻게 해야 할지 막막하기만 합니다.

2014년 4월, 세월호 사건이 있었습니다. 하지만 세월이 흘러 지금 우리는 제주도로 수학여행을 가고 있고 배를 타고 진도 앞바다를 지나고 있습니다. 마찬가지, 세월이 지나면 우리 젊은이들은 다시 이태원에 갈 것이고 귀신 분장을 할 것입니다. 잊어버림은 무서운 것입니다. 하나님을 잊어버림이 제일 무섭습니다. 잊으면 안 되는데…. 야곱처럼 절뚝이가 된다 해도 하나님을 붙들어야 하지 않겠습니까?

그동안 놓고 살았던 노란색 리본을 구입할까 합니다. 검정색 리본, 아무 말도 적혀 있지 않은 리본도 하나 장만하려 합니다. 아무쪼록 이태원 참사 사망자들의 명복을 빌며 유가족들이 꿋꿋하게 일어서기를 바랍니다.

절뚝이 야곱 (2)

야곱이 밧단아람에서부터 평안히 가나안 땅 세겜 성읍에 이르러 그 성읍 앞에 장막을 치고
그가 장막을 친 밭을 세겜의 아버지 하몰의 아들들의 손에서 백 크시타에 샀으며
거기에 제단을 쌓고 그 이름을 엘엘로헤이스라엘이라 불렀더라 (창33:18-20)

    절뚝이 야곱 이야기를 이어가겠습니다. 시작하기에 앞서 궁금
한 것이 하나 있습니다. 허벅지 관절을 다친 야곱이 절뚝이가 되
었는데 평생 절뚝이로 살았는지, 아니면 시간이 흐르면서 어느 정
도 회복이 되었는지 하는 문제입니다.

    '환도뼈'(the socket of Jacob's hip)를 다쳤다고 했습니다. 우
리가 쓰는 말로 하면 고관절을 다쳤다는 말입니다. 당시 의료적
환경을 볼 때 완벽하게 회복되기는 불가능했을 것입니다. 그래서
어떤 분들은 야곱이 평생 절뚝이로 살았다고 주장합니다. 반대로

하나님께서 야곱을 사랑하셔서 곧바로 치료해 주셨다고 믿는 마음 따뜻한 분들도 있습니다. 개인적으로도 하나님의 치유를 믿고 싶은 마음이 있습니다. 하지만 며칠 만에 정상으로 돌아왔다고 추정하는 것은 지나친 생각입니다. 꽤 오랜 동안, 어쩌면 평생토록 야곱은 절뚝이로 살았다고 보는 것이 합리적입니다.[28]

중요한 것은 절뚝이 야곱의 이후 행적입니다. 절뚝거리면서도 야곱은 여행을 계속합니다. 물론 나귀를 탔겠지만 상처 때문에 쉬운 여행은 아니었을 것입니다. 얍복 나루를 건너 가나안 땅에 들어섰습니다. 얍복(Jabbok)은 '푸르다'는 뜻으로 갈릴리와 사해 사이, 동쪽에서 서쪽으로 흘러 요단으로 들어오는 요단의 지류입니다. 생각 외로 그 폭이 넓지 않습니다. 돌 던지면 건너편에 닿을 정도의 작은 개천이라고 보는 것이 좋겠습니다.

얍복 나루에서 절뚝이가 된 야곱은 형 에서를 만납니다. 불편하기는 했지만 다행히 큰 문제는 발생하지 않았습니다. "에서가 달려와서 그를 맞이하여 안고 목을 어긋 맞추어 그와 입 맞추고 서

---

28) 이 사건에 대해 창세기는 두 차례 언급하고 있다. 처음에는 허벅지 관절이 어긋났다고 했고(창32:25), 나중에는 천사가 야곱의 허벅지 관절에 있는 둔부의 힘줄을 쳤다고 기록한다(창32:32). 두 기록을 합쳐 보면 천사가 야곱의 허벅지 힘줄을 치는 바람에 그 관절이 위골(違骨)되었다고 보면 문제가 없겠다. 다쳤다고만 할 뿐 그 후 어떻게 되었는지에 대해서 성경은 침묵한다.

로 우니라"(창33:4). 형은 달려왔지만 야곱은 그 불편한 다리 때문에 마주 달려가지는 못했던 것 같습니다. 울음을 멈춘 에서는 야곱에게 같이 가자고 제안합니다. 하지만 야곱은 에서의 제안을 사양하고 천천히 움직입니다. 절뚝이기 때문에 천천히 갈 수밖에 없는 야곱입니다.

숙곳이란 곳에 도착합니다. 숙곳(Succoth)은 요단 동쪽에 있는 작은 마을입니다. 숙곳에 도착한 야곱은 자기를 위하여 집을 짓고 가축들을 위하여 우릿간을 지었습니다(창33:17). 하지만 이곳에서 오래 머물지는 않았던 것으로 보입니다. 얼마 후 식구들을 챙겨 숙곳을 출발한 야곱은 요단을 건너 가나안 땅 세겜에 도착했고 성읍 앞에 장막을 쳤습니다.

> 야곱이 밧단아람에서부터 평안히 가나안 땅 세겜 성읍에 이르러 그 성
> 읍 앞에 장막을 치고 그가 장막을 친 밭을 세겜의 아버지 하몰의 아들들
> 의 손에서 백 크시타에 샀으며 (창33:18-19)

야곱은 장막 칠 땅을 마련하기 위해 100크시타[29]를 주고 세겜 성읍 앞쪽에 있는 땅을 매입하였습니다. 그곳에 장막을 쳤고 제단

---

29) 1크시타는 은 1개에 해당되는 값이다. 영어성경 NIV는 100크시타를 "a hun-
 dred pieces of silver"라고 했고, 새번역과 공동번역은 "은 100냥"이라고 번역
 하고 있다. 무슨 근거인지 현대인의성경은 "은화 일곱 개"라고 옮겨 놓았다.

도 쌓았습니다. 땅을 사서 집도 짓고 제단까지 쌓은 것을 보면 세겜에 정착하려고 했던 것이 분명합니다.

여기서 갑자기 숨이 막힙니다. 왜 야곱은 세겜에 정착하려 했을까요? 천사와 씨름했던 브니엘에서 요단을 건너고 약간 북쪽으로 올라와야 세겜입니다. 하나님을 처음 만났던 벧엘은 약간 남쪽으로 내려가야 합니다. 방향이 다릅니다. 브니엘을 기준으로 세겜보다 벧엘이 오히려 가깝습니다. 세겜으로 갔다 하더라도 세겜에서 남쪽으로 24Km만 내려가면 벧엘입니다.

밧단아람에 살고 있을 때 야곱은 출생지로 돌아가라는 하나님의 음성을 들었습니다. 그 때 하나님께서는 "나는 벧엘의 하나님"이라고 분명하게 밝히셨습니다. 하나님의 명령을 받은 야곱은 곧바로 아내들을 불러 자신의 계획을 이야기합니다. 야곱은 하나님께 들은 말씀이라며 "나는 벧엘의 하나님이라 네가 거기서 기둥에 기름을 붓고 거기서 내게 서원하였으니 지금 일어나 이 곳을 떠나서 네 출생지로 돌아가라 하셨느니라"(창31:13)고 전합니다.

야곱은 당연히 벧엘로 가야 했습니다. 그런데 야곱은 벧엘로 가지 않고 세겜으로 향합니다. 길을 잘못 들어선 것입니다. 더군다나 세겜에 정착하려 한 것은 옳지 않았습니다. 벧엘로 가야 했고 벧엘을 지나 남쪽으로 더 내려가 아버지가 살고 계시는 헤브론으로 가야 했습니다. 그런데 무슨 영문인지 야곱은 방향을 틀어 세겜으로 갔습니다. 세겜에서 야곱은 땅을 사고 집을 짓고 정착을 하려 했습니다.

그렇다면 세겜에서의 야곱의 삶은 어땠을까요? 기대했던 대로 안정되고 평안했을까요? 성경은 세겜에 자리를 잡은 야곱의 삶이 결코 평탄하지 못했다는 사실을 꼬집습니다. 하나밖에 없는 딸 디나가 사고를 쳤습니다. 디나는 레아가 아들 여섯을 낳고 그 후에 얻은 딸입니다(창30:21). 순서상으로는 요셉보다 조금 앞섭니다. 따라서 10대 후반, 아니면 20대 초반, 호기심 많은 나이였습니다. 어느 날, 디나는 그 땅의 딸들을 보기 위해 외출을 합니다. 세겜 성에 갔는데 세겜 성 추장에게 붙잡혀 성폭행을 당했습니다. 그 추장의 이름도 세겜입니다.

딸의 성폭행 사건을 처리하는 과정이 좋지 않았습니다. 추장 세겜은 디나를 잊지 못하고 혼인하자고 졸랐습니다. 뜻밖의 제안을 받은 야곱은 들에 나가 목축을 하고 있는 아들들이 돌아오기를 기다렸습니다. 아들들이 오자 야곱은 자초지종을 이야기합니다. 사건 전모를 파악한 아들들은 세겜 성에 살고 있는 모든 남자들이 할례를 받으면 동생을 주겠다는 조건을 내세웠습니다. 추장 세겜은 백성들을 설득했고 세겜 남자들은 모두 할례를 받았습니다. 그리고 삼일이 지났습니다. 모두들 아파서 쩔쩔매고 있을 때, 야곱의 아들 시므온과 레위가 칼을 가지고 성을 습격하여 모든 남자들을 죽이고 성을 노략합니다(창34:25-29).

이 일로 인해 야곱은 시므온과 레위를 책망하였습니다. 주변 사람들과 불편한 관계가 되었다고, 저들이 쳐들어오면 어떻게 하냐고 말입니다. 하지만 두 아들들은 강하게 반발하였습니다. "그가 우리 누이를 창녀 같이 대우함이 옳으니이까"(창34:31). 이것으로 사건은 일단락되었습니다.

그런데 훗날 죽음을 눈앞에 둔 야곱은 아들들을 축복하는 자리에서 이 때 일을 소환합니다. 시므온과 레위 두 사람을 한데 묶어 "그들의 칼은 폭력의 도구"(창49:5)라고 언급하며 "저주를 받을 것"(창45:7)이라고 몰아붙였습니다. 적어도 50년 이상 세월이 흘렀는데 야곱은 그 때 일을 잊지 않고 있었습니다.

하나님은 세겜에서 머뭇거리고 있는 야곱을 마땅치 않은 눈으로 보고 계셨습니다. 세겜에서의 대학살이 있은 후 얼마 지나지 않아 하나님은 다시 야곱을 찾으십니다. 하나님은 다짜고짜 야곱을 밀어붙이십니다.

> 하나님이 야곱에게 이르시되 일어나 벧엘로 올라가서 거기 거주하며 네
> 가 네 형 에서의 낯을 피하여 도망하던 때에 네게 나타났던 하나님께 거
> 기서 제단을 쌓으라 하신지라 (창35:1)

세겜에서 살지 말라는 것입니다. 세겜에서 살지 말고 서둘러 벧엘로 가라고 하셨습니다. 벧엘로 가서 거기 거주하라고 무섭게 말

씀하셨습니다.

야곱은 몇 차례 실수와 아픔이 있었지만 하나님 앞에서 신실했습니다. 하나님께서 말씀하시자 즉각적으로 반응합니다. 야곱은 가족들에게 "너희 중에 있는 이방 신상들을 버리고 자신을 정결하게 하고 너희들의 의복을 바꾸어 입으라"(창35:2)는 명령까지 하달하였습니다.

24Km, 세겜에서 하룻길 정도입니다. 벧엘을 향하여 걸으며 절뚝이 야곱은 많은 생각을 했을 것입니다. 꿈속에서 본 사닥다리, 어떻게든 살아보려고 발버둥 치던 20년 세월, 라헬이라 생각했는데 아침에 보니 레아였던 그 허망한 아침, 얍복 나루에서 천사와 씨름하던 밤, 걸을 때마다 느껴지는 다리의 통증 등등, 절뚝이 야곱은 이 생각 저 생각을 넘나들며 벧엘로 향합니다.

드디어 벧엘, 야곱은 제단을 쌓고 엘벧엘, 즉 "벧엘의 하나님"이라 불렀습니다. 20여 년 전, 형을 피해 도망칠 때 하나님께서 나타나셔서 "내가 너와 함께 있어 네가 어디로 가든지 너를 지키며 너를 이끌어 이 땅으로 돌아오게 할지라"(창28:15)고 하셨던 바로 그곳입니다. 그날, 잠에서 깨어난 야곱은 베개 삼았던 돌을 가져다가 기둥으로 세우고 기름을 붓고 기름을 부어드렸습니다. 그 때 야곱이 서원했던 말입니다.

하나님이 나와 함께 계셔서 내가 가는 이 길에서 나를 지키시고 먹을 떡

과 입을 옷을 주시어 내가 평안히 아버지 집으로 돌아가게 하시오면 여
호와께서 나의 하나님이 되실 것이요 내가 기둥으로 세운 이 돌이 하나
님의 집이 될 것이요 하나님께서 내게 주신 모든 것에서 십분의 일을 내
가 반드시 하나님께 드리겠나이다 (창28:20-22)

바로 그 벧엘입니다. 벧엘에 도착함으로 '밧단아람에서의 귀환'
이 마무리되었습니다. 창세기 기자도 "야곱이 밧단아람에서 돌아
오매"(창35:9)라고 분명히 적고 있습니다.

그런데 깜짝 놀랄 사건이 또 벌어집니다. 벧엘에 도착하여 기
둥을 세워 제사도 했고 하나님의 현현(顯現)도 경험했습니다. 하
나님의 약속도 확인할 수 있었습니다. 그런데 야곱은 얼마 후 벧
엘을 떠납니다. "그들이 벧엘에서 떠나 에브랏에 이르기까지"(창
35:16)라고 기록하고 있습니다. 왜 떠나야 했는지, 떠날 수밖에
없는 무슨 일이 있었는지….

에브랏은 '비옥한 지역'이라는 뜻으로 지금의 베들레헴, 혹은 그
주변을 말합니다. 벧엘에서 남쪽으로 17Km 내려가면 예루살렘
입니다. 그리고 예루살렘에서 6Km 정도 더 내려가면 거기가 바
로 에브랏입니다.

약속의 땅 벧엘을 떠난 야곱은 또 한 차례 슬픔을 경험합니다.
에브랏으로 가는 길에서 사랑하는 여인 라헬이 막내 베냐민을 낳
다가 산고로 인해 죽었습니다(창35:18-19). 만삭이 된 아내를

데리고 여행을 한 것도 이해가 되지 않습니다. 그런데 설상가상으로 에브랏에 머물고 있을 때 장남 르우벤이 야곱의 첩 빌하와 불륜을 저지릅니다(창35:22).

벧엘을 떠난 야곱이 남쪽으로 방향을 잡은 것은 그나마 다행이었습니다. 왜냐하면 아버지 이삭이 계신 헤브론이 남쪽이었기 때문입니다. 하지만 성경은 "이스라엘이 그 땅에 거주할 때"(창35:22)라고 분명히 밝히고 있습니다. 야곱이 에브랏을 또 다른 정착지로 생각하고 있었다는 증거입니다.

그 후 야곱은 다시 에브랏을 떠나 아버지가 계신 기럇아르바, 즉 헤브론으로 내려갔습니다. 에브랏에서 헤브론은 하룻길이었습니다. 헤브론에서 야곱은 아버지의 죽음을 맞이합니다(창35:27-30). 그 후 야곱은 가나안 땅 곧 그의 아버지가 거류하던 땅에 거주하였는데(창37:1) 전체적인 상황으로 볼 때 헤브론이었지 않을까 싶습니다.

훗날 야곱은 형들의 안부를 확인하라고 요셉을 보내는데 그곳이 헤브론이었습니다(창37:14). 그리고 야곱은 요셉이 살아 있다는 소식을 듣고 요셉을 보기 위해 애굽으로 내려옵니다. 이 때 브엘세바에 들려 제단을 쌓았는데 브엘세바에 들렸다는 것은 야곱이 헤브론에 정착하여 살고 있었다는 사실을 뒷받침합니다. 브엘세바는 헤브론에서 남쪽으로 약 45Km, 브엘세바에서 300Km 정도를 더 내려와야 애굽에 닿을 수 있었습니다.

구약성경에서 야곱만큼 여기저기 돌아다닌 사람은 없을 것입니다. 그 먼 밧단아람까지, 마지막에는 애굽으로 내려가 그곳에서 숨을 거두었습니다. 죽은 후에도 야곱의 시신은 다시 가나안으로 올라옵니다. 이 모든 여정이 살기 위한 몸부림이었습니다.

그 중심에는 벧엘이 있었습니다. 벧엘에서 하나님을 처음 만났고 하나님도 거듭해서 야곱을 벧엘로 부르셨습니다. 그런데 야곱은 엉뚱한 곳으로 발걸음을 옮깁니다. 행여 벧엘에 도착해서도 야곱은 오래 머물지 않고 벧엘을 빠져 나왔습니다.

"일어나 벧엘로 올라가라"는 말씀은 야곱에게만 주신 명령이 아닙니다. 오늘을 사는 모든 그리스도인들이 가슴깊이 새겨야 할 영적 가치이고 순례의 목적입니다. 벧엘을 향해 순례의 길을 걸었으면 좋겠습니다. 야곱처럼 절뚝거리며 걷지 말고 몸 망가지기 전에 말입니다.

유언의 대가 요셉

요셉이 그의 아버지의 가족과 함께 애굽에 거주하여 백십 세를 살며 에브라임의 자손 삼대를
보았으며 므낫세의 아들 마길의 아들들도 요셉의 슬하에서 양육되었더라 요셉이 그의
형제들에게 이르되 나는 죽을 것이나 하나님이 당신들을 돌보시고 당신들을 이 땅에서
인도하여 내사 아브라함과 이삭과 야곱에게 맹세하신 땅에 이르게 하시리라 하고 요셉이
또 이스라엘 자손에게 맹세시켜 이르기를 하나님이 반드시 당신들을 돌보시리니
당신들은 여기서 내 해골을 메고 올라가겠다 하라 하였더라 (창50:22-25)

복지사업에 평생을 바쳐 오신 분이 계셨습니다. 칠순이 넘어서
자 그는 자신의 재산을 어떻게 하면 뜻 깊게 사용할지를 놓고 고
민하기 시작했습니다. 마침내 그는 전 재산을 어느 대학교에 기부
하기로 마음을 정하고 유언장을 작성하여 평소 거래하던 은행 금
고에 보관하였습니다. 그로부터 몇 년 후, 그는 100억 대의 재산
을 남기고 세상을 떠났습니다. 유족들은 고인의 유품을 정리하다
가 은행에 보관된 유언장을 발견하였는데 그 처리 문제를 놓고 대
학 측과 팽팽히 맞섰습니다. 결국 법정에 섰습니다.

유족들은 고인이 자필로 썼다 해도 도장이 빠져 있어 유언장으로서의 효력이 없다고 주장했습니다. 반면에 대학은 고인의 의사가 확인된 이상 고인의 유지를 받드는 것이 옳다고 주장했습니다. 이런저런 말이 오고갔는데 법원은 법에서 정한 잣대를 들이댔습니다. 법이 정한 방식, 즉 '유언의 요식성'을 따라 작성되지 않은 유언장을 인정할 수 없다는 것이었습니다. 대법원까지 올라갔지만 법 해석은 달라지지 않았고 고인의 재산은 유족들 차지가 되고 말았습니다. 고인의 유훈(遺訓)을 가지고 치고 때리는 유족과 대학을 보며 서글퍼지는 마음을 지울 수가 없었습니다.

요셉을 '유언(遺言)의 대가(大家)'라고 부르는 것이 조금은 어색하게 들릴 수도 있습니다. 요셉이 지금처럼 유언의 요식성에 맞게 유언장을 남긴 것은 아니었습니다. 도장을 찍거나 무슨 공증을 받은 것이 아니었습니다. 그냥 말로 한 유언이었을 뿐입니다. 그런데 400년 가까운 세월이 흘렀음에도 불구하고 그 후손들은 요셉이 남긴 유언을 생명처럼 받들었습니다. 그래서 요셉을 유언의 대가라고 부르는 것입니다.

요셉은 나이 17살 때 애굽으로 팔려와 시위대장 보디발의 집에서 종살이를 했습니다. 어느 날 보디발의 아내에게 누명을 쓰고 성추행범으로 몰려 옥살이를 했습니다. 만 2년이 지나 우여곡절 끝에 요셉은 애굽 황제 바로 앞에 서게 됩니다. 바로의 꿈 이야기를 들은 요셉은 7년 동안 풍년이 들었다가 7년 동안 흉년이 찾아올 것이라고 해석합니다. 그리고 그 공로를 인정받아 일약 애굽 전국을 다스리는 총리의 자리에 오릅니다. 요셉의 나이 서른, 애굽에 끌려온 지 13년 만의 일입니다.

총리가 된지 9년 만에 가나안에서 아버지 야곱이 내려오셨습니다. 아버지를 만난 자리에서 "흉년이 아직 다섯 해가 있으니"(창 45:11)라고 말하는 것으로 보아 요셉의 나이 39세가 되었을 때의 일입니다. 요셉은 적어도 풍년 7년과 흉년 7년을 합쳐 14년 동안은 총리의 자리에 있었을 것입니다. 그렇다면 44살이 될 때까지 총리의 자리에 있었다는 말입니다. 그 후 얼마나 더 총리 혹은 다른 관직에 있었는지는 모르겠습니다.

아버지 야곱이 나이 147살에 숨을 거두었습니다(창47:28). 애굽에 내려오고 17년이 되던 해였습니다. 아버지가 돌아가시자 요셉은 바로에게 사람을 보내 가나안으로 올라가서 아버지를 장사 지내고 돌아오겠다고 말합니다. 요셉의 청을 듣고 바로는 허락합니다.

요셉이 바로의 궁에 말하여 이르되 내가 너희에게 은혜를 입었으면 원하건대 바로의 귀에 아뢰기를 우리 아버지가 나로 맹세하게 하여 이르되 내가 죽거든 가나안 땅에 내가 파 놓은 묘실에 나를 장사하라 하였나니 나로 올라가서 아버지를 장사하게 하소서 내가 다시 오리이다 하라 하였더니 바로가 이르되 그가 네게 시킨 맹세대로 올라가서 네 아버지

를 장사하라 (창50:4-6)

이때까지만 해도 요셉은 여전히 바로의 신하로 남아있었던 것으로 보입니다. 분위기로 볼 때 총리는 아니더라도 적어도 애굽의 중요한 자리에 있었을 것입니다. 전직 총리의 자격으로 무슨 자문위원 같은 자리였을 것이라는 추측도 가능합니다.

아버지의 유해를 모시고 가나안까지 올라가 장례를 치른 요셉이 다시 애굽으로 돌아옵니다(창50:14). 그런데 성경은 아버지 야곱이 죽었다는 소식을 전하고 곧바로 요셉이 110세를 살고 죽었다는 소식을 전합니다(창50:22). 하지만 두 사람의 죽음에는 50년 넘는 시차가 있었습니다. 아버지 야곱이 돌아가셨을 때 요셉은 56세였습니다. 그 후 요셉은 54년을 더 살다가 죽음을 맞습니다. 특별한 언급이 없는 것을 보면 그 기간 동안 역사에 남을 만한 사건이 없었던 모양입니다.

그런데 죽음을 앞둔 요셉이 의미심장한 말을 꺼냅니다. 가족들을 모았습니다. 두 아들 에브라임과 므낫세를 비롯하여 모든 자손들, 거기에 형제들과 그 자손들까지 한 자리에 모였습니다.

요셉이 그의 형제들에게 이르되 나는 죽을 것이나 하나님이 당신들을 돌보시고 당신들을 이 땅에서 인도하여 내사 아브라함과 이삭과 야곱에게 맹세하신 땅에 이르게 하시리라 하고 요셉이 또 이스라엘 자손에게 맹세시켜 이르기를 하나님이 반드시 당신들을 돌보시리니 당신들은 여

기서 내 해골을 메고 올라가겠다 하라 하였더라 (창50:24-25)

요셉이 전하는 메시지는 두 가지입니다. 하나님께서 이스라엘 백성들을 그 맹세하신 땅으로 돌아가게 하실 것이라는 약속의 말씀, 그리고 하나님께서 돌보시는 날이 이를 때 자기의 시신을 메고 가라는 유언입니다. 요셉이 하는 말을 보면 그 날이 멀지 않은 것처럼 여겨집니다. 하지만 그 날은 그렇게 빨리 오지 않았습니다. 출애굽까지는 꽤 많은 세월이 흐르게 됩니다.

많은 시간이 흐르고 시대가 바뀌었습니다. 애굽의 왕조(王朝)가 바뀌고 새로 왕위에 오른 애굽의 바로는 요셉에 대해 아는 것이 없었습니다. 요셉이 죽은 지 360년[30]이란 긴 세월이 흘렀기 때문입니다. 360년 엄청난 세월이 흐른 후 모세는 이스라엘 백성들을 인도하여 애굽을 빠져나옵니다. 그런데 놀랍게도 이스라엘 백성들은 요셉의 유골을 수습하여 가지고 나옵니다.

---

30) 성경은 이스라엘 백성이 애굽을 탈출하는 시점에 대해 "이스라엘 자손이 애굽에 거주한 지 사백삼십 년이라 사백삼십 년이 끝나는 그 날에 여호와의 군대가 다 애굽 땅에서 나왔은즉"(출12:40-41)이라고 정확히 기록하고 있다. 야곱이 가나안을 떠나 애굽에 내려간 후 430년이 지나 애굽을 나왔다는 말이다. 아버지가 애굽에 오셨을 때 요셉은 39살, 요셉은 그 후 71년을 더 살다가 110세에 죽음을 맞는다. 430년에서 71년을 빼면 359년이 된다. 따라서 요셉이 죽은 후 정확히 359년이 되었을 때 이스라엘은 출애굽을 하게 된다.

> 그러므로 하나님이 홍해의 광야 길로 돌려 백성을 인도하시매 이스라엘 자손이 애굽 땅에서 대열을 지어 나올 때에 모세가 요셉의 유골을 가졌으니 이는 요셉이 이스라엘 자손으로 단단히 맹세하게 하여 이르기를 하나님이 반드시 너희를 찾아오시리니 너희는 내 유골을 여기서 가지고 나가라 하였음이더라 (출13:18-19)

기원전 1446년, 이스라엘 백성들이 애굽을 탈출하는 출애굽 때의 일입니다. 당시 이스라엘 백성들은 황급하게 애굽을 탈출해야 했습니다. 며칠 후에 출발할 것이니 어떻게 준비하라는 예고도 없었습니다. 도망치듯 나오는 와중이었기 까닭에 가재도구 하나 챙기지 못했고 제대로 구워낸 빵 한 조각조차 준비하지 못했습니다(출12:39).

그 황급한 상황에서 모세는 요셉의 유골을 챙겼습니다. 상상이 가지 않습니다. 그것도 360년 전에 옛 어른이 남긴 유언이었는데 할아버지의 할아버지, 그 할아버지의 할아버지의 유언을 어쩌면 그렇게 한 치의 오차 없이 준행할 수 있었는지 놀랍기만 합니다.

그리고 훗날 이스라엘 백성들은 12지파를 따라 기업을 분배하는 동안에도 요셉의 시신을 소홀히 하지 않았습니다. 모든 일이 정리되자 요셉 지파는 배분받은 땅 세겜에 요셉의 뼈를 모십니다(수24:32). 어떻게 유언을 했기에 그 유언이 손자의 손자, 그 손자의 손자에 이르기까지 400년 가까운 세월을 살면서 어쩌면 그렇게 철저하게 준행될 수 있었는지 놀라지 않을 수 없습니다.[31]

그래서 요셉을 '유언의 대가'라고 하는 것입니다.[32]

  어떻게 유언을 해야 유언의 대가가 될 수 있겠습니까? 400년
이 흐른 후에도 그 유언을 준행하게 하려면 얼마나 단단히 말해야
하는 것입니까? 여기 중요한 문제가 하나 있습니다. 유언을 할 때
중요한 것은 유언을 하는 방식이나 절차가 아닙니다. 중요한 것은
유언의 내용입니다. 요셉은 '하나님께서 당신들을 이 땅에서 인도
하여 맹세하신 땅에 이르게 하실 것이다. 그 때 내 시신을 메고 올
라가라'(창50:24-25)는 유언을 남겼습니다. 여기서 '시신 운반'
이 아니라 '하나님께서 인도하실 것'이라는 약속이 핵심입니다.
  하나님께서 약속의 땅으로 인도하실 것이라는 말씀은 좀 더 옛
날로 올라가야 합니다. 야곱이 가나안을 떠날 때 있었던 일입니
다. 가나안을 떠나 애굽을 향하여 출발한 야곱은 브엘세바에 도착
하여 하나님께 희생제사를 드립니다. 그 날 밤, 하나님께서 야곱

---

31) 기원전 1,805년 요셉은 유언을 하고 죽음을 맞이한다. 모세가 이스라엘 백성
   들을 인솔하여 출애굽을 한 것이 기원전 1,446년, 그리고 기원전 1,400년 무
   렵, 땅 분배를 마친 이스라엘 백성들은 가나안에 정착한다. 요셉 지파는 분배
   받은 세겜에 요셉의 뼈를 장사했다.
32) 히브리서 기자는 믿음의 위인들 목록에 요셉을 빠뜨리지 않고 기록하였다.
   요셉의 파란만장한 인생 가운데 믿음의 역사로 스포트라이트를 받은 것이
   바로 '유언'이었다. "믿음으로 요셉은 임종시에 이스라엘 자손들이 떠날 것을
   말하고 또 자기 뼈를 위하여 명하였으며"(히11:22).

에게 말씀하십니다.

하나님이 이르시되 나는 하나님이라 네 아버지의 하나님이니 애굽으로
내려가기를 두려워하지 말라 내가 거기서 너로 큰 민족을 이루게 하리라
내가 너와 함께 애굽으로 내려가겠고 반드시 너를 인도하여 다시 올라올
것이며 요셉이 그의 손으로 네 눈을 감기리라 하셨더라 (창46:3-4)

야곱은 이 약속의 말씀을 붙들고 애굽으로 내려왔습니다. 그리
고 야곱은 이 말씀을 요셉에게 전했습니다. 한 두 번이 아니라 기
회가 있을 때마다, 귀에 못이 박히도록 말했을 것입니다. 그리고
요셉은 이 말씀을 아들들에게 전했습니다. 이스라엘 백성들은 이
약속의 말씀을 다시 아들의 아들에게 전했습니다. 그 긴 세월을
애굽의 노예로 살면서 이스라엘 백성들은 하나님께서 야곱에게
하셨던 약속의 말씀을 들었고 또 자손들에게 전했습니다. '힘들어
도 참아, 하나님께서 우리를 고향으로 돌려보내신다고 하셨어.'
이스라엘 자손들은 이 약속의 말씀을 놓지 않았습니다. 애굽에서
노예로 살면서 힘이 들면 힘이 들수록 이스라엘 백성들은 약속의
땅으로 돌아갈 것이라는 말씀을 더 단단하게 붙들었습니다.

따라서 요셉의 유골은 약속의 증거였고 소망 그 자체였습니다.
그 긴 세월 동안 요셉의 유골을 어디에 어떻게 보관하고 있었는지
는 모르겠습니다. 애굽 사람들이 하듯 미라 형태였을 수도 있고

아니면 뼈 조각 조금이었을 수도 있습니다. 그것을 이스라엘 백성들은 항아리에 보관하거나 땅속에 묻어두었을 것입니다. 오랜 세월 거치면서 이스라엘 백성들은 요셉의 유골을 마치 가보(家寶)처럼 간직하고 있었던 것입니다. 그리고 이스라엘 백성들이 애굽을 떠날 때 모세는 다른 것은 몰라도 요셉의 유골만큼은 정성을 다해 챙겼습니다.

요셉을 유언의 대가라고 하는 것은 말을 잘했다는 뜻이 아닙니다. 도장을 찍거나 혈서를 썼다는 것이 아닙니다. 요셉은 하나님의 뜻을 전했고 그 후손들 역시 요셉이 전하는 하나님의 약속을 마음에 새겼을 뿐입니다.

나이를 먹다보니 어느덧 손자들이 태어났습니다. 손자가 벌써 세 명입니다. 그래서 그런지 종종 마음이 약해집니다. 뭔가를 남겨야 하는데 하는 생각에 골똘할 때가 있습니다. 평생을 목사로 살고 있으니 금은보화를 남길 수는 없을 것 같습니다. 하지만 의미 있는 말 몇 마디는 꼭 남기고 싶습니다. 시신을 어떻게 하라는 구차한 이야기가 아니라 하나님 나라에 대한 소망만큼은 분명히 전하고 싶습니다.

10여 년 전, 권사님 한 분이 대학병원에서 큰 수술을 받았습니다. 의사들은 수술하는 중에 숨을 거둘 수도 있다고 경고하였습니다. 그렇다면 마지막 대화일 수도 있었습니다. 드디어 수술실 입구에 도착하였습니다. 문 하나만 넘어가면 얼굴조차 더 이상 볼 수 없었습니다. 가족들과 함께 기도를 했습니다. 자녀들은 훌쩍거리고 권사님은 '아멘, 아멘'하시며 기도를 따라오셨습니다.

기도를 끝내고 권사님에게 마지막으로 한 마디 하시라고 청했습니다. "권사님, 자녀들에게 사랑한다고 말해주세요. 고맙다고…." 그러자 권사님께서 눈을 번쩍 뜨시더니 큰소리로 말씀하셨습니다. "너희들 나 죽으면 목사님 하자는 대로 장례 치러. 그리고 예수 잘 믿어…. 교회 잘 다니고."

그렇습니다. "예수 잘 믿어…. 교회 잘 다녀"라는 것보다 더 멋진 유언은 없을 것 같습니다. 예수 잘 믿으라는 말만 할 수 있어도 '유언의 대가'가 될 수 있습니다.

여호수아, 최고의 학습자

무리가 그들의 양식을 취하고는 어떻게 할지를 여호와께 묻지 아니하고 여호수아가
곧 그들과 화친하여 그들을 살리리라는 조약을 맺고 회중 족장들이
그들에게 맹세하였더라 (수9:14-15)

성경은 여호수아가 에브라임 지파 눈(Nun)의 아들이라고 소개
합니다. 원래 이름은 호세아였는데 모세가 여호수아라고 불렀습
니다(민13:16). 여호수아의 이름이 성경에 처음 등장한 것은 이
스라엘 백성이 르비딤에서 아말렉과 싸울 때입니다. 모세는 여호
수아에게 "우리를 위하여 사람들을 택하여 나가서 아말렉과 싸우
라"(출17:9)고 명령합니다. 여호수아가 싸우는 동안 모세는 산꼭
대기에 올라가서 손을 들고 있었습니다. 싸움이 끝나자 하나님은
모세에게 "이것을 책에 기록하여 기념하게 하고 여호수아의 귀에

외워 들리라"(출17:14)고 명령하셨습니다.

모세가 하나님으로부터 계명을 받기 위해 시내산에 오를 때도 여호수아가 등장합니다. 하나님께서 그 누구도 산에 가까이 하지 못하게 하셨는데 모세는 여호수아를 데리고 갑니다. 여기서 여호수아는 "부하"라고 소개됩니다(출24:13). 새번역과 현대인의 성경은 각각 "부관"과 "보좌관"이라고 옮겼습니다. 단순한 종이 아니라는 말입니다. 보좌관으로서 여호수아는 모세와 함께 40일 동안 산에 머물렀습니다.

십계명이 기록된 돌판을 들고 내려오는데 산 아래에서 요란한 소리가 들렸습니다. 여호수아는 "진중에서 싸우는 소리가 나나이다"(출32:17)라고 말합니다. 산을 내려올 때까지 여호수아는 모세 옆을 떠나지 않았다는 증거입니다. 산에서 내려온 후 모세는 회막에서 하나님을 만나 이야기를 나누곤 했습니다. 이야기를 마친 모세는 숙소로 돌아왔는데 여호수아는 회막을 떠나지 않고 지켰습니다. 이 장면에서 성경은 여호수아를 "젊은 수종자"(출33:11)라고 적고 있습니다. 새번역 성경은 "모세의 젊은 부관 여호수아"라고 소개합니다.

바란 광야에 도착한 모세는 가나안을 정탐하기 위해 12명을 파송합니다. 각 지파에서 지휘관 한 사람씩, 이 때 에브라임 지파에서 파송된 사람이 여호수아입니다(민13:8). 정탐을 마친 12명이 돌아와 상황을 보고할 때 갈렙과 함께 여호수아는 긍정적인 보고를 합니다. "그 땅을 정탐한 자 중 눈의 아들 여호수아와 여분네의 아들 갈렙이 자기들의 옷을 찢고 이스라엘 자손의 온 회중에게 말하여 이르되 우리가 두루 다니며 정탐한 땅은 심히 아름다운 땅이라"(민14:6-7).

약 40년이 흐르고 하나님은 모세에게 약속의 땅 가나안에 들어가지 못한다고 말씀하셨습니다. 모세는 하나님의 뜻을 겸허히 받아들입니다. 대신 한 사람을 세워달라고 요청합니다(민27:15-17). 하나님은 모세의 요청에 따라 곧바로 여호수아를 지명하십니다.

> 눈의 아들 여호수아는 그 안에 영이 머무는 자니 너는 데려다가 그에게 안수하고 그를 제사장 엘르아살과 온 회중 앞에 세우고 그들의 목전에서 그에게 위탁하여 네 존귀를 그에게 돌려 이스라엘 자손의 온 회중을 그에게 복종하게 하라(민27:18-20).

모세는 하나님의 명령에 순종하여 여호수아에게 안수하여 이스라엘의 지도자로 세웁니다. 그리고 모세는 120세의 나이로 세상을 떠납니다(신34:7).

드디어 여호수아 시대가 시작되었습니다. 여호수아에게 주어진 책임은 이스라엘 백성들을 인솔하여 가나안 땅에 들어가 그 땅을 정복하여 각 지파 별로 분배하는 일이었습니다. 가나안 정복 전쟁은 쉽지 않았습니다. 무기와 물자는 턱없이 부족했고, 백성들은 전쟁의 경험이 없었습니다. 하지만 여호수아는 이스라엘 백성들을 인솔하여 가나안 정복 전쟁을 승리로 이끕니다. 그래서 사람들은 여호수아를 장군 혹 대장이라고 부릅니다.

가나안 정복 전쟁은 5,6년 정도 걸렸습니다. 모세가 죽은 것이 기원전 1,406년, 여호수아는 곧바로 요단강을 건너 가나안으로 진격하였고 기원전 1,400년 무렵 전쟁이 끝났습니다. 그리고 여호수아는 110세를 살고 삶을 마감하였습니다(수24:29).[33]

여호수아가 가나안 정복 전쟁을 수행하는 동안 하나님은 그 어느 때보다도 신경을 많이 쓰셨습니다. 대단했던 지도자 모세에 비한다면 여호수아는 사실 내세울 것이 없었습니다. 단지 모세를 수종 들었던 사람이고 부관 출신이었습니다. 여호수아를 세우신 하나님은 다급해지셨습니다. 하나님은 참 바쁘게 움직이셨습니다. 모세가 죽자 하나님은 곧바로 여호수아에게 말씀하십니다.

---

33) 모세는 120세의 일기로 죽음을 맞이했다. 이 시기를 성서신학자들은 기원전 1,406년의 일로 추정하고 있다. 여호수아는 기원전 1,390년 110세의 일기로 인생을 마감한다(수24:29). 따라서 여호수아가 이스라엘의 지도자가 된 것은 나이 96세 무렵이 된다. 시내산에 오르고 정탐꾼으로 파송될 때 여호수아는 56세였을 것이다. 물론 출애굽 연도에 대해서는 학자들마다 차이가 있다.

여호와의 종 모세가 죽은 후에 여호와께서 모세의 수종자 눈의 아들 여호수아에게 말씀하여 이르시되 내 종 모세가 죽었으니 이제 너는 이 모든 백성과 더불어 일어나 이 요단을 건너 내가 그들 곧 이스라엘 자손에게 주는 그 땅으로 가라 … 강하고 담대하라 너는 내가 그들의 조상에게 맹세하여 그들에게 주리라 한 땅을 이 백성에게 차지하게 하리라 (수1:1-6)

내가 네게 명령한 것이 아니냐 강하고 담대하라 두려워하지 말며 놀라지 말라 네가 어디로 가든지 네 하나님 여호와가 너와 함께 하느니라 하시니라 (수1:9)

하나님은 요단을 건너려고 하는 여호수아에게 또 말씀하십니다.

여호와께서 여호수아에게 이르시되 내가 오늘부터 시작하여 너를 온 이스라엘의 목전에서 크게 하여 내가 모세와 함께 있었던 것 같이 너와 함께 있는 것을 그들이 알게 하리라 너는 언약궤를 멘 제사장들에게 명령하여 이르기를 너희가 요단 물 가에 이르거든 요단에 들어서라 하라 (수3:7-8)

그것이 끝이 아닙니다. 백성들이 요단 건너기를 마치자 하나님은 백성의 각 지파에 한 사람씩 열두 사람을 보내 강바닥에서 돌 열둘을 취하여 역사적으로 보존하라는 구체적인 지침을 내리셨습니다(수4:1-3).

기념물들이 올라오자 하나님은 증거궤를 멘 제사장들을 요단에서 올라오라고 지시하셨습니다(수4:15-16). 또 하나님은 부싯돌로 칼을 만들어 할례를 행하라는 명령을 내리십니다(수5:2). 심지어는 할례를 행한 장소의 이름을 길갈로 하라는 지침까지 전달하십니다(수5:9). 그 외에도 하나님은 계속해서 여호수아가 해야 할 일들에 대해 세심하게 알려주셨습니다(수5:15, 6:2, 7:10, 8:1, 18, 10:8, 11:6). 하나님의 간섭하심은 도피성을 만드는 것까지 이어집니다(수20:1).

이 모든 지시와 명령에 대해 성경은 "여호와께서 여호수아에게 말씀하여 이르시되" 혹은 "여호와께서 여호수아에게 이르시되"라고 적고 있습니다. 놀랍게도 여호수아는 하나님께서 말씀하시면 그대로 순종합니다. 머뭇거리는 적이 없었습니다. 한 치의 망설임도 없이 여호수아는 곧바로 행동으로 옮깁니다. 제사장들에게 언약궤를 메게 하라는 지시가 떨어지면 여호수아는 곧바로 제사장들을 불러 하나님으로부터 언약궤를 메라는 지시가 떨어졌다고 전달합니다. 부싯돌로 칼을 만들라고 하시면 왜 굳이 그렇게 해야 하느냐고 따지지 않았습니다. 여리고 성을 매일 한 번 씩 엿새를 돌고 마지막 날에는 일곱 번 돌라고 하셨을 때에도 여호수아는 그 이유를 묻지 않고 그대로 순종합니다.

그래서 여호수아를 '순종의 모델'이라고 부르는 것입니다. 성경은 여호수아가 하나님의 명령대로 다 순종했다는 기록을 여러 차례 반복하고 있습니다(수10:40, 11:9, 15:13). 심지어 여호수아는 모세를 통해 전해들은 하나님의 명령까지도 철저하게 순종하였습니다(수8:30-35). 누가 뭐라고 해도 여호수아는 성경에 등장하는 '최고의 학습자'임에 손색이 없는 사람입니다.

그런데 여호수아에게 한 가지 실책이 있었습니다. 우여곡절 끝에 아이 성을 점령하고 얼마 지나지 않았을 때입니다. 소문을 들은 여러 부족들이 이스라엘과 싸우려고 동맹을 맺었습니다. 요단 서쪽 산지와 평지에 사는 사람들, 심지어는 멀리 레바논 앞 대해 연안에 살고 있던 헷 사람과 아모리 사람들까지 힘을 합쳤습니다.

여러 민족과 한 판 싸움을 벌어야 하는 여호수아는 긴장하지 않을 수 없었습니다. 그런데 예기치 않은 손님들이 찾아왔습니다. 스스로 사신이라고 소개하는 이들은 모양새가 남루했습니다. 전대와 포도주 가죽 부대는 다 헤어지고 찢어졌습니다. 신발도 낡고 떡은 이미 마르고 곰팡이가 났습니다. 누가 보아도 멀리서 온 자들이 분명했습니다. 이들은 여호수아에게 화친을 원한다며 머리를 숙였습니다. 가뜩이나 심사가 복잡했던 여호수아는 화친하자는 말에 중심이 흔들렸습니다. 깊이 생각할 것도 없이 그들을 해치지 않기로 언약을 맺은 것입니다. 그런데 나중에 알고 보니 이들은 사흘 정도면 갈 수 있는 기브온에서 온 사람들이었습니다(수9:3-17).[34] 여호수아는 경솔했습니다. 이 점을 성경은 날카롭게 지적합니다.

> 무리가 그들의 양식을 취하고는 어떻게 할지를 여호와께 묻지 아니하고
> 여호수아가 곧 그들과 화친하여 그들을 살리리라는 조약을 맺고 회중
> 족장들이 그들에게 맹세하였더라 (수9:14-15)

여호와께 묻지 않았다는 것은 "하나님, 어떻게 하면 좋을까요?"
라고 물어보지 않고 자기 마음대로 했다는 뜻입니다. 뒤늦게 상황
을 파악했지만 약속을 했기 때문에 여호수아는 기브온 사람들을
공격할 수 없었습니다. 기브온 사람들은 나무를 패며 물을 긷는
일을 하면서 이스라엘 공동체에 함께 살게 된 것입니다(수9:21).
하나님께 묻지 않았다는 이야기를 하다 보니 한 가지 중요한 문
제가 머리를 스칩니다. 가나안 정복 전쟁을 치르면서 하나님은 여
호수아에게 끊임없이 말씀하셨는데 여호수아는 하나님 앞에서 침
묵합니다. 하나님께서 말씀하실 때마다 민첩하게 반응은 했지만
여호수아는 그 어떤 경우에도 하나님 앞에서 입을 열지 않았습니
다. 말씀하시면 말씀하시는 대로, 명령하시면 명령하시는 대로
여호수아는 그대로 순종했을 뿐입니다.

---

34) 기브온은 예루살렘 북서쪽 8Km 지점에 있는 마을이다. 길갈에서 기브온까
지는 대략 30Km 정도, 성경은 "이스라엘 자손이 행군하여 셋째 날에 그들의
여러 성읍들에 이르렀으니"(수9:17)라고 적고 있다.

하나님을 모르는 여호수아가 아니었습니다. 시내산에서 40일을 모세와 함께 머물며 하나님과 모세가 만나는 장면을 바로 옆에서 지켜보았던 여호수아였습니다. 모세가 숙소로 돌아갔을 때에도 '회막'을 지켰던 여호수아 아닙니까? 그런데 하나님을 향해 단한 차례도 입을 열지 않았다는 것이 놀라울 뿐입니다.

성경을 기록한 기자(記者)가 굳이 기록하지 않은 것이라는 해석이 가능합니다. 물론 여호수아 역시 무슨 말이라도 했을 가능성은 얼마든지 가능합니다. 단 한 차례, 여호수아가 하나님께 아뢰었다는 기록이 있기는 합니다.

> 여호와께서 아모리 사람을 이스라엘 자손에게 넘겨주시던 날에 여호수아가 여호와께 아뢰어 이스라엘의 목전에서 이르되 태양아 너는 기브온 위에 머무르라 달아 너도 아얄론 골짜기에서 그리할지어다 하매 (수10:12)

하지만 하나님께 기도를 했다거나 하나님의 뜻을 물어본 것이 아니었습니다. 전쟁에서 승리하자 하나님께 외쳤다는 정도입니다.

모세도 그랬지만 하나님 앞에서 말을 많이 했던 사람은 다윗입니다. 성경에는 다윗이 하나님께 기도하고 여쭈었다는 기록이 꽤 자주 등장합니다. 특히 사울에게 쫓길 때, 또 왕위에 오르고 나라가 힘들 때 다윗은 하나님께 기도하고 찬양했습니다. 어려운 문제가 있을 때마다 다윗은 하나님께 묻고 여쭈었습니다. 그런데 나라가 안정되고 편안해지자 다윗은 하나님께 묻는 것을 소홀히 하기 시작했습니다. 하나님께 기도하지 않고 물어 보는 대신 혼자 생각하고 혼자 결정하는 일이 잦아졌습니다. 하나님을 찾지 않던 그 때 밧세바와의 불륜 사건이 터집니다.

지금도 이스라엘은 팔레스타인 난민들 때문에 골머리를 앓고 있습니다. 가자 지구(Gaza Strip)를 포함하여 이스라엘 전역에 언제 무슨 일이 터질지 불안하기만 합니다. 여호수아가 가나안 정복 전쟁을 치르면서 하나님께 물어보고 일을 처리했었다면, 그래서 기브온 사람들을 받아들이지 않았다면 세상은 조금 나아지지 않았을까 하는 아련한 생각을 해봅니다.

해결사 비느하스

이스라엘 자손의 온 회중이 회막 문에서 울 때에 이스라엘 자손 한 사람이 모세와 온 회중의
눈앞에 미디안의 한 여인을 데리고 그의 형제에게로 온지라 제사장 아론의 손자 엘르아살의
아들 비느하스가 보고 회중 가운데에서 일어나 손에 창을 들고 그 이스라엘 남자를 따라
그의 막사에 들어가 이스라엘 남자와 그 여인의 배를 꿰뚫어서 두 사람을 죽이니
염병이 이스라엘 자손에게서 그쳤더라 (민25:6-8)

비느하스는 모세와 함께 출애굽을 이끌었던 대제사장 아론의
손자입니다. 아론에게는 나답과 아비후라는 아들들이 있었지만
하나님께 다른 불을 드리다가 죽고 그 뒤를 이어 엘르아살이 대제
사장의 직분을 이어받았습니다(민26:61). 그리고 엘르아살의 아
들이 비느하스입니다(출6:25).[35]

---

35) 성경에는 비느하스라는 이름을 가진 이들이 또 있다. 그 가운데 대표적인 사
람이 제사장 엘리의 아들 비느하스이다(삼상1:3). 그런데 엘리의 아들 비느

아론의 손자, 엘르아살의 아들 비느하스는 하나님께서 역사하시는 모습을 가까이에서 지켜보았습니다. 할아버지 아론이 제사장으로 일하는 모습을 보며 성장하였고, 동시에 출애굽을 인도하는 모세를 가까이에서 지켜보았습니다. 또한 비느하스는 여호수아가 가나안을 정복하는 과정 역시 지근거리에서 바라보았습니다. 그리고 결정적인 순간에 혜성같이 나타나 참 요긴한 모퉁이돌처럼 역사의 중요한 페이지를 장식합니다. 때로는 온화하게, 때로는 과감하게 하나님의 해결사로 살았던 사람이 비느하스입니다.

해결사 비느하스의 이름이 처음 등장한 것은 기원전 1,410년 무렵, 할아버지 아론이 죽은 지 얼마 지나지 않았을 때입니다(민 20:28). 비느하스는 당시 20세 안팎의 젊은이였습니다. 당시 이스라엘 백성들은 싯딤에 머물고 있었는데 싯딤(Shittim)은 '아카시아 나무들'이란 뜻으로 여리고에서 동쪽으로 18Km 떨어진 마을입니다.

싯딤 주변으로는 모압 사람들이 거주하고 있었습니다. 싯딤에 머물던 이스라엘 백성들은 모압 여인들과 음행에 빠졌습니다(민

하스는 그 형 홉니와 더불어 참 못 된 사람이었다. 하나님께 드려진 제물들을 가로채고 심지어는 성소에서 일하는 여인들과 동침하기도 했다. 성경은 이들의 행실이 나쁘고 하나님을 알지 못했다고 기록하고 있다(삼상2:12).

25:1). 싯딤 여인들이 자기 신들에게 제사할 때 이스라엘 백성들 역시 이방 제사에 가담하기도 했습니다. 이방인들의 땅이었는데 빨리 빠져나가지 않고 지체하고 있다가 음행과 우상숭배에 빠진 것입니다. 하나님께서 화가 나실 수밖에 없었습니다.

> 여호와께서 모세에게 이르시되 백성의 수령들을 잡아 태양을 향하여 여
> 호와 앞에 목매어 달라 그리하면 여호와의 진노가 이스라엘에게서 떠나
> 리라 (민25:4)

하나님의 명령이 떨어지자 모세는 재판관들에게 바알브올에 가담했던 자들을 죽이라고 지시합니다. 모압 여인들에게 미혹되어 우상 숭배에 빠진 자들을 살려두지 말라는 것입니다. 하나님의 준엄한 심판이 선포되자 뒤늦게 심각성을 깨달은 백성들은 회막 문에 나와 울기 시작했습니다.

백성들이 울고 있으니 모세는 이러지도 저러지도 못하고 엉거주춤하고 있었습니다. 재판관들 역시 울고 있는 형제들을 찌르는 것이 쉽지 않았습니다. 이 때 황당한 일이 벌어졌습니다. 이스라엘 자손 한 사람이 미디안 여자를 데리고 나타난 것입니다. 아마도 이방 여인들과 음행에 빠지고 우상 앞에 제사한 자들을 처형하라는 명령이 떨어져 모두 술렁거리고 있을 때 그 자리에 없었던 모양입니다. 아무 생각 없이 남자는 미디안 여자를 데리고 사람들

앞을 지나 자기 막사에 들어갔습니다.

모두들 넋 놓고 바라보고 있을 때 분연히 등장한 사람이 비느하스입니다. 젊은 비느하스는 손에 창을 들고 일어나 그 남자가 있는 막사에 쫓아 들어가 남자와 여인의 배를 찔러 죽입니다. 성경은 이 광경을 지켜보신 하나님께서 마음을 푸시고 염병을 거두셨다고 기록합니다. 이 사건이 있은 후 하나님께서 모세에게 하신 말씀입니다.

> 여호와께서 모세에게 말씀하여 이르시되 제사장 아론의 손자 엘르아살의 아들 비느하스가 내 질투심으로 질투하여 이스라엘 자손 중에서 내 노를 돌이켜서 내 질투심으로 그들을 소멸하지 않게 하였도다 (민 25:10-11)

이 사건이 있은 후 하나님은 모세에게 미디안의 원수를 갚으라고 명령하십니다. 처음에는 "이스라엘 자손의 원수"(민31:2)라고 하셨다가 곧바로 "여호와의 원수"(민31:3)라고 언급하셨습니다. 아마도 마음이 많이 상하셨던 모양입니다. 하나님은 각 지파에서 천 명씩 전쟁에 보내라고 꽤 구체적으로 지시하셨습니다. 하나님의 말씀대로 모세는 각 지파에서 천 명 씩 선발하여 전쟁에 내보냅니다. 그런데 모세는 군사들만 보내지 않았습니다. 하나님의 도우심을 구하며 모세는 한 사람을 택하여 성소의 기구와 신호 나팔을 들려서 전쟁에 보냅니다. 그 사람이 비느하스입니다(민 31:6).

해결사 비느하스가 역사의 전면에 나서는 또 하나의 사건이 있습니다. 모세가 죽은 후 대권을 물려받은 여호수아가 가나안 정복에 힘을 내고 있을 때입니다. 가나안 정복 전쟁을 시작하면서 르우벤 사람과 갓 사람과 므낫세 사람 절반이 요단 오른쪽에 정착하고 싶다고 청원을 한 적이 있었습니다. 여호수아는 그들의 뜻을 받아들였습니다. 대신 전쟁이 끝날 때까지 강을 건너와 함께 싸우기로 약속했습니다. 그래서 르우벤, 갓, 므낫세 반 지파에서 싸울 만한 사람들은 요단을 건넜고 부녀자들만 그곳에 남겨두었습니다. 전쟁이 끝나자 여호수아는 르우벤, 갓, 그리고 므낫세 반 지파들을 불러 요단 동쪽 가족들이 있는 곳으로 돌아가라고 명령합니다(수22:1-6).

그런데 사건이 터졌습니다. 르우벤 자손과 갓 자손과 므낫세 반 지파 사람들이 요단을 건너 언덕에 이르자 그곳에 제단을 쌓은 것입니다. 누가 보아도 큰 제단이었습니다(수22:10). 마음을 다하고 성품을 다하여 하나님만 섬기기로 다짐하고 돌려보냈는데 큰 제단을 쌓았다고 하니 보고를 받은 이스라엘 자손들은 가만히 있을 수가 없었습니다.

이스라엘 자손이 이를 듣자 곧 이스라엘 자손의 온 회중이 실로에 모여
서 그들과 싸우러 가려 하니라 (수22:12)

하지만 백성들 가운데 사려 깊은 이들이 있었습니다. 백성들은
흥분했던 가슴을 쓸어내리고 먼저 요단 동쪽에 사람을 보내 상황
을 살피자고 의견을 모읍니다. 상황을 살피고 사정 이야기를 들어
보기로 하고 한 사람을 파송하는데 이 때 또 비느하스가 등장합니
다. 이스라엘 백성들은 비느하스를 파송하여 요단 동쪽 언덕에서
무슨 일이 벌어지고 있는지 살펴보도록 했습니다(수22:13).

비느하스는 각 지파에서 파송된 사람들 열 명을 데리고 강을 건
너 문제의 현장에 도착하였습니다. 현장을 둘러본 비느하스는 르
우벤, 갓, 므낫세 반 지파의 지도자들을 만나 이야기를 나눕니다
(민22:22-29). 이런저런 이야기들이 오고갔습니다. 자초지종
을 전해들은 비느하스는 그들의 말을 좋게 받아들이고 몇 마디 당
부를 한 다음 여호수아가 있는 본부로 돌아옵니다. 비느하스가 이
스라엘 백성들에게 전후 상황을 보고하자 백성들 모두 마음이 풀
렸습니다.

그 일이 이스라엘 자손을 즐겁게 한지라 이스라엘 자손이 하나님을 찬
송하고 르우벤 자손과 갓 자손이 거주하는 땅에 가서 싸워 그것을 멸하
자 하는 말을 다시는 하지 아니하였더라 (수22:33)

만약 비느하스가 일을 잘못 처리했으면, 그래서 자칫 형제간에 싸움이라도 벌어졌으면 이스라엘 역사는 사뭇 달라졌을 것입니다. 감사하게도 비느하스는 정확히 판단했고 지혜롭게 행동했습니다. 해결사로서의 비느하스의 삶을 보여주는 멋진 사건입니다.

해결사로서 비느하스의 행적을 보여주는 또 하나의 사건이 있었습니다. 기원전 1,350년, 비느하스도 이제는 노인이 되었습니다. 에브라임 산지에 거주하는 어떤 레위 사람과 그 첩으로 인해 나라 전체가 큰 혼돈에 빠졌습니다. 레위 사람이 음행에 빠진 자신의 첩을 찾아 집으로 데리고 돌아옵니다. 돌아오는 길에 날이 저물자 이 사람은 베냐민에 속한 기브아라는 동네에 유숙하러 들어갔습니다. 그런데 밤에 그 동네 깡패들이 나타나 여인을 끌어내 성폭행을 합니다. 그리고 여인은 그 충격으로 목숨을 잃었습니다. 여인이 죽자 레위 사람은 그 시신을 나귀에 싣고 집으로 돌아옵니다. 그리고 그 시신을 열 두 덩이로 잘라 이스라엘 사방에 두루 보냅니다(삿19:29).

끔찍한 소식을 접한 이스라엘은 단에서부터 브엘세바까지 모든 족속이 군사를 일으켰습니다. 칼을 빼는 보병이 사십 만 명이었습니다. 모두가 다 전사였습니다(삿20:17). 상대는 베냐민 자손 한 개 지파, 군사라고 해야 칼을 빼는 자가 이만 육천 명, 그리고 왼손잡이로 물매를 던지는 자가 칠백 명에 불과했습니다.

명분으로 보나 군사력으로 보나 이스라엘이 이기는 것이 당연했습니다. 그런데 첫 라운드에서 이스라엘 군사 이만 이천 명이 죽습니다. 뜻밖의 패전을 경험한 이스라엘 백성들이 그 이튿날 다시 싸우기 위해 전열을 갖추었습니다. 하지만 두 번째 라운드에서도 이스라엘은 만 팔천 명을 잃었습니다. 울고불고 난리가 났습니다. 날이 저물도록 금식하고 번제와 화목제를 드렸습니다. 그리고 백성들은 마음을 가다듬고 한 사람 앞에 무릎을 꿇습니다. 바로 그 사람, 그가 바로 이제는 노인이 된 제사장 비느하스입니다 (삿20:28). 비느하스는 백성들에게 하나님의 말씀을 전합니다.

이스라엘 자손이 여호와께 물으니라 그 때에는 하나님의 언약궤가 거기 있고 아론의 손자인 엘르아살의 아들 비느하스가 그 앞에 모시고 섰더라 이스라엘 자손들이 여쭈기를 우리가 다시 나아가 내 형제 베냐민 자손과 싸우리이까 말리이까 하니 여호와께서 이르시되 올라가라 내일은 내가 그를 네 손에 넘겨주리라 하시는지라 (삿20:27-28)

그 다음날, 이스라엘 백성들은 베냐민과의 싸움에서 승리를 합니다. 비느하스가 전한 말씀 그대로 이루어진 것입니다. 비느하스의 나이 80은 족히 되었을 것입니다. 노인이었지만 비느하스는 해결사로서 한 치의 흔들림이 없었습니다.

그 후 비느하스의 이름이 사라집니다. 얼마나 더 살았는지, 어디서 살다가 어떻게 죽었는지 성경은 아무런 설명도 하지 않습니다. 할아버지 아론의 죽음에 대해 보고하고(민20:26) 아버지 엘르아살의 죽음에 대해서도 기록하는데(수24:33) 비느하스에 대해서는 아무런 설명이 없습니다.

역대기 성경은 비느하스가 아비수아를 낳았다고 기록합니다(대상6:5, 50). 이런 기록들을 보면 아론에서 시작하여 엘르아살을 거쳐 비느하스는 자손 대대로 제사장 가문을 이어간 것은 분명합니다. 그리고 또 한 번, 역대기 기자는 여호와의 진영을 맡고 출입문을 지킨 제사장들의 이름을 거론하며 비느하스를 소개합니다.

> 여호와께서 함께 하신 엘르아살의 아들 비느하스가 옛적에 그의 무리를 거느렸고 (대상9:20)

엘르아살의 아들 비느하스가 있었는데 비느하스가 사는 동안 하나님께서 그와 함께 하셨다는 말입니다. 「새번역성경」은 "예전에는 엘르아살의 아들 비느하스가 그들의 책임자였는데, 주님께서 그와 함께 하셨다"라고 번역합니다. 이 말씀은 비느하스의 삶에 대한 역대기 사가(史家)의 총평입니다.

그리고 오랜 세월이 지난 후, 어느 시인이 이 때 일을 추억하며 노래를 부릅니다. 시인은 비느하스의 이름을 기억하며 비느하스가 하나님과 백성들 사이를 중재했기에 재앙이 그쳤으며 이 일로

인해 비느하스의 의가 하나님 앞에 영원토록 의로 인정받았다고
노래합니다.

> 그 때에 비느하스가 일어서서 중재하니 이에 재앙이 그쳤도다 이 일이
> 그의 의로 인정되었으니 대대로 영원까지로다 (시106:30-31)

하나님께서 그의 의로 여기셨다고 할 정도로 비느하스는 하나
님의 해결사로 살면서 평생 하나님의 영광을 위해서 헌신했던 사
람으로 남아 있습니다.

삼손과 사무엘, 그 출생의 비밀

소라 땅에 단 지파의 가족 중에 마노아라 이름하는 자가 있더라
그의 아내가 임신하지 못하므로 출산하지 못하더니(삿13:2)

여호와께서 그에게 임신하지 못하게 하시니 여호와께서 그에게 임신하지 못하게 하시므로
그의 적수인 브닌나가 그를 심히 격분하게 하여 괴롭게 하더라(삼상1:5-6)

　　성경은 전체적으로 볼 때 그렇게 친절한 책은 아닙니다. 여러
사람들이 등장하지만 등장인물들의 나이나 경력, 가족 등 기본적
인 정보조차 제공하지 않는 경우가 대부분입니다. 다만 오해를 방
지하기 위해 어디 출신, 혹은 누구의 아들이라는 간략한 설명을
제시합니다.

　　예를 들어, 예수님의 수제자였던 베드로에 대해 성경은 거의 침
묵합니다. 고향이 갈릴리 어디라는 것, 그 바다 어디에서 어부로
살았다는 것 정도만 언급할 뿐입니다. 제자로 부름을 받을 때 몇

살이었는지, 결혼을 한 것으로 보이는데 부인이 누구인지, 자녀를 몇 명이나 두었는지에 대해서는 아무런 설명이 없습니다. 또한 사람, 사도 바울에 대해서도 성경은 말을 아낍니다. 바울에 대해 알려진 것은 그가 길리기아 다소 출신이고 예루살렘에 와서 가말리엘이라는 율법학자 밑에서 공부했다는 것 정도가 전부입니다. 그가 몇 살인지, 고질병이 있었다는데 구체적으로 어떤 병인지 등등, 궁금한 것이 많은데 성경은 입을 꾹 다물고 있습니다.

그렇다고 예외가 없는 것은 아닙니다. 드물지만 성경이 어떤 인물에 대해 그 출생의 비밀을 소개하는 경우가 있습니다. 이런 경우에 성경은 그 부모가 어떻게 해서 아이를 갖게 되었는지부터 시작하여 어린 시절 있었던 일까지 비교적 상세하게 기록합니다. 그 대표적인 인물이 사사시대 이스라엘을 이끌었던 사사 삼손과 사무엘입니다. 삼손은 대략 기원전 1,050년, 혹은 그 이전에 태어났습니다. 사무엘은 그보다 조금 늦은 기원전 1,070년 즈음에 출생하였습니다. 연대로 보면 불과 20년 정도 차이이지만 두 사람이 만났을 것으로 보이는 정황은 그 어디에서도 찾아볼 수 없습니다.

두 사람의 공통점이 있습니다. 첫째, 그 어머니들이 임신을 하지 못한 채 꽤 여러 해를 보냈습니다. 둘째, 하나님은 사자를 보내 어머니에게 임신 사실을 예고하셨습니다. 셋째, 아이를 양육하는 일에 있어서 아버지보다는 어머니가 주도적인 역할을 감당했습니다. 넷째, 두 아버지 모두 넉넉한 성품의 소유자로 아내를 배려할 줄 아는 꽤 괜찮은 사람들이었습니다. 다섯째, 부모의 영적인 가르침을 받아 삼손과 사무엘은 이스라엘을 다스리는 영웅으로 성장합니다.

먼저 사사 삼손에 대해 살펴보겠습니다. 이스라엘 백성들은 여호와 앞에 악을 행하고 있었습니다. 화가 나신 하나님은 블레셋 사람들의 손을 들어 이스라엘을 압박하셨고 이스라엘은 블레셋의 속국이 되어 사십 년을 살아야 했습니다.

소라 땅에 살고 있던 단 지파의 가족 중에 마노아란 사람이 있었습니다. 소라(Zorah)는 예루살렘 서쪽 약 40Km 정도 떨어진 지역입니다. 당시 단 지파는 이스라엘의 북쪽으로 이주를 추진하고 있었는데(삿18:2-10) 마노아는 아마도 북쪽으로 가는 것을 포기하고 소라에 남아 있었던 것으로 보입니다.

마노아의 아내에게 문제가 있었습니다. "그의 아내가 임신하지 못하므로 출산하지 못하더니"(삿13:2)라고 성경은 적고 있습니다. 임신하지 못하니 출산을 못하는 것은 당연했습니다. 그런데 어느 날 여호와의 사자가 나타나 말씀하셨습니다.

여호와의 사자가 그 여인에게 나타나서 그에게 이르시되 보라 네가 본래 임신하지 못하므로 출산하지 못하였으나 이제 임신하여 아들을 낳으

리니 그러므로 너는 삼가 포도주와 독주를 마시지 말며 어떤 부정한 것
도 먹지 말지니라 (삿13:3-4)

여호와의 사자는 임신 사실을 알리며 구체적으로 아들을 낳을
것이라고 했습니다. 동시에 몇 가지 주의사항이 전달되었는데 삼
가 포도주와 독주를 마시지 말며 어떤 부정한 것도 먹지 말라는 것
입니다. 이것은 아이를 갖게 될 산모에게 주신 말씀입니다. 포도
주와 독주를 마시지 말라고 하는 것으로 보아 당시 여인들도 남자
들처럼 먹고 마시고 즐기며 살았던 것으로 추정됩니다. 여호와의
사자는 이어서 태어나는 아들이 지켜야 할 조항들을 말씀하셨습
니다.

보라 네가 임신하여 아들을 낳으리니 그의 머리 위에 삭도를 대지 말라
이 아이는 태에서 나옴으로부터 하나님께 바쳐진 나실인이 됨이라 그가
블레셋 사람의 손에서 이스라엘을 구원하기 시작하리라 (삿13:5)

아내는 이 사실을 남편에게 알립니다. 자기가 만난 여호와의 사
자의 용모에 대해 설명하면서 심히 두려웠다고 고백합니다. 너무
놀란 나머지 그 분이 어디서 왔는지 물어볼 겨를이 없었는데 이름
조차 물어보지 못했다고 말합니다.

마노아의 아내는 여호와의 사자가 전한 주의사항을 남편에게
전달합니다. 그런데 여기에 흥미로운 점이 있습니다. 성경은 "여

호와의 사자"가 나타났다고 했는데 아내는 그를 "하나님의 사람"이라고 말합니다. 여호와의 사자는 "이 아이는 태에서 나옴으로부터 하나님께 바쳐진 나실인이 됨이라"고 했는데 마노아의 아내는 "이 아이는 태에서부터 그가 죽는 날까지 하나님께 바쳐진 나실인이 됨이라"고 전합니다. 여호와의 사자의 말에 따르면 아이가 태어날 때부터 나실인[36]이 되는 것은 맞습니다. 하지만 죽는 날까지 나실인으로 살아야 한다는 것은 아내가 살짝 얹어놓은 말입니다.

정황으로 볼 때 마노아는 다른 여인들을 맞아들이지 않았던 것으로 보입니다. 여인들의 인권이 열악했던 시절 마노아가 임신하지 못하는 아내를 내치지 않은 것은 당시로서는 흔한 일이 아니었습니다. 그런데 놀라운 것은 아내의 말을 들은 마노아의 반응입니다. 마노아는 아내의 말을 온전히 수용합니다. 아내를 향해 헛것을 보았다거나 정신없는 소리를 한다고 핀잔을 주지 않았습니다. 마노아는 아내를 인정했고 아내의 영적 경험에 신실하게 반응했

---

36) 나실인(Nazirite)이란 "거룩하게 되는, 또는 분리된"이란 뜻으로 하나님 앞에 자발적으로 서원한 사람을 가리킨다. 나실인의 서원을 하면 포도주나 술, 독주를 마시지 않고, 머리카락을 자르지 않으며 시체나 무덤 등에 의해서 부정하게 되는 일이 없어야 한다(민6:1–21). 대신 나실인은 그 서약한 날이 지나면 다시 평민으로 돌아올 수 있었다. 평민으로 돌아오면 포도주도 마실 수 있고 머리도 자르고 지인들의 장례식에도 참여할 수 있었다.

습니다. 아내의 말을 전해들은 마노아는 하나님께 기도를 시작합니다.

> 마노아가 여호와께 기도하여 이르되 주여 구하옵나니 주께서 보내셨던
> 하나님의 사람을 우리에게 다시 오게 하사 우리가 그 낳을 아이에게 어
> 떻게 행할지를 우리에게 가르치게 하소서 (삿13:8)

아내가 자기가 만난 분을 하나님의 사람이라고 했기 때문에 마노아 역시 하나님의 사람을 보내달라고 기도했습니다. 그리고 하나님은 마노아의 기도를 들으셨습니다. 하나님의 사자가 다시 오셨습니다. 마노아가 하나님의 사람을 다시 보내달라고 기도했기 때문에 그 기도에 응답하신 것입니다. 그런데 이번에도 마노아는 그 자리에 없었습니다.

밭에서 일을 하다가 하나님의 사람을 영접한 아내는 급히 달려가 남편에게 이 소식을 전했습니다. 소식을 들은 마노아는 곧바로 하나님의 사람에게 나아갑니다. 성경은 "마노아가 일어나 아내를 따라가서"(삿13:11)라고 기록합니다. 달려갔다는 말은 없지만 정황으로 볼 때 분명히 달렸을 것입니다. 그것도 꽤 열심히 달려갔을 것입니다. 그리고 질문합니다. "이 아이를 어떻게 기르며 우리가 그에게 어떻게 행하리이까?"(삿13:12) 여호와의 사자는 나실인에 대한 내용은 생략하고 오직 임산부로서 또 어머니로서 포

도주와 독주를 마시지 말고 부정한 것도 먹지 말 것을 지시합니다. 사실 이 내용은 이미 말했던 것에 대한 반복입니다. 마노아에게 말하면서 아버지를 향한 지침은 따로 주어지지 않았습니다. 신기한 일입니다.

잠시 후 여호와의 사자는 제단 불꽃에 휩싸여 그곳을 떠납니다. 그제야 마노아는 그가 하나님의 사람이 아니라 하나님의 사자라는 사실을 깨닫습니다. 그리고 마노아는 "우리가 하나님을 보았으니 반드시 죽으리로다"(삿13:22)라며 벌벌 떨기 시작합니다. 이 때 마노아의 아내가 입을 열어 말합니다.

> 여호와께서 우리를 죽이려 하셨더라면 우리 손에서 번제와 소제를 받지 아니하셨을 것이요 이 모든 일을 보이지 아니하셨을 것이며 이제 이런 말씀도 우리에게 이르지 아니하셨으리이다 (삿13:23)

아내의 영적 판단력이 돋보이는 장면입니다. 이 정도 영적 감각이 있었기 때문에 하나님의 사자는 마노아가 아니라 마노아의 아내에게 먼저 보이셨던 모양입니다. 성품적으로 마노아는 멋진 사람이었지만 영적으로는 그 아내가 한 수 위였습니다. 여인들의 영적 수준을 받아들이지 않을 이유가 없는 것 같습니다.

이제 두 번째 주인공 사무엘 이야기로 가보겠습니다. 사무엘의 아버지 엘가나에게는 아내가 둘이 있었습니다. 그런데 부인 하나는 아이를 낳았는데 다른 부인에게는 아이가 없었습니다. 아이가 없는 이유에 대해 성경은 "여호와께서 그에게 임신하지 못하게 하시니"(삼상1:5)라고 구체적으로 밝히고 있습니다. 하나님께서 임신을 막으신다는 것이 놀랍지 않습니까? 이 여인이 바로 사무엘의 어머니 한나입니다.

자식이 있는 여인 브닌나는 자식이 없는 한나를 꽤 괴롭혔나 봅니다. 브닌나는 한나를 격분시켰고 당할 수밖에 없는 여인 한나는 밥도 먹지 못하고 울었습니다. 하지만 다행스럽게도 남편 엘가나는 한나를 쫓아내지 않고 보듬었습니다. "한나여 어찌하여 울며 어찌하여 먹지 아니하며 어찌하여 그대의 마음이 슬프냐 내가 그대에게 열 아들보다 낫지 아니하냐?"(8)

엘가나는 매년 정한 시기에 실로에 올라가 하나님 앞에 제사하였습니다. 남편을 따라 여호와의 집에 올라간 한나는 제사를 끝낸 다음에도 제단에 남아 하나님을 향해 기도를 드렸습니다. 성경은 그 모습을 한나가 마음이 괴로워서 하나님께 통곡하며 기도했다고 기록하고 있습니다.

> 만군의 여호와여 만일 주의 여종의 고통을 돌보시고 나를 기억하사 주의 여종을 잊지 아니하시고 주의 여종에게 아들을 주시면 내가 그의 평생에 그를 여호와께 드리고 삭도를 그의 머리에 대지 아니하겠나이다
> (삼상1:11)

마음이 괴로워 통곡하며 기도했다는 것이 중요합니다. 마음이 괴로워 울기만 한 것이 아닙니다. 마음이 괴로워 친구 만나러 가거나 술을 찾아 세상으로 간 것이 아닙니다. 오히려 한나는 하나님 앞에 엎드렸습니다. 나무 기둥 붙들고 운 것이 아니라 하나님 앞에 엎드려 한나는 통곡하며 기도했습니다.

이 모습을 지켜보던 제사장 엘리는 한나가 술에 취한 것이라 오해하고 포도주를 끊으라고 질책합니다. 성도가 마음이 괴로워 통곡하며 기도하는 것을 제사장이라는 자는 술에 취했다고 생각했으니 문제도 보통 큰 문제가 아닙니다. 영적 감각이라고는 눈곱만큼도 찾을 수가 없습니다. 그래도 제사장이라고 엘리는 한나를 축복합니다. "평안히 가라 이스라엘의 하나님이 네가 기도하여 구한 것을 허락하시기를 원하노라"(17). 기도하는 것과 술 취한 것조차 분간 못하는 제사장의 말이지만 제사장의 축복을 한나는 '아멘'으로 받았습니다. "당신의 여종이 당신께 은혜 입기를 원하나이다 하고 가서 먹고 얼굴에 다시는 근심 빛이 없더라"(18).

엘가나와 한나는 다음 날 아침 일찍 일어나 집으로 돌아옵니다. 그리고 그들 부부는 동침합니다. 아마도 평소와는 다른 마음이었을 것입니다. 하나님께서 한나를 생각하셨고 한나는 임신을 합니다. 아들을 낳고 이름을 사무엘이라 지었습니다. "이는 내가 여호와께 그를 구하였다 함이더라"(20)라는 뜻입니다.

하나님을 향한 한나의 열정이 계속 이어집니다. 매년 제사하러 올라가는 자리에서 빼달라고 부탁하면서 한나는 남편 엘가나에게 제안합니다.

> 오직 한나는 올라가지 아니하고 그의 남편에게 이르되 아이를 젖 떼거
> 든 내가 그를 데리고 가서 여호와 앞에 뵙게 하고 거기에 영원히 있게 하
> 리이다 (삼상1:22)

놀랍게도 엘가나는 아내의 제안에 대해 "그대의 소견에 좋은 대로 하여 그를 젖떼기까지 기다리라"(23)고 대답합니다. 엘가나 역시 아들이 귀했을 것입니다. 그런데 어렵게 얻은 아들을 평생 여호와께 드리겠다는 아내의 제안에 엘가나는 순순히 응답합니다. "오직 여호와께서 그의 말씀대로 이루시기를 원하노라"(23)고 대답하는 엘가나 역시 보통 사람이 아닙니다.

난세에 나라를 구한 두 영웅이 탄생했습니다. 삼손과 사무엘, 두 사람의 출생의 비밀은 그 어머니들에게 있었습니다. 세상을 보지 않고 오직 하나님만 바라보는 두 여인의 믿음이 세상을 구했습니다. 그리고 아내들의 믿음을 인정하고 아내의 제안에 믿음으로 응답하는 그 남편들 역시 멋집니다. 예수님의 부모 마리아와 요셉도 그랬습니다. 하나님은 먼저 마리아에게 나타나셨고 소식을 들은 요셉은 순수한 마음으로 마리아를 지지했습니다.

결국 가정은 아버지와 어머니가 함께 이끄는 믿음 공동체이어야 합니다. 아버지는 아버지로서, 어머니는 어머니로서 자기 자리를 지킬 때 나라를 구하는 영웅이 만들어지는 것입니다. 이미 홀로 되신 분들에게는 안 된 이야기이지만 삼손과 사무엘을 보면 그렇습니다. 홀로 되셨다 할지라도 더 많이 기도하고 더 굳은 믿음으로 살면 하나님께서 역사하시리라 믿습니다.

어용 선지자 나단

나단이 다윗에게 이르되 당신이 그 사람이라 이스라엘의 하나님 여호와께서 이와 같이
이르시기를 내가 너를 이스라엘 왕으로 기름 붓기 위하여 너를 사울의 손에서
구원하고 네 주인의 집을 네게 주고 네 주인의 아내들을 네 품에 두고
이스라엘과 유다 족속을 네게 맡겼느니라 만일 그것이 부족하였을 것
같으면 내가 네게 이것 저것을 더 주었으리라 (삼하12:7-8)

'어용(御用)'이라는 말이 있습니다. 권력자 주변에 머물며 자신
의 이익을 위해 자주성 없이 행동하는 사람들을 낮잡아 이르는 말
입니다. 우리나라에서는 1970년대 유신 이후, 운동권 학생들 사
이에서 널리 쓰이기 시작하여 이제는 일반화된 말입니다. 언론인
이 어용이 되면 사실 확인도 하지 않은 채 일방적으로 정부 여당
을 편드는 기사를 쓸 것입니다. 어용 판사는 법의 정의도 무시한
채 권력자에게 유리한 판결을 내리게 됩니다.

이스라엘 역사에서도 어용들은 있었습니다. 왕이 다스리던 구

약시대에는 왕 옆에 붙어서 비위를 맞추고 아양을 떨던 제사장들과 선지자들이 꽤 자주 등장합니다. 가장 대표적인 사건이 기원전 853년 북왕국 이스라엘에서 있었던 일입니다. 남왕국 여호사밧 임금과 북왕국 아합 임금이 사돈을 맺었습니다(대하18:1). 여호사밧은 편한 마음으로 사돈관계를 맺은 아합을 보기 위해 사마리아를 방문합니다.

큰 잔치가 이어지는 중에 아합은 여호사밧에게 길르앗 라못을 치러 가려는데 도와달라고 요청을 합니다. 여호사밧은 아합의 청을 흔쾌히 수락하였습니다. 그런데 여호사밧은 먼저 하나님의 뜻을 물어보자고 제안했고 아합은 곧바로 선지자 400명을 모았습니다. 아합은 선지자들에게 "우리가 길르앗 라못에 가서 싸우랴 말랴"(대하18:5) 하고 질문을 던집니다. 아합의 말을 듣자마자 선지자들은 "올라가소서 하나님이 그 성읍을 왕의 손에 붙이시리이다"라고 대답합니다.

이 때 여호사밧은 고개를 갸우뚱합니다. 하나님의 뜻을 전한다는 자들의 말이 너무 쉽게 나왔기 때문입니다. 그래서 여호사밧은 하나님께 물을 만한 여호와의 선지자가 또 없느냐고 채근합니다. 아합은 한 명 있기는 한데 그 사람은 항상 나쁜 쪽으로만 예언을 한다며 툴툴거렸습니다. 이 사람이 바로 선지자 미가야입니다.

사람들이 미가야를 부르러 떠나자 시드기야라는 선지자는 철로 뿔들을 만들어 가지고 와서 "여호와께서 이같이 말씀하시기를 왕이 이것들로 아람 사람을 찔러 진멸하리라 하셨다"(대하18:10)라고 떠들어댔습니다. 물론 거짓 예언입니다. 모두가 임금의 귀에 듣기 좋은 말만 늘어놓는 어용들이었습니다. 하나님의 이름을 거들먹거리지만 정작 하나님은 없는 사기꾼들입니다.

우여곡절 끝에 선지자 미가야가 나타났습니다. 당연히 미가야는 듣기 거북한 말을 전합니다. 400명 선지자가 뭐라 한 것은 다 거짓말하는 영이 하는 소리일 뿐 하나님은 오히려 재앙을 말씀하신다는 것입니다. 미가야가 말할 때 시드기야가 앞에 나와 미가야의 뺨을 때리며 호통을 칩니다. "여호와의 영이 나를 떠나 어디로 가서 네게 말씀하더냐?"(대하18:23) 아주 나쁜 사람, 대표적인 어용 선지자입니다.

물론 권력자의 옆에 있다고 해서 무조건 어용이 되는 것은 아닙니다. 이사야 선지자는 유대 임금 웃시야를 비롯하여 네 명의 임금을 모시면서 하나님의 말씀을 전했고, 예레미야는 왕국이 멸망하는 격동의 시간에 유대 임금들에게 뼈아픈 메시지를 증거했습니다. 그리고 또 한 명, 임금의 가장 가까운 자리에 머물렀지만 어용이 아니었던 선지자가 있었습니다. 바로 나단이라는 사람입니다.

나단은 다윗 임금 시절, 다윗의 궁중 고문으로 있었던 선지자였습니다. 기원전 1010년부터 970년까지 다윗이 임금으로 있던 40년 세월 대부분 나단은 다윗을 그림자처럼 따라다녔습니다. 언제 어떻게 해서 그 자리에 올랐는지에 대해서는 알려진 바가 없습니다. 한참 뒤에 가서 다윗 옆에 있던 이들의 이름을 기록하면서 성경은 나단이 소바 출신이라는 것만 살짝 적어 놓았을 뿐입니다 (삼하23:36).

다윗이 임금이 된 지 10년 정도 흘렀을 무렵, 다윗은 가까이에 있는 선지자를 불렀는데 그 자리에 나단이 있었습니다. 나단이라는 이름이 처음 등장하는 대목입니다. 성경은 별 다른 설명 없이 나단을 선지자라고 소개합니다.

> 여호와께서 주위의 모든 원수를 무찌르사 왕으로 궁에 평안히 살게 하
> 신 때에 왕이 선지자 나단에게 이르되 볼지어다 나는 백향목 궁에 살거
> 늘 하나님의 궤는 휘장 가운데에 있도다 (삼하7:1-2)

국내외 정세를 어느 정도 안정시킨 다윗이 처음으로 속마음을 털어놓은 것입니다. 임금으로부터 갑자기 성전을 건축하겠다는 말을 들은 나단은 일단 임금의 뜻을 예의 바르게 받아들였습니다. "여호와께서 왕과 함께 계시니 마음에 있는 모든 것을 행하소서"(삼하7:3). 임금을 모시는 자로서 흠잡을 데 없는 태도였습니다.

그런데 하나님의 생각은 달랐습니다. 그 밤에 여호와의 말씀이 나단에게 임하였습니다(삼하7:4-16). 간단히 말해 성전을 건축

하고자 하는 다윗의 마음은 알겠는데 허락할 수 없다는 것입니다. 대신 장차 왕위를 이어 받을 아들이 그 일을 하게 될 것이라고 하나님은 분명히 말씀하셨습니다. 그리고 하나님은 이 말을 다윗에게 그대로 전하라고 나단에게 명령하셨습니다.

나단으로서는 당혹했을 것입니다. 성전을 건축하겠다는데 그 일을 못하게 하는 것도 그랬지만 임금의 면전에 하나님의 말씀을 있는 그대로 전하는 것 역시 만만한 일이 아니었기 때문입니다. 그런데 나단은 조금도 더하거나 빼지 않고 그대 전하였습니다. 성경은 이 모습을 간략하게 기록하고 있습니다.

> 나단이 이 모든 말씀들과 이 모든 계시대로 다윗에게 말하니라 (삼하 7:17)

너무 짧아서 아쉽기는 하지만 내용상 하나님의 뜻을 정확하게 전달했다는 것은 분명합니다. 선지자 나단을 통해 하나님의 뜻을 전해들은 다윗은 곧바로 하나님의 뜻에 순종하는 기도를 올립니다(삼하7:18-29). 하나님의 말씀을 곧이곧대로 전하는 나단도 대단하고 하나님의 말씀을 있는 그대로 받아들이는 다윗도 보통이 아닙니다.

다시 10년 정도 세월이 흘렀습니다. 다윗의 치세 가운데 씻을 수 없는 사고가 터졌습니다. 바로 우리야의 아내 밧세바와의 불륜, 그리고 그 일을 은폐하기 위해 장군 우리야를 모살한 사건입니다. 기원전 990년 무렵의 사건으로 너무나 유명하기에 자세한 설명은 생략하겠습니다. 다윗은 남편의 장례를 마친 밧세바를 왕궁으로 데려와 아내로 삼았습니다. 그리고 얼마 후 밧세바는 아들을 낳았습니다. 어떻게 이런 일이…. "다윗이 행한 그 일이 여호와 보시기에 악하였더라"(삼하11:27)고 성경은 슬픈 소식을 전합니다.

드디어 하나님이 움직이셨습니다. 사람을 보내 다윗을 책망하시는데 하나님으로부터 보냄을 받은 사람이 바로 나단입니다. 눈엣가시도 제거했고 아들도 낳아 흥청거리고 있는 다윗 앞에 나단은 당당하게 섰습니다. 나단은 다윗에게 짧은 이야기를 전합니다. 부한 사람이 하나 있는데 이 사람이 가난한 사람의 양을 잡아 잔치를 벌였다는 내용입니다(삼하12:1-4). 이 말은 들은 다윗이 버럭 화를 냅니다.

> 다윗이 그 사람으로 말미암아 노하여 나단에게 이르되 여호와의 살아 계심을 두고 맹세하노니 이 일을 행한 그 사람은 마땅히 죽을 자라 그가 불쌍히 여기지 아니하고 이런 일을 행하였으니 그 양 새끼를 네 배나 갚아 주어야 하리라 한지라 (삼하12:5-6)

화내는 것도 모자라 다윗은 여호와의 살아 계심을 두고 맹세까지 했습니다. 그 놈은 마땅히 죽여야 한다고 소리를 치고 손해배상까지 언급하고 있습니다.

이 절박한 상황에서 선지자 나단은 어용이 아닌 제대로 된 선지자로 권력 앞에 맞섭니다. '당신이 바로 그 나쁜 놈이요. 죽어야 할 사람은 바로 당신이요.'(삼하12:7). 계속해서 나단은 하나님의 심판을 선포합니다.

> 그러한데 어찌하여 네가 여호와의 말씀을 업신여기고 나 보기에 악을 행하였느냐 네가 칼로 헷 사람 우리아를 치되 암몬 자손의 칼로 죽이고 그의 아내를 빼앗아 네 아내로 삼았도다 이제 네가 나를 업신여기고 헷 사람 우리아의 아내를 빼앗아 네 아내로 삼았은즉 칼이 네 집에서 영원토록 떠나지 아니하리라 하셨고 여호와께서 또 이와 같이 이르시기를 보라 내가 너와 네 집에 재앙을 일으키고 내가 네 눈앞에서 네 아내를 빼앗아 네 이웃들에게 주리니 그 사람들이 네 아내들과 더불어 백주에 동침하리라 (삼하12:9-11)

이런 말을 거침없이 토해내는 나단의 태도가 놀랍습니다. 임금 앞에서, 임금의 면전에 대고 '당신이 나쁜 놈'이라고 소리칠 수 있는 선지자가 얼마나 있겠습니까? 평생을 말씀을 전하고 있는 목사이지만 종종 성도들의 눈치를 보고 있는 제 자신이 부끄럽기만 합니다.

나단으로부터 질책을 받은 다윗은 뼈를 깎는 마음으로 회개를 했습니다. 그 마음을 고백한 것이 시편 51편입니다. "우슬초로 나를 정결하게 하소서"(7), "하나님이여 내 속에 정한 마음을 창조하시고 내 안에 정직한 영을 새롭게 하소서"(10), "하나님이여 피흘린 죄에서 나를 건지소서"(14)라고 다윗은 노래합니다.

하나님은 다윗의 진실한 마음을 받아주셨습니다. 밧세바에게서 얻은 아들이 죽은 후 하나님은 다른 아들을 주십니다. 그 아들이 솔로몬인데 하나님은 아이의 이름을 "여호와께 사랑을 입음"이라는 뜻으로 여디디야라고 정해주셨습니다. 이때도 하나님께서는 선지자 나단을 다윗에게 보내 말씀하셨습니다. "선지자 나단을 보내 그의 이름을 여디디야라 하시니 이는 여호와께서 사랑하셨기 때문이더라"(삼12:25).

나단과 관련된 사건이 하나 더 있습니다. 약 20년 후인 기원전 970년, 아도니야라는 다윗의 아들이 스스로 높여 반역을 했습니다. 아도니야가 군대를 일으키자 장군 요압과 제사장 아비아달이 합세를 했습니다. 하지만 나단은 세파에 흔들리지 않고 다윗을 지켰습니다. 칼끝 하나 들어가지 않자 아도니야는 더 이상 나단을 청하지 않습니다(왕상1:5-10).

이 일이 터지자 나단의 마음이 바빠졌습니다. 이대로 있다가는 나라가 곤란에 빠질 것을 직감한 나단은 밧세바를 찾아갑니다. 그

리고 밧세바의 아들 솔로몬을 왕위에 올릴 계책을 알려주며 밧세
바에게 당장 다윗의 침소를 방문하라고 설득합니다. 그리고 밧세
바가 다윗과 함께 왕위 계승에 관한 이야기를 나누고 있을 때 나
단이 왕의 침소에 들어갑니다(왕상1:22).

밤중에 임금의 침소에 들어가는 것은 대단히 이례적인 일입니
다. 왕비라고 해도 임금이 청하지 않았는데 그 침소를 찾는 것은
불경한 일이었습니다. 더군다나 밤이 깊은 시간, 임금의 침소에
선지자가 불쑥 얼굴을 들이미는 것은 자칫 처형을 받을 수 있는 일
이었습니다. 그럼에도 불구하고 나단은 망설이지 않았습니다. 결
국 나단은 다윗의 재가를 얻어내고 솔로몬을 왕위에 올리는데 성
공합니다.

그 후 나단의 이름이 사라집니다. 다윗을 이어 왕국의 최고 권
력을 이어 받은 솔로몬이 몇몇 대신들을 숙청하는데 거기에도 나
단의 이름은 기록되지 않습니다. 그렇다고 솔로몬 옆에 머문 것으
로는 보이지 않습니다. 아마도 나이가 지긋했기에 은퇴를 했을 것
입니다. 그 후 어디서 살았고, 언제 어떻게 죽었는지 알 수가 없
습니다.

나단은 나라의 크고 작은 일에 참 많은 공헌을 했던 선지자였습
니다. 다윗 임금의 행적이 "선지자 나단의 글"(대상29:29)에 기
록되었습니다. 심지어 나단의 글에는 솔로몬 임금의 시종 행적도
기록되어 있었습니다. 나단의 영향력은 후대에도 이어졌는데

100년이 지났을 때 히스기야 임금은 나단이 명령한 대로 레위 사람들에게 제금과 비파와 수금을 잡게 했다고 성경은 전하고 있습니다(대하29:25).[37]

나단은 어용 선지자였지만 정도(正道)를 걸었습니다. 결코 세파에 타협하는 일이 없이 다윗과 다윗의 왕국에 선한 영향력을 끼쳤던 선지자였습니다. 세속적이고 자기 이익을 추구하는 어용이 아닌 하나님과 주인을 위해 살았던 진정한 어용이었습니다.

2022년 봄, 새로운 정부가 출범하였습니다. 새 정부에 바라는 소망이 하나 있습니다. 최고 권력자의 측근이라는 분들이 어용(御用)이 되지 않는 것입니다. 최고 권력자가 잘못 판단하면 밤중에라도 찾아가 '아니오, 틀렸어요'라고 말할 수 있으면 좋겠습니다. 그래야 나라가 바로 서지 않겠습니까? 최고 권력자도 불안한데 그 옆에 있는 참모, 장관, 정치인들마저 치졸한 어용이 된다면 우리 사회가 위험에 처할 수 있다는 것을 엄히 경고합니다.

---

37) 성경에는 나단이라는 이름이 자주 등장한다. 솔로몬이 거느렸던 장군들 가운데 나단의 아들들이 등장(왕상4:5)하는데 이 사람이 선지자 나단인지는 확실하지 않다. 또 다윗의 아들 가운데도 나단이라는 이름이 나온다. "예루살렘에서 그에게서 난 자들의 이름은 삼무아와 소밥과 나단과 솔로몬과"(삼하5:14)라고 했다. 예수님의 족보를 기록하고 있는 누가는 "그 위는 멜레아요 그 위는 멘나요 그 위는 맛다다요 그 위는 나단이요 그 위는 다윗이요"(눅3:31)라고 적고 있다. 나단이라는 이름이 나올 때 잘 구분해서 읽어야 한다.

하나님의 사람들-엘리야, 엘리사, 스마야

엘리야가 그 아이를 안고 다락에서 방으로 내려가서 그의 어머니에게 주며 이르되 보라
보라 네 아들이 살아났느니라 여인이 엘리야에게 이르되 내가 이제야
당신은 하나님의 사람이시오 당신의 입에 있는 여호와의 말씀이
진실한 줄 아노라 하니라 (왕상17:23-24)

성경이 "하나님의 사람"이라고 소개하는 최초의 인물은 모세입니다. 모세오경의 마지막 책 신명기에서 모세를 "하나님의 사람 모세"(신33:1)라는 기록이 그것입니다. 바벨론 포로에서 돌아온 후 기록된 역대기는 다시 모세를 추억합니다.

하나님의 사람 모세의 아들들은 레위 지파 중에 기록되었으니 모세의 아들은 게르솜과 엘리에셀이라 (대상23:14-15)

역대기 기자는 한 차례 더 모세를 소환하는데 "하나님의 사람 모세"(대하30:16)라고 적었습니다. 기원전 536년, 포로에서 돌아온 이스라엘 백성들은 예루살렘에 모여 율법에 기록된 대로 번제를 드릴 때 "하나님의 사람 모세의 율법"(스3:2)에 기록된 대로 번제를 드렸다고 전합니다.

또 한 사람, 성경에 기록된 하나님의 사람은 이스라엘의 두 번째 임금 다윗입니다. 다윗이 임금으로 있었을 때는 하나님의 사람이라는 말이 등장하지 않습니다. 다윗을 하나님의 사람이라고 부른 사람은 아들 솔로몬이었습니다(대하8:14). 그리고 다윗이 죽은 지 약 540년이 지났을 때, 바벨론 포로에서 돌아와 예루살렘 성벽 공사를 마친 느헤미야는 그 봉헌식을 거행하면서 "하나님의 사람 다윗의 명령대로"(느12:24), "하나님의 사람 다윗의 악기를 잡았고"(느12:36)라고 기록합니다. 느헤미야에게 다윗은 이스라엘의 임금을 넘어 하나님의 사람이었습니다.

하나님의 사람이라는 표현이 광범위하게 사용되는 것은 선지자 엘리야와 엘리사입니다. 기원전 853년 무렵, 엘리야가 처음 등장합니다. 엘리야는 혜성같이 나타나 북왕국 아합 왕에게 수 년 동안 이스라엘에 비가 내리지 않을 것이라고 선포하였습니다. 이때 성경은 엘리야를 단순하게 "길르앗에 우거하는 자 중에 디셉 사람"(왕상17:1)이라고 소개합니다.

이 일이 있은 후 엘리야는 그릿 시냇가에 숨었다가 다시 시돈에 속한 사르밧으로 갑니다. 사르밧에서 과부 하나를 만나는데 과부의 마지막 남은 음식, 즉 가루 한 움큼과 약간의 기름으로 기적을 만듭니다. 엘리야의 말대로 통의 가루가 떨어지지 아니하고 병의 기름이 마르지 않은 것입니다(왕상17:16). 그런데 이틀이 지났을 때 그 여인의 아들이 병이 들었습니다. 병세가 급격히 악화되더니 숨이 끊어졌습니다. 슬픔에 잠긴 여인이 엘리야를 찾아가 따집니다.

엘리야는 그 아들을 달라 하여 받아 안고 자기가 거처하는 다락방에 올라가 자기 침상에 누이고 하나님을 찾았습니다. 그리고 엘리야는 그 아이 위에 자기 몸을 세 번 펴서 엎드리고 다시 하나님께 부르짖습니다. 하나님께서 엘리야의 기도를 들으셨습니다. 아들이 살아나자 여인이 하는 말입니다.

> 여인이 엘리야에게 이르되 내가 이제야 당신은 하나님의 사람이시요 당신의 입에 있는 여호와의 말씀이 진실한 줄 아노라 하니라 (왕상17:24)

이 사건을 계기로 사람들은 엘리야를 하나님의 사람이라고 부르기 시작합니다. 갈멜산에 올라가 바알과 아세라 제사장 850명을 상대로 처절한 싸움을 하는데 이 싸움에서도 엘리야는 하나님의 사람으로 흔들림이 없었습니다.

엘리사는 엘리야의 제자입니다. 엘리사는 열 두 겨릿소를 앞세워 밭을 갈다가 선지자로 부름을 받습니다(왕상19:19). 밭을 가는데 소를 24마리나 동원한 것으로 보아 엘리사는 꽤 부유한 농사꾼이었던 것이 분명합니다. 엘리야가 입고 있던 겉옷을 엘리사에게 던지자 엘리사는 소들을 버리고 엘리야를 따라나섭니다. 엘리사는 스승의 능력을 전수받고 싶은 마음이 강했습니다. "당신의 성령이 하시는 역사가 갑절이나 내게 있게 하소서"(왕하2:9)라고 말합니다. 갑절을 원했으니 엘리사도 보통 사람이 아니었던 모양입니다. 엘리사에게 하나님의 능력이 나타났습니다.

스승 엘리야가 회오리바람을 타고 하늘로 올라간 후, 엘리사는 선지자로서 새로운 인생을 시작합니다. 엘리사는 물이 나빠 먹을 수 없자 그 물 근원을 찾아 소금을 풀어 해결합니다(왕하2:19-22). 얼마 후 엘리사는 제자들의 아내 가운데 한 여인의 집을 찾아가 가난에 찌든 여인의 기름통들을 풍성하게 채워주었습니다(왕4:1-7).

엘리사는 수넴 여인의 아들을 죽음에서 살려내기도 했습니다(왕하4:32-37). 독이 있어 먹을 수 없는 국을 먹을 수 있게 만들고, 보리떡 이십 개로 백 명이 넘는 제자들을 배불리 먹이기도 했습니다(왕하4:38-44). 이런 일들이 반복되면서 사람들은 엘리사를 달리 보기 시작합니다. 하나님의 사람으로 인정한 것입니다.

아람 장군 나아만이 병을 고치겠다고 이스라엘에 왔을 때, 선지학교의 제자들이 일하다가 쇠도끼를 잃어버렸을 때, 아람 군대가 쳐들어와 나라가 큰 위기에 빠졌을 때, 문제를 해결하고 나라를 구한 사람은 하나님의 사람 엘리사였습니다. 심지어는 엘리사가 아람을 방문했을 때 이 소식을 전하는 아람의 대신들조차 왕에게 하나님의 사람이 왔다고 보고합니다.

> 엘리사가 다메섹에 갔을 때에 아람 왕 벤하닷이 병들었더니 왕에게 들리기를 이르되 하나님의 사람이 여기 이르렀나이다 하니 (왕하8:7)

엘리사가 병이 들어 죽게 되었습니다. 이스라엘 왕 요아스가 찾아와 "내 아버지여 내 아버지여 이스라엘의 병거와 마병이여"(왕하13:14)라며 눈물을 흘립니다. 엘리사는 활과 화살을 가져오게 하고 왕에게 동쪽 창을 열고 쏘라고 말합니다. 또 엘리사는 왕에게 화살을 잡고 땅을 치라고 했습니다. 왕이 땅을 세 번 치자 엘리사는 대여섯 번을 쳤어야 했다고 화를 냅니다. 여기서도 엘리사는 하나님의 사람이었습니다. 하나님을 위해 생명을 바친 그 사람 엘리사, 그는 정녕 하나님의 사람이었습니다.

엘리야와 엘리사 이전에 '하나님의 사람'으로 기록된 사람이 있었습니다. 스마야라는 선지자인데 성경은 "하나님의 말씀이 하나님의 사람 스마야에게 임하여 이르시되"(왕상12:22)라고 소개합니다. 시기적으로 따지면 엘리야보다 적어도 80년 이상 앞선 사람입니다.

솔로몬 왕이 죽고 이스라엘이 남북으로 갈라질 때의 일입니다. 솔로몬의 대적이었던 여로보암이라는 자가 나라를 잘랐습니다. 12지파 가운데 10지파를 모아 나라를 세운 것입니다. 솔로몬의 아들 르호보암은 남은 지파들, 곧 유다와 베냐민 지파에서 용사 십팔만 명을 모아 전쟁을 일으켰습니다. 그런데 하나님은 르호보암을 막으셨습니다. 이 때 등장한 사람이 바로 스마야입니다.

> 하나님의 말씀이 하나님의 사람 스마야에게 임하여 이르시되 솔로몬의 아들 유다 왕 르호보암과 유다와 베냐민 온 족속과 또 그 남은 백성에게 말하여 이르기를 여호와의 말씀이 너희는 올라가지 말라 너희 형제 이스라엘 자손과 싸우지 말고 각기 집으로 돌아가라 이 일이 나로 말미암아 난 것이라 하셨다 하라 하신지라 (왕상12:22-24)

하나님의 사람 스마야는 르호보암 임금, 그리고 유대와 베냐민 사람들에게 소리쳤습니다. 북쪽 사람들과 싸우지 말라고, 나라가 이렇게 나누어진 것은 하나님께서 정한 것이라고…. 백성들은 스마야의 말을 하나님의 말씀으로 인정하고 집으로 돌아갔습니다.

그 후에 하나님은 스마야를 북왕국 벧엘로 보내셨습니다. 벧엘은 예루살렘에서 북쪽으로 약 17Km 정도 떨어진 곳으로 북왕국 여로보암 왕이 통치 기반으로 삼았던 도시입니다. 스마야가 도착하였을 때 마침 여로보암이 제단 곁에 서서 분향을 하고 있었습니다. 이 모습을 지켜보던 스마야가 목소리를 높여 여로보암을 규탄합니다. 성경은 그 이름 대신 하나님의 사람이라고 기록하는데 이 사람이 바로 스마야입니다(왕상13:2).

여로보암은 제단에서 손을 펴며 스마야를 잡으라고 명령합니다. 그 순간 여로보암의 손이 말라 다시 거두지 못하게 되었습니다. 제단이 갈라졌고 재가 제단에서 쏟아져 내렸습니다. 여로보암이 하나님의 사람 스마야에게 사정을 합니다. "네 하나님 여호와께 은혜를 구하여 내 손이 다시 성하게 하라"(왕상13:6). 왕이 사정하자 스마야는 하나님께 은혜를 구했고 하나님은 왕의 손을 치료하셨습니다. 사태가 진정되자 여로보암은 하나님의 사람 스마야에게 예물을 주겠다며 자기 집으로 가자고 청합니다. 하지만 스마야는 하나님께서 떡도 먹지 말고 물도 마시지 말며 일 끝나는 대로 왔던 길로 돌아가라 하셨다며 홀연히 자리를 뜹니다.

그런데 사건이 하나 터집니다. 벧엘에 나이 많은 선지자가 하나 살고 있었는데 아들들을 통해 무슨 일이 있었는지 전해들은 이 늙은 선지자는 나귀를 타고 스마야를 쫓아갑니다. 이 선지자는 당시 벧엘에서 벌어지고 있는 비신앙적인 일에 속이 상해 있었습니다. 그런데 유다에서 온 선지자가 여로보암 임금을 혼내주었다는 말을 듣고 신이 나서 달려온 것입니다.

늙은 선지자는 스마야에게 자기 집으로 가서 떡을 먹자고 제안합니다. 물론 스마야로서는 그렇게 할 수 없었습니다. 하지만 늙은 선지자는 집요하게 졸랐습니다. '나도 선지자인데 천사가 당신을 데리고 가서 잘 대접하라고 했다'며 거짓말을 늘어놓았습니다. 같은 선지자라는 말에 스마야가 흔들렸습니다. 유다에서 벧엘까지 오르내리면서 배도 고프고 목도 말랐을 것입니다. 결국 스마야는 그 늙은 선지자의 집으로 갑니다. 그 집에서 떡도 먹고 물도 마셨습니다.

먹고 마실 때 하나님의 말씀이 임했습니다. 여호와의 말씀을 어기고 떡도 먹고 물도 마셨으니 죽어 그 시체가 조상들의 묘실에 들어가지 못하리라는 하나님의 심판이 스마야에게 내렸습니다. 깜짝 놀란 스마야는 서둘러 길을 떠납니다. 하지만 얼마 가지 않아 스마야는 길에서 사자를 만나 죽임을 당합니다. 스마야가 죽었다는 소식을 들은 늙은 선지자가 탄식하는 말입니다.

이는 여호와의 말씀을 어긴 하나님의 사람이로다 여호와께서 그에게 하신 말씀과 같이 여호와께서 그를 사자에게 넘기시매 사자가 그를 찢어 죽였도다 (왕상13:23)

늙은 선지자의 말 가운데 "여호와의 말씀을 어긴 하나님의 사람"이라는 표현이 무섭습니다. 하나님의 사람이 하나님의 말씀을 어겼다는 것입니다. 하나님의 말씀에 생명을 걸어야 하는 하나님의 사람 스마야는 하나님의 말씀을 거역한 사람으로 막을 내렸습니다.

하나님의 말씀을 어긴 하나님의 사람 스마야를 보며 새삼 엘리야와 엘리사가 위대하다는 생각을 하게 됩니다. 얼마나 신실하고 대단했으면 많은 사람들로부터 하나님의 사람이라고 불렸겠습니까? 심지어는 원수 나라 사람들까지도 하나님의 사람이라고 인정했을 정도였으니 진짜 하나님의 사람이었음에 분명합니다.

모세와 다윗은 수백 년이 지나도록 하나님의 사람이라고 높임을 받았습니다. 후대 사람들은 출애굽을 인도한 사람 모세라고 하지 않았습니다. 후대 사가들은 이스라엘의 성군 다윗이라고 부르지 않았습니다. "하나님의 사람 모세," "하나님의 사람 다윗"이라고 부릅니다. 그 업적이 대단했지만 다 소용없고 하나님의 사람이면 충분했기 때문입니다.

하나님의 사람이라는 표현이 신약성경에도 한 차례 등장합니다. 사도 바울이 디모데를 부를 때 하나님의 사람이라고 했습니다. "오직 너 하나님의 사람아"(딤전6:11). 믿음의 영웅 바울이 그렇게 불렀으니 디모데 역시 하나님의 사람이었음이 분명합니다.

하나님께서 부르시는 그 날까지 하나님의 사람으로 살고 싶습니다. 교회 안에 머물며 하나님의 일을 하는 사람이 아니라 하나님을 위해 생명을 바치는 진짜 하나님의 사람으로 말입니다. 엘리야와 엘리사, 모세나 다윗과 견줄 수는 없겠지만 누구처럼 "여호와의 말씀을 어긴 하나님의 사람"이 되고 싶지는 않습니다.[38]

---

38) 이름도 없이 하나님의 사람이라고 부르는 경우도 있다(삼상2:27, 대하25:7). 반대로 하나님의 사람이라고 불린 하난이라는 사람도 있다. "익다랴의 아들 하나님의 사람 하난"(렘35:4)이라고 했는데 하난에 대해서는 알려진 바가 없다. 이런 경우들에 대해서는 단순히 하나님의 말씀을 전하는 사람, 혹은 성전에 머물며 하나님의 일을 하는 사람이라고 보면 충분할 것 같다.

선지자 오뎃과 4명의 에브라임 우두머리

그 곳에 여호와의 선지자가 있는데 이름은 오뎃이라 그가 사마리아로 돌아오는 군대를 접하고
그들에게 이르되 너희 조상의 하나님 여호와께서 유다에게 진노하셨으므로 너희 손에
넘기셨거늘 너희의 노기가 충천하여 살륙하고 이제 너희가 또 유다와 예루살렘
백성들을 압제하여 노예로 삼고자 생각하는도다 그러나 너희는 너희의
하나님 여호와께 범죄함이 없느냐 (대하28:9-10)

구약 성경에 오뎃이라는 이름이 두 사람 등장합니다. 아비야의
아들 아사가 유다 임금의 자리에 오른 것이 기원전 911년, 그로
부터 15년 정도 지날 무렵 하나님은 나라 전역에 신앙 부흥 운동
을 준비하셨습니다. 드디어 아사랴에게 하나님의 영이 임하였는
데 아사랴가 바로 오뎃의 아들입니다(대하15:1).

오뎃의 아들 아사랴는 하나님의 말씀을 듣고 아사 왕을 찾아가
하나님을 잘 섬기면 하나님께서 복을 주시고 하나님을 버리면 하
나님도 버리실 것이라고 충고합니다.

너희가 여호와와 함께 하면 여호와께서 너희와 함께 하실지라 너희가 만일 그를 찾으면 그가 너희와 만나게 되시려니와 너희가 만일 그를 버리면 그도 너희를 버리시리라 이스라엘에는 참 신이 없고 가르치는 제사장도 없고 율법도 없은 지가 오래 되었으나 그들이 그 환난 때에 이스라엘 하나님 여호와께로 돌아가서 찾으매 그가 그들과 만나게 되셨나니 그 때에 온 땅의 모든 주민이 크게 요란하여 사람의 출입이 평안하지 못하며 이 나라와 저 나라가 서로 치고 이 성읍이 저 성읍과 또한 그러하여 피차 상한 바 되었나니 이는 하나님이 여러 가지 고난으로 요란하게 하셨음이라 그런즉 너희는 강하게 하라 너희의 손이 약하지 않게 하라 너희 행위에는 상급이 있음이라 하니라 (대하15:2-7)

아사 왕은 아사랴의 말을 귀담아 듣습니다. 곧바로 마음을 강하게 하여 가증한 물건들을 없애고 여호와의 제단을 재건합니다. 제 십오 년 셋째 달에 백성들을 예루살렘에 모아 놓고 아사 임금은 소 칠백 마리와 양 칠천 마리로 하나님께 제사를 드리고 마음을 다하고 목숨을 다하여 하나님을 섬기기로 결단을 하였습니다. 심지어 아사는 어머니 마아가가 아세라의 가증한 목상을 만들었다는 이유로 태후의 자리를 폐하기도 하였습니다. 이것이 바로 그 유명한 아사의 종교개혁입니다(대하15:8-19).

그런데 한 가지 애매한 점이 있습니다. 이 부분에 대해 개역개정 성경은 "아사가 이 말 곧 선지자 오뎃의 예언을 듣고"(대하15:8)라고 번역합니다. 영어성경 KJV도 "선지자 오뎃의 예언"(the prophecy of Oded the prophet)이라고 번역합니다. 다만 그 외의 번역본 NIV나 NASV은 "오뎃의 아들 선지자 아사랴의 예언"(the prophecy of Azariah son of Oded the prophet)이라 했습니다. 공동번역, 새번역, 표준새번역 역시 '아사랴의 예언'이라고 적고 있습니다. 아사 임금에게 하나님의 말씀을 전한 사람이 오뎃인지 오뎃의 아들 아사랴인지에 대해서는 전문가들에게 넘기는 것이 좋겠습니다.

또 한 명의 오뎃은 그로부터 약 140년이 지나 유다 왕 아하스 때에 등장합니다. 십육 년 동안 왕으로 있으면서 아하스 왕은 여호와 보시기에 정직하지 않았고 바알의 우상을 섬겼습니다. 정말 못된 왕이었습니다. 아하스는 힌놈의 아들 골짜기에서 분향을 하고 산당과 작은 산 위와 푸른 나무 아래에서 제사를 드렸습니다. 심지어는 자녀들을 불살라 이방신 앞에 바치기까지 하였습니다. 아하스의 악행에 하나님은 화가 나셨고 결국 하나님은 아하스와 유다를 아람 왕의 손에 넘기셨습니다. 많은 사람들이 포로로 끌려갔고 르말랴의 아들 베가가 쳐들어왔을 때는 하루 동안에 용사 십이만 명이 죽었습니다.

이 혼란한 상황을 북이스라엘이 모를 리가 없었습니다. 북이스라엘의 에브라임 용사 시그리는 유다를 습격하여 왕의 아들 마아세야와 궁내대신 아스리감과 총리대신 엘가나를 살해합니다(대하 28:7). 그리고 유다를 공격하여 아내와 자녀들을 합하여 이십만 명을 사로잡고 그들의 재물을 노략하여 북이스라엘의 수도 사마리아로 가져갔습니다.

이 때 갑자기 등장하는 여호와의 선지자가 있었는데 그가 바로 오뎃입니다(대하28:9). 오뎃의 출생과 성장 배경에 대해서는 알려진 내용이 없습니다. 다만 성경은 사마리아에 "여호와의 선지자"가 있었다고만 기록합니다.

북쪽 이스라엘 군대는 남쪽 유다를 공격하여 여자들과 아이들을 합해 이십만 명을 사로잡아 노략한 재물들과 함께 이제 막 사마리아로 들어오고 있었습니다. 전쟁에서 이겼다고 모두들 신이 나서 흥분하고 있을 때 여호와의 선지자 오뎃이 그들의 앞을 가로막고 목소리를 높였습니다. 오뎃이 전하고자 하는 메시지는 분명했습니다. 이 부분을 유진 피터슨이 전하는 「메시지」에서 옮겨 봅니다.

그 자리에 멈추어 서서 들으시오! 하나님 당신들 조상의 하나님께서 유다에 진노하셔서, 당신들을 사용해 그들을 벌하신 것은 사실이오. 하지만 당신들은 주제넘게 나서서, 부당하고 불합리한 분노를 쏟아내며 유다와 예루살렘에서 온 형제들을 종으로 삼으려고 하고 있소. 이것이 당신들에게 끔찍한 죄를 짓는 일인지 모르겠소? 이제 주의하여 행동해야 하오. 정확히 내가 이르는 대로 하시오. 이 포로들을 마지막 한 사람까지 다 돌려보내시오. 그렇게 하지 않으면, 당신들은 하나님의 진노가 어떻게 나타나는지 똑똑히 보게 될 것이오. (대하28:9-11. 메시지)

흥분하여 날뛰고 있는 군중들을 오뎃이 어떻게 진정시키고 말씀을 전했는지 궁금합니다. 오디오 시스템도 없었습니다. 공식적인 자리에 있던 사람도 아니었습니다. 그런데 오뎃은 백성들을 눌러 앉힙니다. 영적 권위란 바로 이런 것을 두고 하는 말인 것 같습니다.

오뎃이 말씀을 전하는 자리에 에브라임 자손 가운데 우두머리 네 사람이 있었습니다. 에브라임이나 사마리아와 같은 표현들은 북쪽 이스라엘을 지칭하는 말입니다. 성경은 에브라임 자손의 우두머리, 즉 이스라엘의 우두머리들의 이름을 요하난의 아들 아사랴, 무실레못의 아들 베레갸, 살룸의 아들 여히스기야, 하들래의 아들 아마사라고 정확히 기록합니다. 여호와의 선지자 오뎃이 전하는 말을 듣고 이들 네 명의 우두머리들은 전장에서 돌아오는 자들을 막아서며 외칩니다.

> 너희는 이 포로를 이리로 끌어들이지 못하리라 너희가 행하는 일이 우리를 여호와께 허물이 있게 함이니 우리의 죄와 허물을 더하게 함이로다 우리의 허물이 이미 커서 진노하심이 이스라엘에게 임박하였느니라 (대하28:13)

여호와의 선지자 오뎃을 따라 우두머리 네 명이 합세하자 무기를 가진 사람들이 잠잠해졌습니다. 이들은 아무 소리 하지 않고 우두머리들 앞으로 포로들과 노략한 물건들을 가지고 나왔습니다. 우두머리들은 몇몇 사람들에게 지시하여 우선 옷을 가져다가 벌거벗은 포로들에게 입히게 하고 신을 신기고 먹을 것과 마실 것을 공급하도록 했습니다. 기름을 발라 다친 사람들의 상처를 치료해 주기도 했습니다.

그리고 에브라임 우두머리들은 지체하지 않고 포로들을 돌려보냅니다. 걸을 수 있는 이들은 걷게 하고 약한 자들은 모두 나귀에 태웠습니다. 그렇게 끌어왔던 포로들을 인솔하여 남북의 경계에 위치한 종려나무 성읍 여리고에 이르러 그 가족들에게 넘겨줍니다. 사마리아에서 여리고 까지는 대략 60Km 정도 떨어져 있습니다. 이틀을 꼬박 걸어야 하는 거리입니다. 그 길을 아녀자와 아이들 20만 명이 포로로 끌려갔다가 자유의 몸으로 돌아왔습니다. 북쪽으로 갈 때는 굶주리고 벌거벗긴 채 끌려갔을 것입니다. 그러나 돌아올 때는 먹고 마시고 치유되고 옷도 입고 회복이 되었습니다. 눈물을 흘리며 끌려갔지만 웃으면서 돌아왔습니다. 갈 때는 끌려갔지만 올 때는 나귀를 탔습니다.

남과 북이 서로 치고 싸우는 적대적인 관계가 평화와 상생(相生)의 기쁨으로 변화된 모습입니다. 집으로 돌아오는 아녀자와 아이들 20만 명의 표정은 어떠했을까요? 그리고 떠나기 전 그들은 북쪽 군사들과 어떤 이야기를 주고받았을까요? 서로를 바라보는 그들의 눈빛은 얼마나 따뜻했을까요?

벗은 자들을 입히며 신을 신기고 먹이고 마시게 하는 장면은 언뜻 남북 이산가족이 만나는 장면 같기도 합니다. 포로로 끌려갔던 이십만 명의 아녀자들과 아이들이 기쁨에 겨워 돌아오는 모습은 어찌 보면 또 하나의 출애굽 같기도 합니다.

여호와의 선지자 오뎃이 그리워집니다. 우리 시대에 오뎃처럼 시대의 흐름을 읽고 하나님의 뜻을 분별할 줄 아는 선지자가 있었으면 좋겠습니다. 에브라임 자손의 우두머리 네 사람도 훌륭합니다. 하나님의 뜻으로 받아들이고 그것을 정확하고 당당하게 전할 수 있는 지도자들이 그립습니다.

2022년 가을, 남북 관계가 미묘하게 흘러가고 있습니다. 미묘하다 못해 불안합니다. 이러다가 무슨 일이 터지는 것은 아닌지…. 일주일에도 몇 차례씩 미사일을 쏘아대고 있고, 헤어밴드를 하고 다니는 여자는 "천치바보를 왜 보고만 있나?"라며 한국 사회를 비아냥거리고 있습니다. 얼마 전에는 제 엄마 꼭 닮은 딸이 화면에 잡혔습니다. 이름이 김주애라고 하는 10살짜리 귀여운 아이입니다. 그런데 북한의 미사일 화성-17 발사 현장에 나타난 것입니다. 가슴이 쳐지도록 훈장을 단 지휘관들이 어린아이 앞에 90도 절을 하는 모습을 어떻게 해석해야 할지 모르겠습니다.

우리도 가만히 있지 않습니다. 무슨 훈련들이 계속되고 있고 미국에서는 어마어마한 전략자산을 한반도에 전개하고 있습니다.

전략자산이란 적의 군사기지나 방위산업 시설 등 전쟁 수행에 큰 영향을 미치는 목표를 공격하는 무기체계를 말합니다. 핵 추진 항공모함, 언제 어디서든 핵 공격이 가능한 B-52 전략폭격기 등이 미국이 자랑하는 전략자산입니다.

우리나라 전방을 지키는 어느 장교가 '차라리 한 판 붙자'고 했답니다. 계속되는 비상근무에 지쳐서 나온 말입니다. 그 심정은 이해할 수 있을 것 같습니다. 맨날 싸우네 마네 하지 말고 한 판 붙어서 이기든 지든 끝장을 보는 것이 속이 후련할 수 있습니다. 하지만 아닙니다. 이 땅에 다시는 전쟁이 일어나서는 안 됩니다. 전쟁은 하나님의 뜻이 아닙니다.

우리에게도 오뎃 같은 선지자가 있었으면 좋겠습니다. 대세를 읽고 하나님의 뜻에 순종하는 에브라임의 지도자들이 우리에게도 있었으면 좋겠습니다. 바울은 예수님께서 십자가에서 죽으심으로 원수 된 것 곧 중간에 막힌 담을 허시고 둘을 하나로 만드셨다고 강조합니다. 바울의 말을 옮기는 것으로 오뎃 이야기를 마무리하고자 합니다.

> 또 십자가로 이 둘을 한 몸으로 하나님과 화목하게 하려 하심이라 원수 된 것을 십자가로 소멸하시고 또 오셔서 먼 데 있는 너희에게 평안을 전하시고 가까운 데 있는 자들에게 평안을 전하셨으니 이는 그로 말미암아 우리 둘이 한 성령 안에서 아버지께 나아감을 얻게 하려 하심이라
> (엡2:16-18)

기도의 사람 느헤미야

내가 이 말을 듣고 앉아서 울고 수일 동안 슬퍼하며 하늘의 하나님 앞에 금식하며 기도하여
이르되 하늘의 하나님 여호와 크고 두려우신 하나님이여 주를 사랑하고 주의 계명을
지키는 자에게 언약을 지키시며 긍휼을 베푸시는 주여 간구하나이다 (느1:4-5)

세계역사를 이끌었던 기도의 사람들 가운데 가장 먼저 떠오르
는 사람은 맥아더 장군(Douglas MacArthur:1880-1964)입
니다. 1950년 인천상륙작전을 지휘하면서 맥아더는 하나님 앞에
무릎 꿇음을 잊지 않았다고 전해집니다. 맥아더의 '자녀를 위한
기도문'을 모르시는 분이 없을 것입니다.

아이젠하워(Dwight D. Eisenhower:1890-1969) 장군 역
시 위대한 기도의 사람 가운데 하나였습니다. 유럽 전역에서 독일
군에 밀리던 연합군 사령관 아이젠하워는 노르망디상륙작전을 준

비합니다. 상륙작전이 있기 며칠 전, 항구가 내려다보이는 산언덕에 올라 분주하게 움직이는 장병들을 내려다보던 아이젠하워는 갑자기 모자를 벗고 무릎을 꿇고 기도를 시작합니다. 이를 지켜보던 참모들도 기도에 동참했습니다. 아이젠하워가 기도를 마치고 참모들에게 전한 말입니다.

> "이제 운명의 시간이 다가왔습니다. 우리의 지식과 훈련받은 모든 것을 동원할 시간이 다가온 것입니다. 그리고 이 모든 것은 하나님의 손 안에 있습니다. 모든 것을 하나님 손에 맡겼으니 이제 행동으로 들어갑시다."

드디어 1944년 6월 6일, 오랜 동안 준비했던 그 날이 되었습니다. 하지만 프랑스 북부 노르망디 해역은 폭우와 안개로 작전 수행이 불가능했습니다. 날씨가 좋아지기를 기다리며 하루를 보냈지만 기상상황은 점점 더 험악해지고 있었습니다. 모두들 작전을 포기해야 한다고 말을 높이고 있었습니다. 하지만 아이젠하워는 무릎을 꿇었습니다. 그리고 다음 날, 확신에 찬 아이젠하워는 연합군에게 진격 명령을 내립니다. 연합군은 거친 파도를 뚫고 노르망디에 상륙합니다. 나중에 알려진 사실인데 그 날 독일군 지휘관들은 악천후를 핑계로 경계수위를 낮추었다고 합니다.

연합군은 노르망디상륙작전에 성공하고 반대로 참담한 패배를 겪은 히틀러는 이듬해 4월 자살을 합니다. 그것으로 4,000만 명이 넘는 희생자를 낸 제2차 세계대전은 막을 내렸습니다. 모든 것이 아이젠하워의 기도의 결과였고 그의 기도를 들으신 하나님의 역사였습니다. 기도의 사람 아이젠하워는 1953년, 미국 제34대 대통령에 당선됩니다.

성경에는 기도의 사람들이 많이 등장합니다. 그 가운데 느헤미야는 최고입니다. 이스라엘 역사에서 한 축을 이루었던 느헤미야입니다. 아쉽게도 느헤미야에 대한 사전 정보는 찾아볼 수 없습니다. 하가랴의 아들이라는 것, 그리고 하나니라는 형제가 있었던 것밖에는 알려진 내용이 없습니다.

느헤미야는 페르시아 임금 아닥사스다(Artaxerxes:BC464-424)의 '술 관원'으로 처음 등장합니다. '술 관원'(Cupbearer)이란 왕의 옆에 머물면서 왕이 마시는 술과 음료를 책임졌던 사람으로 왕의 절대적인 신임을 받는 직책입니다.

그런데 어느 날, 느헤미야는 유다에 다녀온 형제 하나니를 통해 예루살렘의 형편에 대해 듣게 됩니다. 예루살렘에 남아 있는 자들이 큰 환난을 당하고 있으며 성은 허물어지고 성문들은 불에 탔다는 내용이었습니다(느1:3). 소식을 접한 느헤미야는 깊은 시름에 빠집니다. 느헤미야는 "내가 이 말을 듣고 앉아서 울고 수일 동안 슬퍼하며 하늘의 하나님 앞에 금식하며 기도"(느1:4)했다고 적었습니다.

이때가 "아닥사스다 왕 제이십년 기슬르월"(느1:1)이었습니다. 기원전 445년 11월에서 12월 어간입니다. 그렇다면 유다 민족이 포로로 잡혀온 지 140년이 지났을 때입니다. 느헤미야의 할아버지의 할아버지, 그 위로 할아버지의 할아버지, 그렇게 많은 세월이 흘렀습니다. 세월이 흘러 느헤미야는 페르시아 사람이 되었고 더군다나 최고 권력자의 술 관원이 되었으니 부족할 것이 없었습니다. 이스라엘 후손이라는 사실을 감추고 사는 것이 훨씬 편했을 것입니다.

그런데 느헤미야는 예루살렘을 포기할 수 없었습니다. 조상들의 나라 이스라엘을 "우리"라고 부릅니다. 소식을 듣고 수일 동안 슬퍼하며 기도했습니다. 하나님 앞에서 금식했습니다. 그 기도하는 내용이 느헤미야 1장 6절에서 11절까지 기록되어 있습니다.

많은 시간이 흘렀지만 느헤미야는 하나님을 잊지 않았습니다. 술 관원의 자리에 오르기까지 수없는 난관을 헤쳐 오면서도 하나님 앞에서 그 신실함을 잃지 않았습니다. 어쩌면 예루살렘에 한 번도 가 본 적이 없었을 것입니다. 하지만 고향의 슬픈 이야기를 들은 느헤미야는 가만히 있을 수 없었습니다. 어떻게든, 무엇이라도 해야 하겠는데 공직(公職)에 있었기에 함부로 행동할 수도 없었습니다. 임금에게 먼저 말하는 것조차 금지되었던 시절입니다. 임금이 물어봐야만 간신히 답을 했던 시절, 그래서 느헤미야는 하나님의 도우심을 구하며 때를 기다렸습니다.

드디어 기다리던 순간이 찾아왔습니다. 아닥사스다 왕 제이십년 니산월이 되었습니다. 니산은 페르시아 달력으로 3월과 4월입니다. 느헤미야가 기도를 시작한 지 넉 달이 지났을 때입니다. 그날, 느헤미야의 안색을 살피던 왕이 먼저 말을 꺼냅니다. 왕은 병도 없는 사람이 어찌하여 얼굴에 수심이 보이냐며 말을 걸어왔습니다. 왕이 먼저 물었으니 대답할 수 있는 길이 열렸습니다. 느헤미야는 고향 땅에 어려움이 있다고 조심스럽게 입을 엽니다. 그러자 왕은 어떻게 하면 좋은지를 묻습니다. "그러면 네가 무엇을 원하느냐?"(느2:4)

드디어 기회가 왔습니다. 넉 달 동안 기도하며 준비했던 것을 말할 수 있게 된 것입니다. 그런데 느헤미야는 말을 꺼내기 전에 하나님께 묵도합니다(느2:4). 묵도를 했다는 것은 조용히 속으로 기도했다는 뜻입니다. 왕이 물었는데 그 앞에서 무릎을 꿇고 손을 들 여유는 없었습니다. 불과 몇 초였을 것입니다. 기도하는 것조차 눈치 채지 못할 만큼 아주 짧은 시간이었을 것입니다. 눈도 감지 못한 채 느헤미야는 하나님의 도우심을 구했습니다. 그리고 하고 싶은 일들을 논리적으로 설명합니다(느2:5-8).

왕의 허락을 받은 느헤미야는 예루살렘으로 향합니다. 아마도 한 달 정도 걸렸을 것입니다. 예루살렘에 도착하자 느헤미야는 백성들을 모아 일을 시작합니다. 성벽을 건축하고 성문을 달고 성루와 망대들을 중수하였습니다. 그렇다고 모두가 한 마음이었던 것은 아닙니다. 방해꾼들이 나타났는데 호론 사람 산발랏, 암몬 사람 도비야, 아라비아 사람 게셈이라는 자가 못된 짓을 골라했습니다(느2:19). 이들은 느헤미야를 조롱하고 그가 하는 일에 대해 이상한 소문을 지어냈습니다. 그런데 그 때마다 느헤미야는 무릎을 꿇습니다.

하루는 산발랏이 찾아와 크게 화를 내며 유다 사람들을 조롱했습니다. 옆에 있던 암몬 사람 도비야는 성벽을 가리키며 여우가 올라가도 곧 무너질 것 같다며 속을 긁었습니다(느4:1-3). 하지만 느헤미야는 맞서 싸우지 않았습니다. 대신 느헤미야는 하나님 앞에 무릎을 꿇습니다.

> 우리 하나님이여 들으시옵소서 우리가 업신여김을 당하나이다 원하건대 그들이 욕하는 것을 자기들의 머리에 돌리사 노략거리가 되어 이방에 사로잡히게 하시고 주 앞에서 그들의 악을 덮어 두지 마시며 그들의 죄를 도말하지 마옵소서 그들이 건축하는 자 앞에서 주를 노하시게 하였음이니이다 (느4:4-5)

느헤미야와 유다 백성들은 꿋꿋했습니다. 어느 정도 공사가 진행되고 있었는데 이번에는 방해꾼들이 모여 예루살렘을 치자고 모의를 했습니다. 정보를 입수한 느헤미야는 백성들과 함께 기도하며 파수꾼을 세우고 공사를 진행하였습니다(느4:9).

느헤미야는 12년 동안 유다 땅 총독으로 있으면서 총독으로서 당연히 받을 수 있었던 보수를 받지 않았다고 털어놓습니다(느 5:14). 오히려 민장(民長)들 150명을 비롯하여 주위에 있는 여러 사람들을 초청하여 함께 먹었다고 밝힙니다. 느헤미야는 이들의 식사를 위해 매일 소 한 마리, 살진 양 여섯 마리, 닭도 많이, 그리고 열흘에 한 번씩 포도주를 담갔습니다. 그 수고와 보수는 어떻게 보상받을 수 있었겠습니까? 느헤미야는 이 문제에 대해 간단하게 기도합니다.

> 내 하나님이여 내가 이 백성을 위하여 행한 모든 일을 기억하사 내게 은혜를 베푸시옵소서 (느5:19)

성벽 공사가 거의 마무리 되고 있을 무렵 한 사건이 터졌습니다. 성벽에 문짝을 다는 일만 남아 있을 때입니다. 산발랏과 게셈이 느헤미야에게 사람을 보내 오노 평지의 한 마을에서 만나자는 제안을 했습니다. 오노(Ono)는 예루살렘에서 북서쪽으로 40Km 정도 떨어진 곳으로 포로에서 돌아온 유대인들이 정착한 지역과 방해꾼들이 살고 있는 지역의 중간에 위치한 지역입니다. 물론 방해꾼들의 계략은 한적한 곳으로 느헤미야를 유인하여 느헤미야를 해코지하려는 것이었습니다.

느헤미야는 저들의 초청을 단호하게 거절합니다. 그럼에도 불구하고 방해꾼들은 똑같은 내용으로 사람을 네 번이나 보냈습니다. 그리고 다섯 번째는 편지를 봉하지도 않고 들려 보냈습니다. 그렇게 함으로 느헤미야를 구설수에 빠뜨리려고 했던 것입니다. 하지만 집요한 방해공작에도 느헤미야는 흔들리지 않았습니다. "이제 내 손을 힘 있게 하옵소서"(느6:9). 오히려 느헤미야는 좌고우면하지 않고 하나님 앞에 무릎을 꿇었습니다.

이런 일도 있었습니다. 느헤미야는 평소 가까이 지내던 스마야라는 사람이 두문불출하고 있다는 소식을 듣고 그의 집을 찾았습니다(느6:10). 그런데 스마야는 뜻밖의 이야기를 꺼냅니다. 못된 놈들이 자객을 풀어 밤에 죽이려고 하고 있으니 하나님의 전으로 가서 외소 안에 숨어 문을 잠그고 있자는 것입니다. 그런데 이 일 역시 도비야와 산발랏에게서 뇌물을 받은 스마야가 느헤미야를 성소로 유인하려고 했던 것입니다. 만약 느헤미야가 성소에 들어가면 하나님의 성소를 무단으로 침입하는 죄가 되었을 것이고 그렇게 되면 지도력에 흠집이 생겼을 것입니다. 이 상황에서 느헤미야는 또 다시 무릎을 꿇습니다.

> 내 하나님이여 도비야와 산발랏과 여선지 노아댜와 그 남은 선지자들
> 곧 나를 두렵게 하고자 한 자들의 소행을 기억하옵소서 (느6:14)

우여곡절 끝에 성벽 재건 공사가 끝났습니다. 공사를 시작한지

52일 만의 쾌거였습니다(느6:15). 일을 마친 느헤미야는 페르시아로 돌아갑니다. 그곳에서 아닥사스다의 관원으로 지내던 느헤미야는 말미를 얻어 예루살렘을 다시 찾습니다. 아닥사스다 왕 32년, 기원전 432년의 일입니다. 12년 만에 와서 보니 예루살렘이 말이 아니었습니다. 제사장이란 사람은 이전에 성벽 공사를 방해했던 자를 위해 하나님의 전 뜰에 방을 들였고, 성전에서 봉사하는 레위 사람들과 노래하는 이들은 수당을 받지 못해 도망을 쳤습니다. 느헤미야는 잘못된 것들을 하나하나 바로 잡습니다. 물론 이 때도 느헤미야는 무릎 꿇음을 잊지 않았습니다.

> 내 하나님이여 이 일로 말미암아 나를 기억하옵소서 내 하나님의 전과 그 모든 직무를 위하여 내가 행한 선한 일을 도말하지 마옵소서 (느 13:14)

또 안식일에 장사하는 이들이 있었습니다. 심지어는 이방인 두로 사람들이 예루살렘을 출입하며 안식일에도 물건을 팔았습니다. 느헤미야는 이들을 쫓아내고 안식일에는 그 누구도 출입하지 못하도록 문을 걸어 잠갔습니다. 안식일에 장사꾼들이 성 밖에서 야영하는 것도 금지하였습니다. 안식일 규례를 굳게 세우며 느헤미야는 "내 하나님이여 나를 위하여 이 일도 기억하시옵고 주의 크신 은혜대로 나를 아끼시옵소서"(느13:22)라고 기도합니다.

한편 아스돗과 암몬과 모압 여인들을 아내로 맞이한 이들이 있었습니다. 느헤미야는 이들을 사로잡아 책망하고 저주하며 때리고 머리털을 뽑았습니다. 그리고 이방 여인들을 당장 내보내라고 호통을 칩니다.

느헤미야는 참 대단한 사람임에 틀림없습니다. 정직하고 하늘을 우러러 한 점 부끄러움도 없는 사람이었습니다. 자기 자신에 대해서는 철저하게 엄격하고 다른 이들에 대해서는 한없이 부드럽고 온유한 지도자였습니다.

요즘 정치권에서는 걸핏하면 '내로남불'이라고 떠들고 있습니다. 잘못을 해도, 그리고 그 증거가 명백함에도 불구하고 기억에 없다고 둘러댑니다. 카메라에 찍히고 녹화된 파일이 있는데도 아랑곳하지 않고 가짜 뉴스, 혹은 조작이라고 밀어붙이는 이상한 사람들입니다. 여(與)도 그렇고 야(野)도 다르지 않습니다. 나랏일 한다는 이들은 하나같이 못돼 먹었습니다.

이럴 때 우리사회에 느헤미야와 같은 지도자가 있으면 좋겠습니다. 느헤미야처럼 무릎 꿇음을 잊지 않는 하나님을 두려워하는 기도의 사람 말입니다. 세상 향락에 눈 멀지 않고 오직 하나님의 높여 주심만을 사모하는 사람이었으면 좋겠습니다. 느헤미야서는 느헤미야의 기도로 대단원의 막을 내립니다.

내 하나님이여 나를 위하여 이 일도 기억하시옵고 주의 크신 은혜대로

나를 아끼시옵소서 (느13:31)